アウトテイクス　小熊英二論文集　小熊英二

OUTTAKES
Eiji Oguma

慶應義塾大学出版会

序文

本書は、私が一九九七年から二〇一一年までに発表した論文を集めている。

その時期に私は、『単一民族神話の起源』(一九九五年刊)や『〈日本人〉の境界』(一九九八年刊)、『〈民主〉と〈愛国〉』(二〇〇二年刊)、『1968』(二〇〇九年刊)などにとりくんでいた。当時行なっていた研究の大部分は、これらの本に収録する形で公表されている。

しかし、当時書いた論文のなかには、これらの著作に収まらなかったものも多い。たとえば、一連の著作に収録する予定で書いたが、本の一体性を優先して、あえて収録を見送った論文。著作に収めた研究をしているあいだに、特定のテーマに深入りしてしまった、いわば「外伝」のような論文。同時並行して構想していたが、結局は著作という形にはならず、いわば青写真だけ公表する形になった論文。講演その他を依頼されて、著作に書いた内容を発展させた視点をまとめた論考。なかには、学生向けの入門書に収録するために「ですます」調で書いてほしいと依頼されたものの、結局は研究論文として成り立つように書いてしまった論考もある。

音楽や映画の世界では、「アウトテイク」と呼ばれるものがある。映画であれば、時間や予算の制限のために、最終的にカットした場面やエピソード。音楽であれば、まとまったアルバム形式にするさいに、収録から落とした曲。なかには、そうした曲を集めて、アウトテイク集を発表するミュージシャンもいる。そうしたアウトテイク集は、統一感という点では劣るものの、捨てがたい魅力があることもある。

本書の題名は、そうしたアウトテイク集にあやかって、つけたものである。もっとも学者の論文集は、統一したテーマなどなく、その学者が発表してきた論文が束ねられているのが普通である。通例では、学者は著作単位ではなく論文単位で研究をするものであるからだ。そうした意味では、この本は、ごく普通の「論文集」とみなしていただいてもかまわない。

お読みいただければわかると思うが、本書に収録された論文は、広義の日本思想史研究に分類可能なものが多い。ただ私自身は、社会全体の意識や構造を、もっとも集約的に象徴しているものを研究対象にしてきた。とりあげた題材が特定の人物の思想的軌跡だったりしても、その人物そのものにはあまり執着はない。それを通じて見えてくるもののほうに関心があるのだ。

そうした意味では、本書収録の論文でも一貫して、一つのテーマを追跡している。それはすなわち、近代社会における集合的な意識のありようであり、共有されている論理のゆらぎである。そのことを、近代日本の植民政策や、ナショナル・アイデンティティや、それを論じた人々の思想といった、特定の題材を調査することで見ようとしているのだ。しばらくぶりに収録された論文を読み返してみると、この時期から現在にいたるまで、関心のありようがあまり変わっていないことを自覚させられた。

テーマは一貫していても、扱っている対象やアプローチの方法は、当時と現在とではちがっている。当時書いたものと、いま書いているもので、どちらがよくできているかといった比較には、私自身は興味がないし、質的な差はあまり感じない。おそらく、読む人の関心によって評価は異なるだろう。

ただおそらく、特定人物の思想からアプローチするという方法は、今後はやらないと思う。理由は二つある。一つは、近代日本の思想家で、深く研究してみたいという対象がもういないこと。もう一つは、近年の日本社会が当時より危機的な状況にあるため、より政治経済に比重をおいた分析を優先しなければならないと考えていることである。先のことはわからないが、本書でとっていたようなアプローチは、ここで打ち止めということになるだろう。

そうした意味では、私の九〇年代から二〇〇〇年代の著作が気に入っていた読者、あるいは近代日本史の研究者などにとっては、本書は興味深いものになりうると思う。統一感には欠けるものの、相互に連関した内容をもつ論文集として、お読みいただければと思う。

編集担当者の提案がなければ、本書はありえなかった。記して感謝したい。

二〇一五年四月二一日

小熊英二

アウトテイクス　目次

序　文　i

虚妄の「アジア」——岡倉天心における「アジア」像の変遷　1

「植民政策学」と開発援助——新渡戸稲造と矢内原忠雄の思想　33

崩壊する日本語——台湾統治初期における日本語教育論議　65

金関丈夫と『民俗台湾』——民俗調査と優生政策　91

柳田国男と「一国民俗学」　125

近代日本のフィールドワーク私見　137
「日本型」近代国家における公共性　171
丸山眞男の神話と実像　201
清水幾太郎——ある戦後知識人の軌跡　233
「戦後民主主義」とナショナリズム——初期の大江健三郎を事例として　315
「作家」としての小田と「運動家」としての小田——小田実『「難死」の思想』解題　349
孤独なアナルコ・リバタリアンの思想——中村とうようの無政府自由主義　357

虚妄の「アジア」

——岡倉天心における「アジア」像の変遷

日本とは、アジアの一部であるのか、それとも西洋に近い存在なのか。この問いは、明治期いらい多くの論者によって議論されてきた。

極東に位置する黄色人種の国とされながら、しかし急速な近代化をなしとげ周辺地域を侵略した日本は、「白人／文明／支配者」たる「西洋」と、「有色人／野蛮／植民地」とされる「東洋」という枠組みでは、どちらにもあてはまらない存在であった。そのため日本の知識人たちは、自分たちのナショナル・アイデンティティを模索するなかで混乱をきわめながら、西洋型の近代化を指向する「脱亜」と、西洋に反発する「興亜」という二つの潮流を生みだした。

こんにち、この二つの潮流が近代日本の周辺地域侵略とどのように関係していたかの判定は、錯綜している。敗戦後しばらくは、日本の帝国主義を「アジア的封建遺制」の産物ととらえ、「アジアの盟主」たろうとした「興亜」の思想を批判し、西洋型の近代化をそれに対置する傾向があった。近年では近代化への批判が高まるとともに、日本の膨張は西洋とおなじ近代的帝国主義にほかならず、「脱亜」の思想こそ文明の名の下による「アジア」侵略の根源であったという議論が多くなっている。

本稿は、岡倉天心の主要著作である『東洋の理想』『東洋の覚醒』および『日本の覚醒』において、日本が「東洋」および「西洋」との関係のなかでいかに描かれているかの検討を通じ、こうした問題の一端を探究するものである。太平洋戦争のスローガンともなった「アジアは一つ」という言葉を遺した岡倉は、しばしば「脱亜論」を書いた福沢諭吉と対照されて、「興亜」の思想の代表例とされている。(1)

しかし結論からいうと、岡倉の描く日本は、単に「アジア」の一員としてだけ位置付けられていたのではなかった。むしろ彼の著作は、前述した日本のナショナル・アイデンティティの両義的位置の問題が、集約したかたちで現れているという点において興味深いケース・スタディの題材たりうるものなのである。

1 『東洋の覚醒』

一八六二年に福井藩の横浜商館勤務士族の子として生れた岡倉天心(本名覚三)は、満一七歳で東京大学文学部を卒業後、文部省勤務を経て東京美術学校校長となった。その後、洋式美術派と対立して退職し、伝統美術を新しい時代に活かすことを掲げて日本美術院を設立したことは、よく知られている。

岡倉は、個人的な逸話に事欠かない人物である。奇妙な服装や乗馬での登校といった奇行、仲間を集めての大宴会や詩吟、上司で洋楽派の伊沢修二（のち台湾総督府学務部長）との対立、美術学校退職後に放吟していたという「懲戒免官なんのその堂々男子は死んでもよい」という歌、スキャンダルとなった男爵夫人との熱愛といった行為は、しばしば彼を勇壮で詩人肌の芸術家として描く材料となっている。しかし一方で、四〇歳での文部大臣就任を生涯計画表に書いていたという出世欲、あるいは日本美術院の経営が困窮に陥るや突如インドへ旅立ってしまったことなどにみられる無責任な逃亡癖、気まぐれや意志薄弱といった性格的欠点を指摘する研究もある(2)。

だがここでは、東洋と西洋という問題にかんする、二つのエピソードをあげておきたい。

ひとつは、横浜で育ち当地の西洋人教師に学んだ岡倉が、会話をはじめ抜群の英語力をもっていた一方で、和文にかんしては子供時代には道標に書いてある漢字すら読めなかったといわれていることである。彼は後年には漢詩なども作っているが、それは英語よりもあとに開発した能力だったのであり、彼の本格的な著作はほとんど英文で書かれたものであった。

国民教育による国語能力養成が定着していなかった明治初期の知識人には、たとえば新渡戸稲造や内村鑑三のように、最初の高等教育が宣教師をはじめとした外国人教師によるものだったため、日本語や漢文より英語の読み書きのほうが得意だった人物はほかにも存在した。したがってこれは必ずしも岡倉に特異な現象ではないのだが、とはいえ彼は、アジア・アフリカ各地に散見された、現地語よりも宗主国語の読み書きに熟達した植民地現地人エリートと相通ずる教養形成の背景をもっていたことになる。

さらに、よく知られているように、岡倉が日本美術に目覚めたきっかけとして、御雇教師であったフェノロサの感化があったことである。代表作である『東洋の理想』で展開される日本美術史論も、日本に滞在していたイギリス人女性らに私的に講義していたものが原型の一つになったといわれている。このように彼の美術論は、多分に西洋人の視点による刺激を通過したうえで獲得されたものであった。

さて、本稿が検討する三つの著作のうち、『東洋の覚醒』と『東洋の理想』が書きあげられたのは、一九〇二年のことであった。このとき岡倉は四〇歳をむかえようとしており、予定では文部大臣に就任しているはずだったが、日本美術院の経営に行き詰まり、官職もなく経済的にも苦しいなかインドを旅していた時期である。この二著作のうち、『東洋の覚醒』は未発表草稿であり、『東洋の理想』は翌年にイギリスの出版社から発刊されたが、ほぼ同時期に書かれたものなので、ここでは『東洋の覚醒』の検討からはじめる。

この『東洋の覚醒』は、全編が痛烈なヨーロッパ帝国主義への批判の書である。岡倉は、これを以下のように書き出している（一巻、一三五頁）。

アジアの兄弟姉妹たちよ！

おびただしい苦痛が、われわれの父祖の地を蔽っている。東洋は柔弱の同義語となった。土着の民とは奴隷の仇名である。われわれの温順にたいする讃辞は反語であって、西洋人からすればその礼儀正しさは臆病のせいなのだ。商業の名においてわれわれは好戦の徒を歓迎している。文明の名において帝国主義者を抱擁している。キリスト教の名において無慈悲のまえにひれ伏している。国際法の光は白い羊皮紙の上に輝いている。だが、あますところなき不正の翳が有色の皮膚に暗く落ちている。

ここでの岡倉の、西欧帝国主義への批判は激烈である。彼はアヘン戦争、インド支配、ベトナム保護国化などを列挙し、「彼ら〔西洋人〕の大邸宅と博物館のうちで、ヴァンダル族のごとく暴行略奪した富を、寺院からむしりとった財宝を、泣き叫ぶ女から腕ずくで奪った宝石を、自慢しないものがあろうか」と、美術品略奪を非難する。岡倉によれば、ヨーロッパの祖先は海賊なのであり、その「飽くことを知らぬ本能は、狩猟と戦争、海賊と略奪から生まれ、農耕アジアの大陸的な足らざるも欲せぬ心とつよい対照をなしていた」。こうした西洋を、一時は仏教の影響をうけた「東方の平和の宣託であるキリスト教」が浄化しかけたが、やがてそれじたいが堕落してしまったという（一巻、一三六、一三九頁）。

西洋のそうした傾向を促進したのが、ルネサンスを出発点とした近代化である。すなわち、「ルネサンスとともに、西洋は膚に合わぬ東洋の宗教的雰囲気」を捨て、「近代の精神は神を去って黄金に飛びつ」き、「手工業を近代工業に、生活必需品の交易たる商業を商品交換としての近代商業に」、「戦争を機械学に、医療を工学技術に、宗教を公衆衛生に」、「ギルドを共和国に、都市を国家に、王国を帝国に」変えてしまい、「暴徒を動かしてフランス革命をひきおこ」した。ルネサンス期の美術にかんしても、「学校から解放された少年のやんちゃな喚声の響き」と形容されているにすぎない。そしてその後の産業革命は「アジアの略奪」によってなしとげられ、「農業との関連を保つことなく、人類の産業計画を充分に解決せずに商業主義に入ったとき、西洋は、その生活が商品市場の発見に依存する巨大な一個の機械になってしまった」。こうしたヨーロッパの「機械と資本の軍隊」の攻勢にたいし、東洋の伝統的な農業共同体経済が崩壊し、中国系移民の大流出に代表されるように、各地から移民があふれだす。岡倉は問いかける。「村落は荒廃し、都市はさびれている。住民は一椀の飯を求めて海の彼方に去ってしまったのだ。なぜだ。何のためだ」（一巻、一三七、一四一頁）。

「アジア」諸国の近代化への努力も、ここでは批判されている。彼は「その勧告がわれわれを破産に追いやる〔ヨーロッパ人の〕財政顧問、死と五十歩百歩の衛生措置を勧告する医療顧問」を非難し、「われわれの黄金を洗いざらい持ち去るために船舶が出入する壮大な港湾に、従来の水路を無用にして役病と飢餓をもたらす巨大な鉄道に……われわれのだれもがひとしく喜んで投資していないだろうか」という（一巻、一四〇頁）。とくに、文化的影響への危機感は激しかった（一巻、一四二～一四三頁）。

産業的征服は恐ろしく、道義的屈従は耐えがたい。われわれの祖先の理想、われわれの家族制度、われわれの論理、われわれの宗教は、日ましに衰退していく。後継の各世代は西洋人との接触によって道義的耐久力を失っていく。……われわれが自身の没落にあらがう意図の下におこなう西洋の知識の探究は、われわれの精神を、外国の誤った観点からものを見るように訓練する……。

……ロンドンの最新の流行を見せびらかすカルカッタや東京のハイカラな青年紳士たちは、滑稽を通りこして悲しくなるが、これこそ現に弥漫している思想のあらわれにほかならないのである。彼らが衣服に求めるあの保護色は、わが流行の学者たちが現代哲学の借用語に求めるものと同じである。

こうした事態にたいし、岡倉は全アジアに覚醒と武装闘争をよびかける。彼によれば、ヨーロッパがアジア各地の民族対立を利用した現地人部隊によって支配を行なっていることに示されるように、東洋が西洋に敗北するのは能力や勇気の欠如ではなく、東洋の団結の不足に起因している。そして、西洋の東洋学の知識や浅薄さや「保護者気取り」にくらべ、「東洋人はただちに東洋人と通じあう」。なぜなら、「われわれはみな、農耕共産主義の恩恵を受け、そしてそれを自認している」からであり、「ターバンの形やズボンの裁ちかたに外面の違いがあり、牧畜の北方アジアと漁業の南方アジアでは食物の違いはあるが、バンコックの結婚にともなうわずらわしさはカイロのそれと同じであり、ボンベイの街上風景は広東と同じであり、京城の村のもめ事はスサと同じである」のだ。彼は、東洋の美術のすばらしさ、自然と一体となった共同体、軍人が高い地位を占めたことがない平和な文化、「数えきれぬほどの異なった信仰と方言」を共存させている多様性などを列挙し、西洋の攻撃性や均一性に対置させている（一巻、一四六～一五八頁）。

このように『東洋の覚醒』は、西洋を近代の病理にまみれた侵略者、東洋を近代をのりこえる可能性をはらんだ被害者と位置付け、「アジア」の一体性と武装をよびかけるものだった。だが、岡倉がこうした図式を打ち出すには、二つの問題があった。

一つは、東洋の内在的な問題をどうするのかである。たとえば女性の地位の低さや個人的権利の欠如といったものは、西洋の侵略によってのみ発生したとはいいがたい。そしてもう一つは、侵略とははたして西洋によって東洋にたいして行なわれるだけなのか、という疑問である。イスラム勢力のインド征服や、モンゴルによる中国の征服といった「アジア」内部の闘争の歴史は数多くあるし、何より日本による日清戦争の遂行と台湾の領有はすでに行なわれていた。

岡倉は、これらにたいし一定の解答を用意している。まず、東洋における女性の地位は決して低くないという。彼によれば、西洋は二元論を根本原理としており、それが家庭においても「夫と妻の二重唱」となって現れるのにたいし、東洋では「父と母と子の三和音」が基調となっているため西洋のような「利己的な権利の主張」がなく、「東洋の女性は、その一等自由な活動の場を、不自然な男性化という疑わしい特権よりもむしろ、母と妻と娘であることの中に見いだしている」。また、こうした「父性の保護と母性の内助と子の服従」を要素とする東洋の家族原理が拡大したものが、「家父長的観念の投影」たる東洋の君主にほかならない。そして、「われわれには、互いの主張によって身を守るあの粗野な個人の権利という想念」はないが、「われわれにとっての自由とは、個人の内面的な理想を完成する力にある。……本当の平等はおのおのの役割をそれにふさわしく達成するところにある」。そして、「われわれの哲学は、多様さの中に統一を不断に求めて、とうの昔に、現代ヨーロッパがカントの時代以来むなしく認識しようと試みている高みに登りつめている」という（一巻、一四九〜一五一、一五五頁）。

こうした主張は、とくに敗戦後の岡倉研究では、「アジア的停滞」や「封建遺制」を弁護するものとして批判された。[3] しかし留意すべきなのは、彼が近代的価値による東洋批判をつよく意識し、近代の行き詰まりを唱える西洋の思想の力を借りて反論を試みているという点である。ここで述べられているのは、たんなる伝統的価値観の吐露ではなく、いわば〈近代の超克〉論の原型をなすものなのだ。

そして二つめの問題、東洋内部の闘争の位置付けについての解答は、明快である。岡倉によれば、そうした歴史の記憶を利用した分割統治がヨーロッパの常套手段であり、「彼らはインドではヒンドュー教徒と回教徒の分裂を煽り立て、満州と南中国との間の不和をもっともらしい公正さをよそおってそそのかし」たりする。しかし、「こんにち、東洋の人間と一瞬触れ合っただけでも、アジアのどこかの国に一度一度訪れるだけでも、われわれの打ち消しがたい血縁関係という圧倒的な事実に改めて啓示を受ける」のであり、「われわれの社会がアジア的支配にたいして痛痒を感じないのは、この統一の精神のせいであった」という。東洋人による東洋各地の征服は相互交通と連帯の契機であったのにたいし、「西洋人は完全な異邦人としてやって来て、彼等には置き換える力のない秩序を転覆し、われわれが完膚なき破滅と考える計画を押しつける」というのが彼の主張だった（一巻、一四八、一六〇頁）。

では、日本はどのように描かれているだろうか。彼は、「おびただしい武装使節が、アメリカ合衆国を先頭に日本の門戸を叩き、日本の意に反して開港を命じ」たことを西洋によるアジア侵略の一環として挙げたうえで、以下のように明治以降の日本を描写している（一巻、一三八、一六五〜一六六頁）。

日本の輝かしい復活はアジアの復興の一つの実例としてきわめて教訓的である。日本はまた、国家的統一を達成し、西洋の征服にたいする軍備をもつという二重の課題をもっていた。ミカドは、衰退期のデリーの王座よりも無力な、影のうすい姿であった。六十四か国の大名は互いに争っており……ヨーロッパ列強は、覇権をやかましく叫ぶあれこれの対抗諸藩に抜け目なく援助をあたえていた。二五世紀のあいだ犯されたことのない主権を誇るヤマトの国土は容易にインドの運命の二の舞を演じたかもしれない。……尊皇攘夷！　これが彼らの叫びであり、それは、ミカドの復古と外国人の排斥と国家的統一と独立であった。……爾来、その陸海軍の強化の着実な政策は、日本を近代列強の一員たらしめた。……遂に領事裁判権は廃止され、西洋諸国のうちでもっとも高慢な国〔イギリス〕が日本との同盟を求めるにいたったのである。

彼はこうして、植民地された「インドの兄の心労にやつれた顔」にたいし「日本の弟の誇るたくましい四肢」を称えている（一巻、一四八頁）。

だが、軍事力の強化で「近代列強の一員」となり、イギリスと同盟を組むことは「アジア」の一部たる日本にとって成功なのだろうか。そのほか、彼は三国干渉を西洋による「アジア」侵略の一環としているし、「義和団は、かりに清国政府軍が共同行動に加わることを許されさえしたら、成功しただろう」と述べているが、義和団の鎮圧に日本軍も参加したことにはふれていない。大日本帝国の近代化と軍事的成功は、微妙に評価が避けられていたのである。

とはいえ、『東洋の覚醒』は、もっぱら「東洋」対「西洋」の対立図式を打ち出すことに重点がおかれており、日本についてはあまり紙幅を割いていない。それゆえ、こうした矛盾も比較的目立たなくなっている。しかし、日本を描写の中心にすえた『東洋の理想』および『日本の覚醒』では、この矛盾はいやおうなく表面化してくることになる。

2　『東洋の理想』

「アジアは一つ」という言葉で知られる『東洋の理想』は、一見、内容が題名を裏切っている著作である。というのも、叙述の多くが東洋論でも東洋史でもなく、日本美術史に費やされているからである。

しかしそうした構成は、岡倉の認識から生まれたものであった。それは、「日本はアジア文明の博物館である」「日本の芸術史は……そのままアジア的理想の歴史となる」というものである（一巻、一六頁）。日本を描くことが、すなわち東洋を描くことになるというのが、この本の前提なのだ。

彼は、この著作を以下のように始めている（一巻、一三頁）。

アジアは一つである。二つの強力な文明、孔子の共同主義をもつ中国人と、ヴェーダの個人主義をもつインド人とを、ヒマラヤ山脈がわけ隔てているというのも、両者それぞれの特色を強調しようがためにすぎない。

「アジア」を代表する二大要素としての、個人主義のインドと共同主義の中国。そして「アジア文明の博物館」たる日本。岡倉がこの本で展開する基本的な構図は、じつはこれに尽きているといってよい。以下でそのことを具体的にみてゆくが、その前に検証しなければならないことが一つある。それはほかでもなく、彼が「アジア」をどこまでの範囲のものと見ているかについてである。

とりあえず中国とインド、日本が「アジア」に含まれていることはいうまでもない。そして、『東洋の覚醒』および『東洋の理想』では、モンゴルやタタールといった中央アジア、さらにはペルシャ、エジプト、トルコといった中東も、「アジア」の一部として論じられている。つまり、ここでは中東のアラブ世界から東はすべて「アジア」なのであり、「アラブの騎士道、ペルシャの詩、中国の倫理、そしてインドの思想、これらの一切が、単一のアジア的な平和を語って」いるという(一巻、一四頁)。

しかしじつをいうと、岡倉がその一〇年ほど前に行なった東京美術学校での美術史の講義録では、こうした「アジア」認識はとられていない。そこではエジプト、アッシリア、ペルシャなどは「泰西美術史」のほうでヨーロッパと一括で語られており、「泰東巧芸史」は中国・朝鮮・日本を中心に叙述され、さらに「日本美術史」が別個に立てられている。

この「泰東巧芸史」の講義メモでは、「今東洋美術史ニ就テ之ヲ見ルニ東洋ノ文学穏当ヲ欠き其区域分明ナラス　若 Orient との翻訳とせは大亜大陸全体ヲ含ムノミナラス或欧西学者ノ見ル所にてハ希臘〔ギリシャ〕伊坡〔エジプト〕ヲモ容ルモノアリ　其範囲渺茫として際涯なきニ似タリ」と記されており(四巻、三二四頁)、明らかに当時の彼は、中東アラブ世界までをふくむ「アジア」概念に異和感を抱いていた。さらにインドにかんしては、美術において大きな影響力をもった地域としてとりあげられてはいるものの、「泰東」「泰西」いずれの講義でも、独立の項目を立ててまで論ずる対象としてはあつかわれていないのである。

『東洋の理想』の草稿は、インドにいたイギリス人女性ニヴェディタが英語の校閲を行なっているが、彼女がこの本に寄せた序文では、「ギリシアも、その然るべき位置、つまり古代アジアの一地方という所に落ち着く」と記されている（一巻、九頁）。つまり、岡倉は自分がかつて異和感を表明していたような、ギリシアや中東までをふくむ「アジア」概念をもつ西洋人の協力のもとでこの本を書いたことになる。

たとえば、岡倉が『東洋の理想』で描くこのような「アジア」像を見てみよう（一巻、一一九頁）。

　アジアの簡素な生活は、蒸気と電機を駆使して今日に至ったヨーロッパと比べて、いささかも恥じ入るに当らない。古い交易の世界、職人と行商人の世界、村の市と聖者の日の市の世界、小さな舟が地方の産物を積んで大河を漕ぎ上り、漕ぎ下り、また、あらゆる宮殿には必ず中庭があり、旅の行商人が織物や宝石を並べて、深窓の美女たちがそこで買物をたのしむといった世界は、まだ死にたえていないのだ。

いうまでもないことだが、「聖者の日」や船がゆきかう大河、織物や宝石を並べる行商人、中庭のある宮殿やそこに住む深窓の美女などといったものは、日本には存在しない。ここでの岡倉の「アジア」描写は、ヨーロッパがアラブ世界にたいして抱いていたオリエンタリズムの典型といってよい。

かつて岡倉自身がそうであったように、日本が深い歴史的係わりと文化的共通性を感じとれる「アジア」は中国・朝鮮どまりとなりがちであり、インドや、まして中東や中央アジアまでをふくめて「アジアは一つ」とうたう発想は出てきにくい。西欧側から見た時にこそ、アラブ世界以東が単一の「アジア」として浮上してくるのである。

しかし『東洋の理想』では、中東にはあまり叙述が割かれていない。岡倉によれば、「イスラム文化自体、いわば騎馬にまたがり、剣を手にした儒教だと見なすことも出来る」のであり（一巻、一四頁）、彼がその美術論を展開するうえでは、イスラムは中国で代用できる要素だったからである。

では、中国とインドという「アジア」の二大要素は、どのように描かれているだろうか。

まず岡倉は、中国北部の説明からはじめる。彼によれば、中国人は「農民化したタタール族」であり、太古に黄河流域に定住し、「壮大な共同主義の体系」を築いた。そこでは社会の調和を理想とする儒教が発達したが、その形式的・現世的な軌範のもとでは、「芸術も社会の倫理的行為に役立つという点で尊重された」にすぎず、芸術の自由は制限されがちであったという（一巻、二二、二四頁）。

こうした中国北部にたいし、インドは理想主義と個人主義の地として描かれる。ただし、仏教の開祖であるブッダは、中国北部と同じタタール人の血統を引いていた可能性があると岡倉は主張している（一巻、四二頁）。そして、インド美術にギリシアの影響があるという「ヨーロッパの考古学者」の説を批判し、影響があるとするなら「メソポタミア人、中国人、ペルシャ人などの間にその痕跡のみとめられる、古代アジア美術」のほうであるとした（一巻、四五頁）。

彼は、かつての「日本美術史」講義では、インド美術の日本への影響を論じるさい、しばしば「印度希臘風」という表現をもちいて両者を一体視しており（四巻、四六頁）、ここでのインドとギリシアの区別はそこからの転換をうかがわせる。ただし『東洋の理想』のべつの個所では、ギリシアの音楽を「古代アジアの歌とメロディという共通の幹から出た分岐にすぎぬ」と形容していた（一巻、九二頁）。要するに、ギリシアはヨーロッパからの影響の発信地としては共通性を否定されるが、「アジア」に影響された地としては共通性を強調されていたのである。[4]

そして、この現世的な共同主義の中国北部と、理想を夢見る個人主義のインドという対照的な両者を橋渡ししたのが、老子教と道教の地である中国南部だった。岡倉によれば、「儒教的な中国にとって、インドの理想主義は受け入れ難いものだったに違いないのだが、周朝の末以来の老子教と道教が、このアジア思想の対極ともいうべき両者を相共に発現させる心理的な地盤を用意してくれたのである」。そして「揚子江は決して黄河の支流ではない」のであり、その河流の森林や沼沢地という独自の風土により、北部とはべつの原理が発達したというのだった（一巻、三一頁）。

彼はすでに「日本美術史」において、「支那は江の南北にて相争ひ、南朝は純然たる支那人にして、北朝は砂漠地方に接して古匈奴の種族」と中国南北の人種的相違という見解を示しており（四巻、四六頁）、この持論は日清戦争の直前に行なわれた中国旅行によってさらに強化されていた。中国の北部と南部を別人種とすることは、久米邦武や白鳥庫吉をはじめとした当時の日本の古代史学・東洋史学者の通説だったので、岡倉もそれに棹さしていたといえよう。[5]

では、このようにアジアの二大要素が設定されたうえで、日本はどのように描かれているのだろうか。『東洋の理想』では、日本民族の起源はこのように説明される（一巻、一八頁）。

原住民のアイノを蝦夷と千島諸島に追いやって日出ずる帝国を建設しようとしたヤマト民族の起源は、遥かな海霧のうちに埋もれていて、彼らの芸術本能の源を探り求めることは不可能である。ヤマト民族が、あるいはアッカド民族が東南アジアの沿岸や島々を通過するに際して、インド—タタール族と血を混じたものの残存であったのか、それとも満州、朝鮮に入りこみ、いち早くインド洋—太平洋の島々に植民するに至ったトルコ遊牧民の一分岐であったのか、それともアーリヤ系の移住民がカシミールの険を通りぬけて、チベット族、ネパール族、シャム族、ビルマ族などをなしているツラン諸族の間に吸収されながらも、やがて揚子江畔の人々にインド的な象徴主義の力をまし加えるに至ったものの子孫であったのかは、依然として考古学的な推測の雲につつまれた問題である。

ここで述べられているいくつもの仮説に共通しているのは、中央アジアないし中東を出発点とした民族が、全「アジア」を通過し、インド系や中国（タタール）系の血統をまじえながら列島まで到達したという図式である。だが一〇年前の「日本美術史」では、古代の列島にいたのは南洋諸島系の土蜘蛛、中国系の熊襲、そしてアイヌの三種類で、そこに起源不明の「天孫氏」が降臨したとされており、インド系や中央アジア系の血統混入は言及されていない（四巻、一一～一二頁）。

しかしここでは、日本民族は「アジア」のすべての血統を総合した民族として描かれ、そして「複雑の中の統一ともいうべきアジア的特性を一きわ明瞭に実現する作業こそ、日本の大いなる特権であった。日本民族のインド的―タタール的な血脈そのものが、その二つの源泉から汲み取られ、かくて全アジアの意識を鏡のごとく映し出すことを可能ならしめた相続財産であった」とされていたのである（一巻、一五頁）。

こうして、日本が「アジア文明の博物館である」という彼の主張が展開される。岡倉によれば、多数の蛮族の侵入や戦乱で荒廃した中国、そして同じような条件にヨーロッパの支配という要素がくわわったインドには、もはや古代の芸術の栄光は保存されておらず、「アジア文化の歴史的な富を、系統的にその秘蔵の実物を通して研究し得る場所は、日本をおいてない」。しかも、日本は「たんに博物館には止まらない」。なぜなら、「日本民族の特異な天分は、古きを失うことなく、新しきものを歓び迎える、あの生ける不二一元論の精神」にあり、独自性を失うことなくインドと中国の文化的影響を消化しえた。さらに、島国の日本には大陸にはない独自の風土があり、「こうした風土から生れ出るものは、日本の芸術の魂をあれほど和げているあのやさしい単純さ、ロマンチックな純粋さであり、これこそ中国芸術の単調な空間性への傾性から、さらにはインド芸術の過剰なまでの豊富さへの傾向からも、日本の芸術を区別するものである」という（一巻、一六、一九頁）。

日本による中国・インド文化の統一を、岡倉は、「今なお日本に残っている」と称する「古風な民話」を例に実現している。洛陽の町で、インド、中国、日本の旅人が出会った。そして、中国の旅人がこう言う。「我々がここで会ったのは」「ちょうど扇を作るためといった具合で、中国は紙を、インドのお方は放射する棒を、日本からのお客は、小さいが欠かすことのできない要ですよ」（一巻、六四頁)。

かつての「日本美術史」と比較すると、そこでは中国・朝鮮からの文化をいかに日本が「渾化」しつつ独自性を築いたかが述べられているが(四巻、一五頁)、インドの影響は中国ほど重視されていない。しかし『東洋の理想』ではインドが日本の「思想の母国」とされ、日本民族は「インド神話の伝統に育てられ」たと形容されており、インドの影響の比重が増していた(一巻、四八、一八頁)。

おそらく、理由は二つあった。まず、誰の目にも明らかである中国・朝鮮からの影響にたいし、いかに日本の独自性を強調するかが「日本美術史」いらいの岡倉の課題であった。そしてそれは、『東洋の理想』においては、「日本人はインド思想により大きな新近性を示し、中国人を一歩先んずることが出来た」という言葉に示されるように(一巻、七四頁)、インド文化の消化度によって確保されるようになっていたのである。

そして第二には、岡倉が、中国に代表させた現世的で形式主義的な調和よりも、インドに代表させた理想主義や個人主義を、美術の動因として重視していたことである。彼は『東洋の理想』において、上記のように日本を位置付けたあと日本美術の歴史を時期ごとに描写しているが、彼が評価する時代は日本民族が元来もっているという理想主義的なエネルギーが中国の影響による形式的洗練に優った時期であり、形式主義に流れ現世的になった江戸時代にもっとも低い評価がなされていた。

こうした認識にたつ岡倉にとって、明治時代は理想主義の復活であった。しかしそれは同時に、彼が『東洋の覚醒』ではげしく非難した西洋近代文明が流入した時期でもある。では、彼は日本の近代化をどのように評価しているだろうか。

まず岡倉は、明治日本が画期的な近代化をなしとげたとしても、そこには日本の内発的な能力が前提となっていたことを強調する。彼が挙げるのは明治維新を推進した西南雄藩の力と、さらに文化的には水戸学をもたらした徳川末期の儒教復興であり、そこに「アジアの大地に対する西洋の侵略」の衝撃がくわわったのである。こうした危機のなかで、一時は過度の西洋文化の輸入が行なわれたが、やがて古代の理想への回帰と近代西洋文明消化の両立がめざされた。岡倉は、これを西洋のルネサンスに例える。一六世紀のイタリアは、オスマントルコの脅威を前にして、ギリシア・ローマ文化の伝統を蘇らせると同時に、近代科学と自由の精神をも発達させ、伝統への同化と新精神への同化という「二重の同化」をなしとげた。彼は、洋式絵画の技法は「芸術上の戦闘の武器」であり、「東洋文化の本能的な折衷主義」にもとづいて「こうしたものを日本芸術は西洋から受け入れても、自身の本性を損なう恐れはないだろう」と述べて、「こうした粘り強さこそ、日本が近代的強国の地位に至りつきながら、依然としてアジアの魂を忠実に保持させている所以である」という(一巻、一〇七、一一一、一一六、一二二、一二六頁)。

ここでの岡倉の近代化や西洋文明への評価が、『東洋の覚醒』における非難一色のものとは、微妙に異なっていることは明らかである。ルネサンス一つとっても、『東洋の覚醒』では資本主義と侵略の発起点とされていた。何よりここには、西洋による侵略への非難は書かれてはいたが、武装闘争へのよびかけはない。代って前面に押し出されているのは、アジア諸文明を総合しつつ近代化をなしとげた日本への賞賛である。そしてこうした傾向は、『日本の覚醒』ではより強化されてゆくことになる。

3　『日本の覚醒』

インドから帰国後、岡倉は東洋宗教会議開催計画や日本美術院復興などにいずれも失敗したのち、ボストン美術館に招かれ渡米した。そして一九〇四年に出版されたのが『日本の覚醒』である。これは『東洋の理想』に似て日本史の記述を中心としているが、折から勃発した日露戦争にさいし、より日本弁護に重点を置いた内容となっている。

この本の主題は、『東洋の覚醒』や『東洋の理想』とは、大きく異なっている。もちろんこの本でも、岡倉は西洋の東洋侵略を批判している。しかしここで主題とされているのは、「アジア」の一体性よりも、日本が「アジア」の一員でありながら、なぜ、いかにして近代化をなしとげ列強の列にくわわることができたかであった。

この本の第一章は「アジアの夜」と題されているが、そこで「夜」と表現されているのは、西洋による植民地化ではなく、「アジア」諸国が「伝統の迷路」と「無気力の昏睡」のなかで停滞していることであった（一巻、一七八、一九三頁）。『東洋の覚醒』では、覚醒とは「アジア」の伝統に目覚め武力闘争に立ち上がることだったが、『日本の覚醒』での覚醒はそれとは異なっていた。

「アジア」そのものの設定にも、変化が生じていた。『日本の覚醒』によれば、こうした「アジアの頽廃」の起源は、一三世紀に起こったモンゴルによる「アジア」各地の征服にもとめられるという。すなわち、かつてインドから中国、朝鮮、日本までは、仏教国どうしの文化交流ルートで結ばれていたが、「中国とインドの古典文明は、モンゴルの破滅的な侵攻によって」破壊されてしまったのである。モンゴルは中国に元朝を、インドにムガール帝国を打ち立て、「アジアがモンゴルによって征服され、仏教国は再び統一されえないほどに引きさかれた」「イスラム教が中国とインドの間にヒマラヤそのものよりも大きな障害をはこんだ」（一巻、一七八〜一八一頁）。しかもモンゴルは、「彼らが支配した国に伝統的な政策に反する専制主義のシステムを永久化した」。つまり、「アジア」の弊害とされている専制主義は、「アジア」在来のものではなく、モンゴルがもちこんだものだというのである（一巻、一八一頁）。

こうして、インドと中国においては、「外国人〔モンゴル〕の専制下に、民族意識の低下はその再結合を殆ど不可能に」してしまい、「イニシャティブの精神を失い、無力な抵抗につかれ、合法的な野心を奪われた今日の中国人とインド人たちは、不可避のものの前に屈従するにいたっている。ある者は過去の偉大さの記憶に逃れ場所を見出し、伝統と排外の堅さに身をひそめ、他の者たちは天上の夢想にただよい、未知への訴えに慰めを見出している」。かつて『東洋の覚醒』で賞賛された「アジア」の伝統や攘夷は、ここでは現実逃避として描かれているにすぎない。岡倉は、「こうした統一の欠如が、ヨーロッパ勢力の運命形成をインドで可能とした」とも述べているが、もはや西洋による植民地化は、モンゴルの災厄の前では二次的なものとされていた（一巻、一八一〜一八二頁）。

しかし岡倉によれば、モンゴルに対抗しえた勢力が世界に二つあった。ひとつはヨーロッパである。ここでは「モンゴルの魔手はトルコの遊牧民にとってかわり、サラセン帝国とオスマン帝国を創建する結果となったが、それはフランク諸民族にとって共同の敵に対して統一する好機を与えた」。そしてこうしたイスラム勢力の前での統一が、「ルネサンスの主たる要因の一つ」となったという。そしてモンゴルに打ち勝ったもう一つの勢力こそ、元の襲来を撃退した日本にほかならない（一巻、一八〇、一八一頁）[6]。

『東洋の覚醒』では、「アジア」の一員たるイスラムが西洋をおびやかしたことが賞賛され、インドでのムガール帝国の成立は「アジア」の相互交通と一体性の証明として挙げられていた（一巻、一三六、一四八頁）。しかし『日本の覚醒』では、岡倉は「モンゴルの来襲が、仏教とキリスト教の世界に及ぼした影響をくらべると、おどろくほかはないであろう」と、インドや中国の運命と比較しつつ、モンゴルを撃退したヨーロッパの力強さを称えている（一巻、一八一頁）。ここでは、モンゴルとイスラムは「アジア」から排除され、ヨーロッパと「アジア」という世界の二大文明の共通の敵とされているのである。

さて、このようにかつての「西洋」対「東洋」の図式へ、「モンゴル」対「文明」という図式が導入されたなかで、日本の近代化はどう評価されているのだろうか。

まず『東洋の覚醒』では、他のアジア諸国にたいする西洋の侵略と同じく、日本もアメリカにより強制的に開国させられたことになっていた。しかし、『日本の覚醒』では、日本が最初に接触した「西洋」は、シベリアから北海道を侵略しようとしたロシアであったことが強調されている。もちろんこれは、執筆時に直面していた日露戦争への岡倉の反応にほかならない。そしてロシアが侵略勢力として描かれているのと対照的に、彼が滞在していたアメリカは、「〔開国〕の交渉にあたってよく辛抱し、公正であることを示したアメリカ提督にも心から感謝する。東洋の民族は親切ということを忘れない」と賞賛されていたのである（一巻、二一五頁、二二〇頁）[7]。

さらに、「日本の覚醒」では、攘夷についてこう述べられている（一巻、二一二頁）。

日本ではどのような愛国者の種族も、「夷狄よ去れ！」と中国の挙匪〔義和団〕にも似た激情をもって叫んだのは五十年前であったが、今は完全になくなっている。それ以来、我々の政治生活にもたらされた巨大な変化と、外国との接触によって我々がえた物質的利益のために、西欧に対する国民的感情は完全に革命的に変化しており、我々の祖父たちの敵意をあのように昂めたのが何であったかを理解するのは、殆ど不可能なほどである。それどころか、我々はアジアの文明のかわりにヨーロッパのそれと一体化するのに熱心だったから、アジアの近隣諸国は我々を改宗者――否、「白禍」そのものの権化とさえみなしたほどである。しかし我々の数代前の精神状態は、今日の保守的中国人愛国者のそれと同じで、西洋的進歩は我々の亡びを企むものでしかないと思っていた。

二年前に攘夷と義和団を称えたのと同一人物のものとは、思えない文章である。

岡倉は、この『日本の覚醒』発刊直前のセントルイス万国博覧会の講演では、「われわれがあなた方〔西洋〕の生活方法と文化を全面的に取り入れたのは、単に選択の問題ではなく、必要の結果でした。……ジャガンナートの車に轢き殺されたくなければ、その車に自から乗り込まねばならないことは、ほとんど至上命令のように思われます」と述べていた（二巻、八一頁）。全面的洋式化か折衷的導入かのちがいはあっても、近代化の側につくことが不可避であるという認識は、いまや岡倉にとっても自明とされていたのである。

さらに『日本の覚醒』では、日本が東洋の国としてはいかに例外的に近代化に成功したかが強調された。たとえば「立憲政治は東洋諸国には実行不可能と思われてきたし、現にトルコではみじめに失敗している」にもかかわらず、日本では成功を収めた。また教育においては、文理ともに近代教育が充実しただけでなく、「西欧語の一つを学ぶことは小学校を除いて強制されており、英語はそのうちもっとも必要とされるものである。アメリカ人やヨーロッパ人が多数その教師として招かれ、何千という男女が私費或いは官費で海外に学んでいる」。そして日本神話のアマテラスが女性神であることや、女性の神功皇后が朝鮮侵攻を指揮したことなどにみられるように、「日本では、女性は東洋の他の場所では見られないような敬意と自由とをつねに保有していた」。もっとも、中国から入ってきた「儒教の教えが慣習を形成するのに力づよくなると、女性は公的生活から遠ざかり、中国聖人によってその適当な領域と考えられる、家政に限られるようになった」が、それは日本の伝統ではないというのである（一巻、二三五〜二三八頁）(8)。

その一方で岡倉は、日本では東洋の伝統も巧みに活かされているという。まず、対外戦争のさいにはすべての政党が一致して内閣を支持したことや、「帝国憲法はミカドの自発的意志にもとづく恩寵で、ヨーロッパの若干の国々のように人民主権の強制によるものではない」ことにみられるように、「わが民主主義は東洋の伝統に則った成長」だとされた。さらに教育においても「古い時代の教え」にもとづいた教育勅語があるし、「日本婦人は今や西欧の婦人姉妹のもつ権利をもっているが、しかしそれを強調しようとはしていない」という（一巻、二三六、二三九頁）。『東洋の覚醒』いらいの東洋内在の欠点擁護論が、日本国家の美化というかたちで展開されていることがうかがえる。

こう述べられたあと、日露戦争での支持を得るために、日本が平和的な国であるという論証に一章が割かれている。まず彼は、「朝鮮半島は、有史以前を通じ日本の元来の植民地になっていた」土地であること、現代では「朝鮮をどこかの敵国が占領すれば、日本へ陸軍を容易に投じうる」ために、「我々はわが古代の領土だった朝鮮が、合法的な国家防衛のためのライン内にあると認めざるをえなくされた」ことを主張した。また、朝鮮と満州は「わが民族存続のために経済的にも必要で、それはたえず増大する〔日本の〕人口が、もしこのまばらに開墾された両地域に正当にはけ口を求めることができなくなれば、餓死が待っているからである」という（一巻、二五〇、二五一頁）。『東洋の覚醒』では、移民発生の原因が近代化の侵入であるとされていたが、ここではただ過剰人口のはけ口の必要だけが説かれていた。

さらに、日本と朝鮮の民族的近縁性が述べられた。すなわち、「朝鮮における考古学的遺跡は、わが国の原始的古墳類と正確に同じもの」であり、「朝鮮の言語は今日でもあらゆるアジア言語のうち、我々の言語にもっとも近い」（一巻、二四九頁）。かつて『東洋の覚醒』でのべていたように、「アジア」の血縁の民族どうしによる支配は痛みをともなわないものであり、西洋の支配とは異なるのだ。

こう説いたあと、日本がいかに平和を重んじて朝鮮の領有を思い止まったかを岡倉は強調する。かつて日本は征韓論を押さえたし、さらには朝鮮を開国させて近代的な独立国としようとした。ところが、中国は朝鮮が自国の属国であると主張して、「その保守的本能はわが国の近代化に対しては反感をおこし」、「東洋の専制政治」から脱却できない朝鮮保守派がそれに結びつき、日清戦争をしかけた。

日本はこの戦争に勝利したが、その一因は、中国が南方と北方とに分裂しており、戦争を担ったのは北方だけで南方が気乗りうすであったことだという。その後、三国干渉によって日本は満州の権益を放棄させられたが、ロシアは「満州を領有するばかりか、朝鮮をも併合しようと」したため、日本は戦わざるを得なかった。このように、「もし中国とロシアが朝鮮の独立を尊重したならば、いかなる戦争もおこらなかった」というのである（一巻、二五二～二五四頁）。

さらに、ロシアが日露戦争において日本の脅威を黄禍論で喧伝していることへの反論がなされた。岡倉はヨーロッパによる「アジア」侵略を「白禍」と形容し、「儒教は中国農業文明の縮図であり、その性質上本質的に自足的で、非侵略的である」としたうえで、そうした儒教を受けついでいる「我々〔日本〕の文明の性格そのものが諸外国への侵略を禁じている」と主張する。日本の近代化を賞賛するさいには差異が強調された中国が、日本が被害者であることを主張するさいには同質性をうたわれたのである。そして、西洋の一員であるロシアの脅威にたいし、「我らは母国のためのみに戦ったのではなく……全アジアの輝かしい更生を見る平和と調和の夢のために戦った」というのだった（一巻、二四八、二五四頁）。

そして日本と朝鮮との血縁関係が述べられる一方で、『日本の覚醒』では、かつて『東洋の理想』で主張されていたような、イスラムやタタールの系統を引いているという日本民族起源論は展開されていない。日本民族は野蛮な「モンゴル」などと血縁関係にはないのであり、もちろん、ブッダがタタールの血を引いているというかつての説も削られている。

かわって「モンゴル」にちかい存在とされたのは、ロシアのほうであった。すなわち、「古くゴート族、ヴァンダル族、フン、モンゴルの蕃族が、その遊牧軍とともに、ヨーロッパ、南アジアを襲ったのは、帝政ロシアの辺境からではないか」と岡倉は主張し、「ジンギス汗やチムールの猛き子孫であるシベリアのコサックやタタールが、今なお野性のままに放浪しているのは、アムール川の岸辺からウラル山脈まで、風になびく丈余の草むらの間である。北京や満州での虐殺事件や最近のキシネフ〔ユダヤ人ポグロムが行われたウクライナの地名〕での恐るべき虐殺は、いったんその野蛮な性格が恣にされたとき、モスクワ人の兵隊から何が生じうるかを世界はみるであろう」というのである（一巻、二五五頁）。「白禍」の一部として非難するさいにはヨーロッパの一員とされていたロシアが、ここでは「モンゴル」として、ヨーロッパと「アジア」の双方を侵略した共通の敵とされていたのだった。

4　壮大なる卑小さ

以上、岡倉の三つの主著を検証してきた。その結果明らかになったのは、彼がそれぞれの著作の目的にあわせて、「アジア」像を変更していることである。

『東洋の覚醒』では、西洋を「近代／征服者」、東洋を「反近代／被害者」とし、東洋の正義を主張する図式のなかで、日本の近代化と侵略は巧みに言及が避けられていた。日本の賛美を目的とした『東洋の理想』では、日本の近代化への肯定的評価が多くならざるを得ず、それに適合するようルネサンスなどへの評価も変更されている。そして日露戦争での日本支持獲得を狙った『日本の覚醒』では、「モンゴル」というヨーロッパと「アジア」の共通の敵が設定されており、「アジア」の範囲や日本民族の血統にかんする変更が行なわれ、またアメリカは日本への侵略者から同情者へと変えられていたのである。

岡倉の著作の相互にみられる矛盾点は、しばしば彼の詩人的資質によるものとされてきた[9]。しかし一〇年以上前の「日本美術史」とのちがいはともかくとしても、わずか二年余りほどの間に執筆された三つの著作において、これほど激しい振幅で、しかもかなり整合的に行なわれた「アジア」認識の変化は、たんなる思想的変遷や矛盾というより、意図的な作為を思わせる。彼の著作は、その論じている個々の論題をとりだせば矛盾だらけだが、「東洋」と「西洋」という枠組みのなかで日本の立場を正当化しようという狙いにおいてはまったく一貫しているのである。

彼の『茶の本』の一節である。「西洋人は、日本が平和のおだやかな枝芸に耽っていたとき、野蛮国とみなしていたものである。だが、日本が満州の戦場で大殺戮を犯しはじめて以来、文明国と呼んでいる」という言葉にみられるように(一巻、二六七頁)、岡倉は単純に侵略を賛美する人間ではなかった。彼の「アジアは一つ」という言葉はインドで共鳴を得ていたし、『東洋の覚醒』でみせた西洋近代への批判と「アジア」賞賛はその後の著作でも受けつがれてはいた。

だが、日本の行動を正面から批判する言葉はその著作には見当たらない。おそらくは日本を英語圏に紹介する仲介者を自任していたであろう彼にとって、西洋諸国に日本批判の材料を与えるような行為はとりえなかったのだろう。

「東洋」の一部とされながら「西洋」なみの近代化と侵略を行なおうとした日本の立場じたいが矛盾

に満ちたものであった以上、それを正当化しようとすることは、必然的に岡倉の著作に歪みをもたらさざるを得なかった。しかしもともと、「アジア」や「東洋」は実在ではなく、ただ「ヨーロッパ」や「西洋」の対比としてのみ存在する概念にすぎない。後年に大東亜共栄圏なるものが提唱されたときも、いったい「アジア」がどこまでの地域をさすものであるかは、ついに一致を見なかった。岡倉は日本を、「西洋」に対比するときは「東洋」に、「東洋」に対比するときは「西洋」に位置づけ、それにつれて「アジア」像を変更していったわけだが、その虚構さは彼の個人的資質の問題より、もともと「東洋」や「アジア」といった概念をアイデンティティとしようとする行為じたいの不能を示しているといえよう。

この後岡倉は、ボストン美術館に東洋美術のコレクションをつくるため、中国や日本から美術品を買いつける仕事で生活の糧を得た。西洋による東洋美術略奪を非難してきた彼が、そうした役割を担うことになったのである。彼は美術館評議委員会に対し、「アメリカこそ、東洋と西洋の中間に位置するものであり、当コレクションの如き内容のものが作られるとすれば、日本美術にとっても最も望ましい」と述べているが、さらに美術館副館長が岡倉とかわした覚書はこう記している（二巻、二二四、二二九頁）。

自分自身のことについて、岡倉氏はこう語った。日本にいた時は美術品が輸出されることにいつも反対してきたが、アメリカに滞在している間に考え方を変えさせられ、今や当美術館のコレクションをどうしても立派なものにしなければならないと切望している。日本の岡倉氏の友人達は、彼が美術商になったのではないかと考えるかも知れないが、彼は友人達をも説得することが出来、うまく美術品を手に入れることが出来るだろうということについて最大限の希望をもっている。……もし当美術館で働かないとすると、彼は他の勤め口を探さなければならない。

岡倉が美術品買いつけの現地からボストンに出した手紙類には、他のヨーロッパ諸国の美術商との獲得競争の模様や、金銭の催促などとともに、「われわれの成功に喜びを感じつつも、私はこれら伝来の家宝を持ち去ることに悲しみを禁じえませんでした」といった言葉が書かれている（七巻、一三六頁）。一抹の良心の痛みを感じつつも、「東洋」と「西洋」の立場を使い分けながら自己の正当化をはかるという彼の描いた日本の姿は、岡倉自身とも重なっていただろう。そしてそれは、岡倉の「アジアは一つ」という言葉を掲げて侵略を行なっていくその後の日本の軌跡を象徴するものでもあった。『日本の覚醒』出版の九年後の一九一三年、岡倉は最後に心を寄せた女性である、かつてインドで交流したタゴールの姪のプリャンバダに宛てた手紙で、こう述べている（七巻、二〇八頁）。

私に好意を寄せてくれる人々の困ったところは、私が人生の重荷を背負いきれない弱虫であることを彼らが認めず、私の力を信頼しているということです。彼らは私が世界に直面するために勇敢さと自恃の仮面をつけているにすぎないこと、一皮むけば、一揺れごとに震えあがる臆病で小心な存在でしかないことを知らないのです。私は恐怖心から誇らしげにふるまっています。私は優しい高貴な方の衣のひだに顔をうずめ、泣いて泣いて泣きたいと思います。……これこそ、あわれでみじめな私の自我の写真です。うんざりなさいませんか？　私はうんざりです。
「私の過去は、触れることもできない理想、むなしい憧憬を追っての、長い闘争でした」と述べることの手紙が書かれた半年後、かつて文部大臣となることを夢見た彼は、地位も資産も築けぬまま病没する。享年五〇歳であった。

（『立命館言語文化研究』八巻三号、一九九七年、所収）

注

（1）福沢と岡倉を比較考察した代表的論考としては、丸山真男「諭吉・天心・鑑三」（『現代日本文学全集』五一解説、筑摩書房、一九五八年）、橋川文三「福沢諭吉と岡倉天心」（『朝日ジャーナル』一九七二年一〇月二〇日号）などがある。岡倉についての一九八二年までの研究は橋川文三編『岡倉天心　人と思想』（平凡社、一九八二年）でリスト化されており、その後には以下で言及するもののほか大久保美春、神原正明、大久保喬樹、池田和子、文弘樹、伊藤薫、木下長宏、Kevin Nuteなどの研究があるが、岡倉の「アジア」像の内容を検証したものは管見の範囲では見当たらない。以下、巻号と頁数を記した引用は『岡倉天心全集』（平凡社、一九七九〜八二年）より。

（2）前者の例として色川大吉「東洋の告知者岡倉天心」（『日本の名著37　岡倉天心』解説、中央公論社、一九七〇年、のち『色川大吉著作集』五、筑摩書房、一九九六年に収録）、後者の例として松本清張『岡倉天心とその内なる敵』（新潮社、一九八四年）などが挙げられる。

（3）丸山前掲論文、宮川寅雄「明治ナショナリズムと岡倉天心」（橋川編前掲書）など。

（4）インド―ギリシア美術の位置付けの変化については、後藤末吉「天心とインド美術」（『茨城大学五浦美術文化研究所報』第九号、一九八二年）や井上章一『法隆寺への精神史』（弘文堂、一九九三年）が指摘している。なお、『日本美術史』における岡倉の時代区分について高木博史「日本美術史の成立・試論」（『日本史研究』四〇〇号、一九九五年）が、また日本のナショナル・アイデンティティとしての美術史形成の側面を指摘したものに小路田泰直『憲政の常道』（青木書店、一九九五年）Ⅲ章がある。

（5）岡倉の中国南北論については、鶴間和幸「天心の中国認識」（前掲『茨城大学五浦美術文化研究所報』第九号）が詳細に検討している。しかし鶴間をはじめ橋川、色川前掲論文などは、いずれも岡倉が中国旅行を契機としてこうした中国観を持つようになったとしているが、本文中に述べたようにこれは「日本美術史」の時点からのものと思われる。同時代の日本に多くの類似の中国人種論が存在すること、またエルウィン・ベルツなどもモンゴロイドには南北二種があるとしていることなどからして、おそらくヨーロッパの学説ないし通説が流入した影響と推測される。また、『東洋の理想』における中国南北観およびインド観、さらに海賊を祖先とするという地中海文明観は和辻哲郎の『風土』のそれとほぼ同型であり、和辻が岡倉の講義を聴講していたことと合わせて、和辻への影響は確かだと思われる。当時の人種論及び和辻については、小熊英二『単一民族神話の起源』（新曜社、一九九五年）参照。

（6）岡倉がモンゴルをアジア文明の破壊者としていることは、川添昭二「岡倉天心の蒙古襲来観」（『日本歴史』五二四号、一九九二年）が指摘している。しかし川添は、『東洋の覚醒』からの記述の変化に注目しておらず、モンゴルをヨーロッパの敵およびロシアの前身として描いている構図は看過している。

（7）ただし、岡倉はすでに『東洋の理想』の時点でアメリカによる開国を好意的に描いていた。全集第一巻、一〇八頁参照。岡倉のアメリカ観が変化していることは、吉沢忠「岡倉天心とその『日本美術史』」（前掲『岡倉天心全集』第四巻解説）などが指摘している。

（8）岡倉は、『東洋の理想』でも、日本が女性を古代から尊敬してきた国として描いている。全集第一巻、一八頁ほか。なお、岡倉が『日本の覚醒』で日本の侵略行為を弁護していることはすでに多く指摘されているが、ここではその正当化論のなかで、日本の近代化を論ずるさいと西洋からの圧迫を述べるさいとで「東洋」の代表とされる場合と例外とされる場合が使い分けられていることの指摘に重点を置いている。

（9）岡倉古志郎「祖父天心と父一雄のことども」（岡倉一雄『父岡倉天心』、中央公論社、一九七一年）、大岡信『岡倉天心』（朝日新聞社、一九七五年）など。

「植民政策学」と開発援助
――新渡戸稲造と矢内原忠雄の思想

「植民政策学」。ずいぶん露骨な名前の学問だな、と思われるかもしれません。現在では、「植民地」という言葉は「現地の人を支配して搾取している場所」という意味でもっぱら用いられますから、「植民政策学」といえば、「いかに支配し、搾取するかの学問」だろうと考えられがちだからです。

しかし実際にくわしく調べてみますと、事はそう簡単ではなくなってきます。まず、本章でとりあげる日本の代表的な植民政策学者、新渡戸稲造[1]と矢内原忠雄[2]は、たいへんヒューマニズムにあふれた、人格者として知られていました。二人とも敬虔なキリスト教徒で、新渡戸は一九三〇年代に日米関係が悪化していたとき両国の親善に尽くし、「われ太平洋の橋とならん」という言葉を残した国際人として、以前は五千円札に肖像が使われていました。また矢内原は、日中戦争に反対を表明したために大学を辞職に追い込まれたあと、牧師として戦争中をすごし、戦後は東京大学総長となって平和問題などで積極的に発言を行なった人でした。こうした人物たちが、なぜ「植民政策学」などという、まがまがしい名称の学問を行なっていたのでしょうか。

そして、それ以上に興味深いことは、この「植民政策学」が戦後にどうなったかです。新渡戸は戦前の東京帝国大学における初代の植民政策学担当教授で、矢内原がその後をついだのですが、戦後にこの講座は、「国際経済論」となって残ったのでした[3]。つまり、現在の「国際経済学」は、戦前の「植民政策学」を継承したものともいえるのです。ことに、戦前に「植民地」だったところは現在では第三世界の発展途上国となっていますから、国際経済学のなかでも途上国経済、とくに開発経済学などが、植民政策学の直接の「子孫」といってよいかもしれません。

「植民地」だの「植民政策」だのというと、遠い昔のことと思われがちです。しかし、途上国の「開発経済学」というと、とたんに現在もっともホットな、国際的な他者接触の問題となってきます。しかもその担い手は、国際親善に尽くそうとした人格者たちで、彼ら自身は現地の人々の幸福のために努力しているつもりでした。いわば植民政策学の歴史は、人格高潔な人物たちが、主観的には善意で発展途上地域の経済開発のために努力しているのに、結果としては「植民地支配」を行なってしまったというものだったといえるでしょう。

ここで植民政策学の歴史をふりかえるのは、こうした経緯を見直すためです。そこには、現在でも解決していない、国際的な他者接触における問題が、数多く含まれているのです。

1　一九世紀の「国際開発学」

さて、新渡戸と矢内原の思想の検討にはいるまえに、彼らが生きた一九世紀末から二〇世紀前半における、植民政策学の性格について述べておきましょう。

まず踏まえておかなければならないのが、「植民地」や「植民」という言葉の意味です。前述したように、現在では「植民地」といえば、「現地の人を支配して搾取している場所」を意味するのが普通です。

ところが、二〇世紀初めごろまでの「植民地」という言葉は、それとはやや異なり、「人間が移住して開拓している場所」といった意味で使われていました。もともと「植民地」の原語は英語のcolonyですから、アメリカの開拓移民のように、無人の荒野に移住して沃野に変えてゆくというイメージだったのです。(4)

もっとも、アメリカの開拓移民が耕した土地とて、もとから「無人」だったわけではなく、「インディアン」と間違ってよばれることになった先住民がいたのですが、人口密度が低かったため「無人」同然とされていたにすぎません。そして、最初のアメリカ開拓移民が移住した一七世紀ごろはともかく、一九世紀までには現在のカナダやオーストラリアなど温帯の「無人」地域はほとんどヨーロッパからの植民者が定住してしまって、アジアやアフリカなどの現地住民の人口密度が高い地域に進出が行なわれてゆくようになります。ここから現在イメージされている「植民地」、つまり支配国からやってくる少数の植民者が、多数の原住者を支配しているという状態が出現することになります。しかしその場合でも、植民者側の主観では、原住者を「支配」しているなどという自覚はほとんどなく、「いかに効率的に現地住民と『協力』しながら『開発』を進めるか」――現地民からみれば「いかに効率的に支配するか」にすぎなかったことが大部分なのですが――というかたちでしか認識されていませんでした。

こうした経緯は、日本における「植民地」や「植民」という言葉にも影響しました。すなわち当時では「植民地」といえば「移住して開拓する土地」、ないし「現地住民と協力して開発を行なっている土地」のことで、「植民」と「農業移民」の区別が明確についていません。当然ながら、「植民」を悪い行為であるとみなす感覚も希薄でした。新渡戸や矢内原のような人格高潔とされる人物が、国際経済開発に貢献しようという志をもって、「植民政策学」に打ち込んでいった背景の一つはここにあります。

さて、このような植民政策学、いうなれば「一九世紀の開発経済学」で問題になっていたトピックが、いくつかありました。これらのトピックは、じつは現在の途上国援助や開発問題でも、ほとんど共通しています。

開発とは、言葉を換えていえば、「外部から力を加えて、人間の幸福のために、その地を『開いて』ゆくこと」だといえます。しかしその場合にまず問題になるのは、「外部の力」とは何かということです。具体的には、それは政府なのか民間なのか、今風にいえば政府によるODAか、多国籍企業か、NGOかといったことが問われることになります。(5)

次に問われるのは、「人間の幸福」とは何か、ということです。経済開発と近代化が進み、発展途上国にもビルが立ち並び、みんながヨーロッパ風の住居に住んで洋服を着るようになれば、それが「幸福」でしょうか。もっと現地の人の文化や伝統に根ざした「幸福」もあるはずではないでしょうか。これは、「人間」の幸福や価値観は一つなのか多様なのか、言葉を換えていえば人類は一元的な存在なのか、それとも特有の「伝統」や「民族性」を背負った多元的な存在なのかという問題とも結びつきます。(6)

さらに、現地を「開発する」「開く」といっても、何を対象とするのかも問題です。たとえば、経済だけを開発援助の対象として、政治や「文化」の問題にはタッチしない、つまり現地に独裁体制や男女差別、教育などの問題があるようにみえても放置しておく、という姿勢でよいのでしょうか。しかし、うっかり先進国のNGOなどがこの問題に手をつけると、「内政干渉」「文化の押しつけ」といった批判が当然出てきます。

さて、こうしたさまざまな問題が、植民政策ではどう表れてきたのでしょうか。

まず上記の問題にたいする解答の一例として、人間は一元的で究極の幸福は一種類、力は国家による政治権力で、「開く」対象は文化を含むという組合せを考えるとします。これは、植民政策ではフランスの「啓蒙的」な同化主義的な植民思想に近いものがみられます。(7) 人間が一元的で幸福も一種類だとすると、アフリカやアジアの人々にも世界でいちばん進んだ文明、たとえばフランス文明やフランス語を教えればよいことになります。ここで重要なのは、フランス文明が優れている根拠として、フランス革命によって人権宣言を生んだフランスの法律や文明が世界でいちばんだという主張がとられていたことです。アフリカやアジアの人々を、現地の王様による支配から解放し、迷信から啓蒙してあげようという使命感が唱えられていたわけで、これが「啓蒙的」とよぶゆえんです。そして、人々を正しい幸福や正しい文化に導くためには、正しい国家権力による多少の強制もやむをえないということになるわけです。

これと対照的に、人間は多元的で幸福も多様、政府でなく民間が開発を担い、対象は経済にとどめるという組合せもあります。これにぴったり適合するものを歴史上にもとめるのは難しいのですが、強いていえば、イギリスで盛んだった自由貿易帝国主義論のなかにやや近いものがみられます。人類多元論をとると、「ヨーロッパの白人」と「アフリカやアジアの有色人」はもともと人間とサルのように別種の生物ですから、英語やイギリス文化を教えても理解できるわけがない、という考え方になります。これは同時に、「サルは無理に洋服を着るより、野生のままでいたほうが美しい」とでもいうような、差別の入り混じった現地文化尊重論、文化相対主義につながります。そうなると、現地の文化には手をつけず経済開発だけをやればよく、それもできるだけ民間の資本が行ない、政府が介入しないほうがよい。また現地の王様や首長がどんなひどい統治をしていようと、それは彼らの「伝統的文化」なのだから干渉せず、むしろそれらの王様や村長を協力させて間接統治を行なったほうが賢いという主張になります(8)。

こういう二つの潮流があったわけですが、二〇世紀の初頭までには、どちらも行き詰まってきます。とくに前者の同化主義のほうは、現地の反発が激しいうえに、学校を建てたりして経済的コストもかかるというわけで、失敗であったと認知されていました。しかし後者の間接統治による自由貿易帝国主義のほうも、経済的収奪ばかりではだめだというわけで、両者の中間的な形態を模索しているというのがこの時期の植民政策学の傾向だったわけです。

2　強制的にでも開発

さて、こうした背景を理解したうえで、まず新渡戸稲造の思想をみてみましょう。

新渡戸稲造は一八六二年に岩手県の士族の家に生まれました。この人の一生は、ほとんど開発・開拓の生涯といってよいほどです。[9] まず一八七六年に明治天皇が東北を巡幸したさい、一家が東北の開拓に貢献したことをほめられて、彼は農学を志しました。そして、「少年よ大志を抱け」の言葉で有名なクラーク博士の札幌農学校（北海道大学の前身）で学びます。

東京帝国大学を出たあとアメリカやドイツに留学し、農業経済学や農政学を学んだ彼は、一時は札幌農学校で教授をしていたのですが、やがて日本が領有したばかりの台湾総督府に赴任して農業開発政策にとりくみました。この経験を買われて、そのあと東京帝国大学の植民政策学担当の教授となります。農学が専攻だったはずが植民政策学者になったところに、当時の「植民政策学」が「途上国開発学」ないし「辺境開拓学」だった事情がうかがえます。さらに、満州（現在の中国東北部）への進出を勧める言動もしていました。またアメリカにも長く滞在し、親米家としても知られていましたが、これはアメリカが「開拓者の国」だったことと関係があるようです。植民政策学者で台湾総督府勤務、そのうえ満州進出論者というと、たいへんな帝国主義者という印象を与えますが、当人は辺境開拓に一生を捧げたという意識しかなかったのではないでしょうか[10]。

新渡戸は植民政策学の講義で、「オイクメーネーの拡大」ということを植民政策の目的としています。このOikouménéというのはギリシャ語で「人間の住み得る土地」という意味だそうで、キリスト教徒であった彼は、元帥である神のもと将校である人間が動物や植物を従えた「有生同盟」で自然に闘いを挑み、このオイクメーネーすなわち人間の住める土地を広げることを唱えていました。そして「植民とは文明の伝播である」という言葉も引用しており、知識と技術をもった植民者が資本を伴って現地に入ってゆけば、その土地が開拓されて開発に貢献できると考えていたようです[11]。もっとも、ここでの「文明の伝播」は、現地の住民と「文明化」するというよりも、土地を開発するという意味に重点がおかれていたようで、彼には神が与えてくれた大地を最大限に活用することこそが、人間の使命であるという考えがあったものと思われます。もともと英語のcultureの語源は「耕す」ことで、荒れ地を農業開拓してゆくことこそが文明の第一歩であるという考え方は、ヨーロッパ文化においてはそう変わったものではなかったのでしょう。

そして新渡戸の思想の特徴は、この開拓という使命を遂行するために、政治的な強権の発動が認められていることです。なかでも植民者が未開拓地に乗り込んでゆくにあたって政治権力の役割と考えられていたのは、治安と衛生の確保です。前述のとおり新渡戸は台湾総督府に勤めていましたが、彼が台湾統治の障害と考えていたのが、アヘンと伝染病、それに抗日武装勢力でした[12]。せっかく日本から進んだ技術と資本を導入して開発を進めようとしているのだから、それに抵抗する人間は開発の障害である、とみなしていたといってよいでしょう。

それだけでなく、現地の住民に開発を強制することも肯定されていました。新渡戸は一九〇一年には、台湾総督に「糖業改良意見書」という文書を提出していますが、そこで彼は、砂糖の原料となるサトウキビを「止むを得ずんば強制的に」現地の人々に植えさせることを提言しています。彼はその意見書で、罰金や憲兵による強制という方法を使ってでも農民にジャガイモ栽培を行なわせたプロイセンの政策を「合理的強制政策の美果」と形容していますし、後年の講義でも、オランダが植民地にしていた現在のインドネシア地域で作物の強制作付が行なわれたことを「適策」と評価していました。[13]

しかしそうはいっても、そうした強権発動を無条件によいものと考えていたわけではありません。彼は、「国家学が生理学であるとすれば、植民政策は病理学である」と言っています。[14] ある土地を植民地にしなければならないのは、その土地が病気にかかっている状態、放置しておいては開発が進んではいかない状態だからなのであって、植民政策によって外部からの力で開発が進んで「病気」が治れば、後はその土地は健康になって自立してゆけばよい、と考えていたようです。ただしこれが、開発さえ終われば植民地が独立してもよいという意味であったのかどうかについては、はっきり語っていません。

また、権力や植民者が何をやってもよいと考えていたわけでもありません。まず植民者が原住者に武器や酒を売ることなどには批判的です。当時は現地に存在しなかったような強い蒸留酒を植民者が持ち込み、原住者にアルコール中毒が広まることが問題視されていましたから、現在でいえば麻薬売買の禁止にあたるでしょう。[15]

また新渡戸にとって、植民地はたんなる国家エゴで占有してよいものではありませんでした。彼によれば、開発の理想としては「世界社会主義」ないし「世界土地共有論」が適用されるべきで、「氷雪埋むるシベリヤの荒野にも、炎熱焦し獅子吼ゆるアフリカの大地にも（中略）これを耕すに最適したる者移住土着して植民の目的を遂ぐべき」であり、「土地を最もよく利用する者、或る意味に於ては土地を最も深く愛する者こそ土地の主となるべけれ」と述べています。[16] この論でいけば、植民地にろくな開発しかできない国は、他のもっと開発をうまくやれる国にその地をとられても仕方がないことになります。しかしこれは同時に、原住者より植民者のほうが開発ができるなら、植民者に土地を明け渡すべきだという主張にもつながる思想だったといえるでしょう。

しかし、これだけ無理にでも開発を進めようとする新渡戸は、現地の人びととの関係についてはどう考えていたでしょうか。彼は前述した「開発」にたいする三つの選択のうち、担い手については国家権力が積極的に関係してよいとしていましたが、人間観については多元論をとり、原住者の文化に介入することには反対していました。つまり、世界各地の民族はそれぞれの特性があるのだから、原住者の文化を破壊するような同化主義は無理である、という立場だったわけです。

しかし一方で、各地の民族にそれぞれの特性があるという考え方は、民族ごとに能力の差があるという意見とワンセットでした。新渡戸は、「人種間の優劣の理由を説明することは出来ないが、優劣の存することは事実である」と明確に述べています。ではその優劣の基準は何かというと、「その標準は団体としての能力、殊に国家的機関の具備に求むべき」だというのです。つまりその民族が住んでいる土地にちゃんと国家をつくり、治安や衛生を安定させて、開発ができているかどうかが「優劣」の基準でした。新渡戸は「劣った」民族にも個人的には優れた人がいることを認めていますが、集団レベルの政治・経済能力には格差が存在するとみなしていたわけです[17]。

新渡戸にいわせれば、たとえば「アイヌの如きは熊を狩れば三日も四日も寝ずにやるが、鍬を取らせば二時間の労働にも耐へない」。こういう民族にその土地をまかせておいては、いつまでたっても開発が進みません。そうかといって、その民族の文化を破壊していきなり近代文明に同化させるのは無理だとなると、いきおい「原住民には原住民に適する程度の境遇を与へておくことが可い」ということになります。具体的には、「原住民の為めに別天地を与へ、その中にては白人の法律は行なはれず、原住民在来の習慣が支配することとし、一方にては教育を施して徐々に彼等の向上を計ることが大切である」と彼は述べ、こうした政策を「母国本位でなく、原住民本位」と形容しています[18]。

ただし、「原住民を保護することは可いが、その権利は母国人と同一ならしむるを得ない」。もともと政治や開発の能力が劣っている民族に、政治的権利を与えても仕方がないというわけです。新渡戸は、「フランスは革命の標語たる『自由・平等・友愛』をそのまま植民地に応用し、原住民を本国人と全然同等に待遇した為め、ハイチに於ける原住民の叛乱、フランス人虐殺を招いたのである」と述べています。ハイチという国は、現地の奴隷などの蜂起によってすでに一九世紀初頭に独立を成し遂げていたのですが、新渡戸によれば、フランスの植民地だった時代には農業が発達していたのに（もちろん宗主国向けの商品作物の栽培です）、独立後は農業も衰退して伝染病がはやり、「鬼が島」のようになってしまったというのです[19]。

新渡戸は原住者の奴隷化や虐待、同化政策などは批判していましたが、それは「原住民の政治的権利は奪うても、個人的権利は奪はない」というものでした。彼は民族ごとの文化は尊重する立場でしたから、インドやジャワの在来文化を誉めたたえたり、台湾の山岳先住民族を「高貴なる野人」と呼んだりしています。しかし彼は、各民族は「特殊の文明と使命とを有するもの」と考えていました。[20]こうなると、文化的に優れてはいても政治や開発の能力のない民族は、技術力や政治力のある民族が開発や教育を進めてあげて、一人立ちできるまで統治したほうがよい、ということになってしまうわけです。

こうした新渡戸の思想は、一見すると遠い昔の帝国主義時代の、ただ単に差別的な考え方に映るかもしれません。しかし冒頭に述べたように、現在の開発援助政策において、現地の政権が不安定であったり頼りにならないとき、どこまで先進国側が介入をしてよいかは、解決のついていない問題です。なかなか開発が進まない国にたいして、現在では「人種が劣っている」などという言い方こそしませんが、もともとそこの住民には文化的に発展できない「民族性」があるといった説明の仕方をする人は、いまだに少なくありません。それらを一歩進めてしまえば、開発能力の劣った民族は一人立ちできるまで先進国が統治してやったらよいという発想は、現在でも出かねないものなのです。

3　平和活動としての「植民」

それでは続いて、矢内原忠雄の思想をみてみましょう。新渡戸の弟子であった彼には、新渡戸と共通している部分と、異なっている部分があります。

まず矢内原によれば、「植民の理想的実現は地球上各部分の余す処なき経済的利用にある」。彼は新渡戸から教わった「オイクメーネー」の拡張について触れながら、神の命令により荒野と砂漠に出てそれらの土地を緑に変えるべしという旧約聖書の「イザヤの預言」を「植民の理想的実現を暗示」するものだとしています。[21] 新渡戸とおなじくキリスト教徒であった彼のなかに、神から与えられた地球の最大利用という発想があったことをうかがわせます。ところが、新渡戸と矢内原では、開発の方法に対する考え方が異なっていました。

矢内原の定義によれば、「植民的活動の行なはるゝ地が植民地」でした。彼はアメリカは政治的に独立したあとも、イギリスから移民が行って開拓した土地だからイギリスの植民地だといってよいと述べており、現在われわれが考えるのとは相当に異なる意味を「植民地」という言葉に与えていたことがわかります。しかもこの「植民的活動」とは現地の人びとと協力した経済開発のことであり、「単なる軍事的征服、又は政治的支配は植民とは解しない」というのです。[22]

このことをはっきりさせるため、矢内原は「実質的植民地」と「形式的植民地」という区別を設けていました。[23] おおざっぱに言うと、「実質的植民地」とはちゃんと現地のためになる開発が行なわれる植民で、ただ植民が行なわれて現地の資源や人間を収奪しているだけのものは「形式的植民地」と分類されます。また「居住植民地」と「投資植民地」という区別も併用しており、「居住植民地」というのは人間が行って開発に従事している土地で、「投資植民地」というのは先進国から投資だけが行なわれている土地のことです。現在の感覚ですと、植民地というのは先進国から投資による収奪がなされるというイメージですが、矢内原によれば、それは植民政策の悪い形態しかみていないことになるわけです。

さて、ここから先が矢内原と新渡戸がちがうところなのですが、矢内原は統治側の政府による強権的開発には賛成しません。これは彼がもともと経済学者で、自由主義経済学の始祖であるアダム・スミスに影響を受けていたことに関係があるようです。

アダム・スミスから始まる自由主義経済思想には、人間の計画能力にたいする不信があります。もし人間が、絶対的な正しいものを知ることができ、この世のすべてを認知することができるのならば、政府なり学者なりが方針と計画を立てて、強制的にでも人民を従わせてよいかもしれない。しかし人間は不完全な存在だから、どんな優れた人間でもそんなことは不可能で、上からの計画で無理やり社会を動かそうとすると大失敗する。人間がそんな浅知恵を働かさなくとも、市場におけるそれぞれの利害にしたがって動いていれば、ちゃんと神様が「見えざる手」で調和に導いてくださる、というのが自由主義経済思想の基本です。

スミスは彼が生きていた当時の一八世紀イギリスの植民地政策についても論じており、矢内原はこれを賞賛してたびたび引用していますが、こうした思想的立場をとる矢内原が強権的開発というものに賛同できるはずがありません。矢内原は新渡戸が評価していたオランダによる強制作付のみならず、新渡戸が立案した台湾でのサトウキビ強制作付をも「地元農民の搾取」につながったと批判しています。[24] 彼は自分の師である新渡戸をとても敬愛していたのですが、これだけは許容できなかったのでしょう。

自由主義経済思想が政府の役割として認めているのは、もっぱら外交と治安、つまり人間が安心して市場経済を営む前提となる社会の安定をつくりだすことです。あくまで主役は民間の人間で、政府は条件を整えるのが役割であるわけです。矢内原もある意味で同様で、彼にとって開発の主役は統治国政府の政治力ではなく、あくまで民間人である植民者です。現在にひきつけていえば、途上国の開発は政府が強権をふるったりすると失敗する、民間のNGOが主役になったほうがよい、という議論につながるかもしれません。

また自由主義経済思想には、自由で自主的な経済活動、たとえば分業や商取引によってこそ人びとの結びつきが強まり、平和な社会的関係が築かれるのであって、人びとの自主性を損なう政治や軍事の介入こそが争いのもととなるのだ、という考え方があります。人類の平和というものは、お説教や「人権を守るための軍事介入」などによってではなく、「商売相手とはケンカしない」という経済の原理によって達成されるはずだというわけです。矢内原はアダム・スミスの思想を、「利己心に基く経済的結合を以て国民間平和の保障と為せる」ものだと評価しています。[25]

前述したように、矢内原は「社会的結合関係及び富の生産関係に属せざる単なる軍事的征服、又は政治的支配は植民とは解しない」と述べていますが、明らかに彼の中では、「植民」とは国際的な「社会的結合」のもととなる経済活動であって、それは「軍事的征服」や「政治的支配」とは対極にあるものでした。彼の初期の著作をみていると、「経済」や「社会的結合」という言葉が、一貫して「政治」や「軍事」の反対語として使用されているのがわかります。

こうした立場だった矢内原は、新渡戸とちがい、満州移民促進には反対しました。彼は、満州への植民は経済的というより軍事的な目的のために、政府が補助金を使ったりして政策的に送り込もうとしているものとみなしていました。[26] もし神が認めている植民ならば、「見えざる手」の導きで自然と自主的に行なわれるはずなのに、無理やり政府が送り込むというのは間違っている、経済の原理に反しているというわけです。

4 原住者との「協同」

では、このような植民政策では、原住者との関係はどうなるのでしょうか。

矢内原は植民者だけでなく、原住者の自主性を尊重することもくりかえし説いていますが、同時に「植民者と原住者との社会的融合の成立と征服支配関係の維持とは本質的に矛盾する」と述べています。[27] これは、現在の「植民地」観からすると、奇妙な言葉です。現在なら、征服支配関係を打破するためには原住者が植民者と闘わなければならない、と考えるでしょう。しかし矢内原の考える植民者は国家の意図で送り込まれるものではなく、現地の開発という使命のために先進国から自主的に途上地域へ赴任してゆく技術者や開拓者、いうなれば開発協力NGOのようなものです。こうしたNGOと現地の人の自主的な「社会的融合」がうまくいけばいくほど、征服支配関係はなくなってゆくというわけです。

それから矢内原も新渡戸とおなじく、同化主義には批判的です。彼はとくに初期においては新渡戸と同様に人類多元説に立っており、各地の民族は遺伝的に異なるものだから、後天的な教育による同化政策など非現実的だと述べています。ただ新渡戸とちがって、「人種間の優劣」といったことは唱えていません。しかしそうはいっても、やはり放置しておいては開発が進まないので、植民者が行って原住者を保護して漸進的な「善導」をやり、そしてお互いが「協同」するべきだと主張しています。そして、「協同」をするためには現地の慣習をよく知らなければならないから、植民政策には慣習や文化の事前調査が大切だと位置づけていました。(28)もっとも、漸進的な「善導」や調査の重要性などは新渡戸も唱えていたことですから、人種の優劣について新渡戸のように露骨なことは述べていなくとも、最終的な主張に違いが出なかったようです。

原住者の民族独立運動に対する見方はどうでしょうか。矢内原はたいへんなヒューマニストで、留学の旅程で立ち寄ったアイルランドでは、イギリスによる搾取を批判して独立運動に同情していました。また日本の朝鮮・台湾統治については、政治的・軍事的要素の強い専制支配や同化政策をとって、原住者の自主性を無視しているという趣旨の批判をしています。(29)しかし彼は、これらは彼のいう「形式的植民」、つまりまちがった植民の事例で、正しい植民が別にありうると考えていたようです。彼は植民地原住者の民族主義にはそれなりに同情的でしたが、植民を拒むことには否定的でした。(30)つまり、先進国からやってくる開拓者や技術者などを受け入れないで、その土地を特定の民族が独占して、いつまでも開発させないでおくことは認めなかったのです。

矢内原は自由主義経済思想の立場から、自由で自主的な経済活動が人間の平和的関係をつくるという思想をもっていましたから、国際間においても政府が自由貿易を阻害するような高率関税やブロック経済を設けることや、移民の排斥には批判的でした。こうした立場から、彼はアメリカが日系移民を排斥していることや、日本政府が満州に排他的な特殊権益を築こうとしていることを批判していました。(31) しかし同時に、当時フランスの植民地だったインドシナ地域について、日本が代わって統治したほうが開発が進むのではないかという発言もしています。また戦後の文章では、朝鮮の統治にはいろいろ問題があったけれども、「経済的開発と普通教育の普及」は「永続的利益を与へたものと思ふ」とも述べていました。(32) 相互交通が阻害されないで、各地の開発が促進されるのが理想だったという点では、これらは彼のなかで一貫していたのでしょう。

では、彼が同時代において高く評価していた植民の具体例は何だったかというと、これはヨーロッパのユダヤ人がパレスチナに移住していた、シオニズム運動でした。彼は一九二二年にまだ二〇歳代だったとき、アイルランドに続いてパレスチナに行っていますが、敬虔なキリスト教徒であったこともあり、「とうとうエルサレムに来れり」という手紙を妻に送っています。(33) 当時のパレスチナでは、まだユダヤ人植民者と現地住民との摩擦は、その後のイスラエル国家建設以降ほど表面化していませんでした。当時のユダヤ人は国家のない民族、彼の見方では政府が動かしていない民族でしたから、そうした人びとが自発的に神に約束された未開発地に植民して、砂漠を緑に変えつつあると彼の目には映ったようです。

そうやって開発が進むと、新渡戸流にいうとその土地の「病気」が治るわけですから、自然とその土地は自立します。矢内原の場合は新渡戸とちがい、開発が進んだら植民地は国として平和的に独立することもあると言っています。ただし、植民者と協同した状態で独立するわけですから、民族自決というよりは地域自決です[34]。そして、国として独立したあとも、もとの植民本国との友好関係や経済関係は保たれます。矢内原は、エジプトが棉花をつくりイギリスが綿織物をつくるという国際分業を評価していました。そして彼によれば、「植民の理想的実現即ち完全なる世界経済の成立」であり、それはすなわち「永久平和の保障」につながるというのです[35]。つまり彼の自由主義経済思想からいえば、植民者と原住民、独立した元植民地と宗主国が経済的に統合してゆくことこそが、人類に豊かさと平和をもたらすはずだったのです。

こうした矢内原が、朝鮮や台湾の原住者の動向のうちでもっとも応援したのは、台湾の中産階層の人びとが、植民者とも共存したかたちでの台湾自治議会を設置してほしいという請願を日本政府に出した非暴力運動でした。前述のように、彼は「排他的民族自決」には批判的でしたし、マルクス主義革命思想は民族の特性を無視して画一的な解答を押しつける「世界同化主義」だという見方でしたから、民族主義やマルクス主義に立つ独立運動や労働運動よりも、日本による開発に協力的な現地の中産階層の人びとによる共存型の運動のほうに共鳴したようです[36]。中央政府の干渉を排除して現地の自治議会を設けるという発想も彼の志向と合いやすく、彼は植民地の自治には肯定的でした。

総じて矢内原の場合は、新渡戸と共通する部分は多いものの、上からの強権発動を好まないのが特徴です。ここには両者の性格や志向のちがいもさることながら、台湾で実際に原住者の抵抗に会いながら農業政策を推し進めた新渡戸と、そうした実務的な機会をもたず大学での講義と研究に終始していた矢内原の、体験の相違も反映していたかもしれません。

矢内原の思想を見ていますと、植民者（先進国からやってくる開発従事者）と現地の住民は、政治や軍事がからまない自主的な経済関係をもち、相手の自主性を無視する同化主義のような無理な政策を行なわなければ、最終的には「協同」や「社会的融合」が成立するはずだという前提で議論を進めている傾向がみられます。しかも、そうやって開発が進んだ植民地は、宗主国政府の干渉を逃れてしだいに自治を獲得し、やがては独立に到るものとされ、そのうえ独立後も宗主国と「協同」するはずだというのです。こうしたものを、彼はそれぞれの自主性を尊重するという意味も含めてのことでしょうが、「自主主義」と呼んでいます。[37]

しかし、ほんとうに植民者と原住者、植民地と宗主国が、強権や武力の発動もなしにそんなに簡単に調和するものなのかという疑問がわきますが、彼は次のように語っています。「自主主義植民政策理想の実現に対する確実なる保障は科学的にも歴史的にも与へられない」。けれども、それこそが人類の「希望」であり、それを信じることにこそ「信仰」というものがある、というのです。[38]

5 対話と模索

二人の植民政策学者の思想は、今から七〇年以上も前のものです。しかし再三述べてきているように、そこには、今でも解決していない国際関係における多くの問題が、現在とは異なる言葉ではあっても語られているといってよいでしょう。

たとえば発展途上国の援助が行なわれるとき、どこまで現地の社会に干渉すべきでしょうか。経済的な部分だけ、あるいは植林など環境的な部分だけに介入を限定しようとしても、たとえば現地の社会階層によって分配が不均等な場合には、援助によってかえって貧富の差が開いてしまったり、複雑な土地所有関係を無視して植林を行なって、反発を買ったりすることも考えられます。そうかといって、社会階層や土地所有関係そのものを勝手に変えようとすれば、先進国による「侵略的介入」とみなされかねません。

現在では援助が行なわれる場合でも、人類学者などの手を借りて現地の慣習調査を行なうのが望ましいとされていますが、では調査を行なったとして、その結果はどこまで尊重すべきでしょうか。調査に描かれた現地の男女役割や階級関係は、先進国側の基準からすると「遅れている」としかみえないこともありえるでしょう。そのとき、「こういう慣習は止めさせるべきだ」とか、あるいは「このままにしておくのが彼らなりの幸せなのだ」といった議論が出たら、どうするべきでしょうか。またそもそも、調査結果そのものが、調査側が勝手に描き出した表象かもしれません。

教育に関係する援助は、もっと複雑だろうと考えられます。現地が多民族国家で言語が複数ある場合、教育は何語で行なわれるべきでしょうか。現地国家の標準言語で教育を行なうとすれば、それは少数民族の抑圧に手を貸すことにならないでしょうか。「近代的」とされる技術を教えることだって、現地の在来技術や職業体系、文化や慣習などに破壊的な作用をもたらすかもしれません。

現地の政府が開発援助に非協力的であるとか、実務的にあてにならないといったケースもありえるでしょう。現地の自主性を尊重するのが理想とはいっても、そうした場合、先進国側がたんに経済的な部分のみならず、行政的な領域にまで介入する必要が語られるかもしれません。政府間援助よりも

NGOによる民間協力が望ましいかもしれませんが、現地政府がガタガタで治安も衛生も不安定、しかも援助側に非協力的な武装勢力がいる場合など、先進国から軍隊や治安部隊を送り込むほうが簡単にみえたりするでしょう。そのとき、強権や武力の発動は、どこまで肯定されるべきでしょうか。そうなると、そこまでして開発を進めることが本当に人類にとって幸福なのかとか、そうはいっても未開発状態を放置しておいてよいのかといった議論が出てきて当然です。

こうした問題は、すべて戦前の植民政策学者たちが、思い悩んでいたことでもありました。彼らが行なった他者との接触は、「植民地支配」という最悪の結果を招いて終わったわけですが、それを乗り越えたと思っているわれわれにしても、彼ら以上の解答を出せるかといえば、疑問を抱かざるをえません。

しかし、解答が出せないということについて、あまり悲観的になる必要はないと私は思います。ある意味で強権発動という「汚い」手段を肯定していた新渡戸とちがい、矢内原は、あくまで自己の理想と現実政治の一致点を探そうとしました。彼は結局、「実現に対する確実なる保障」のない政策提言しかできなかったわけですが、それは彼が新渡戸より劣っていることを意味するでしょうか。なぜかといえば、新渡戸が肯定した強権による台湾統治も、一時的には成功したように見えても、結局は植民地支配という汚名を残して失敗したといえるからです。

強権発動という行為は、いわば他者との対話や相互作用をあきらめ、それを一方的に断ち切ってしまうことです。この世に「実現に対する確実なる保障」のある政策などどこにもないという観点に立てば、そのような行為を禁じ手としながら模索を行なってゆくことに、むしろ積極的な意義を見出したほうがよいように私は思います。決定的な解答が出せないということは、他者との交渉のなかで不断に解答を創造してゆく可能性を含むものであるのです。

矢内原は、自分の理想の植民政策、つまり理想の他者接触の在り方について「確実なる保障」がないことを認めたあと、こう述べています。「たゞ一事は確かである。即ち人類は之に対する希望を有することを。虐げらるゝものの解放、沈めるものの向上、而して自主独立なるものの平和的結合、人類は昔し望み今望み将来も之を望むであらう」[39]。これを空しい理想論とみなすか、模索の意志を示す言葉と受けとるかは、読者一人ひとりの判断に委ねられるべきだと考えます。

（稲賀繁美編『異文化理解の倫理にむけて』名古屋大学出版会、二〇〇〇年、所収）

注

（1）一八六二年生まれ、一九三三年没。

（2）一八九三年生まれ、一九六一年没。

（3）矢内原は敗戦後には大学で「植民政策学」に代わって「国際経済論」を講じており、その講座が後任にまで受けつがれています。矢内原の植民政策講義と国際経済論講義の内容を比較検証した研究に、今泉裕美子「矢内原忠雄の国際関係研究と植民政策研究」津田塾大学『国際関係研究』第二三号（一九九六年）があります。

（4）新渡戸によれば、Colony の語源はラテン語の「Colonia Colonus」（移住農民集落）で、日本語の「殖民」は「ヨーロッパ語のコロニーを翻訳するに当りて新造せられたる日本語」です。彼の研究によると、幕末の文久二年に『英和対訳』に Colony の訳語として「植民」が用いられているのが最初だそうですが、明治元年の仏和辞典では「植人」の訳語が用いられており、明治四―五年になって「殖民」が「民を殖すこと」（人口増殖）「民を殖ること」（開拓移住）の意味で定着したらしいとのことです。新渡戸は一九一六年の講義では、一般的に「〔殖ではなく〕『植』の字を用ひるやうになつたのは近頃数年来のことである」と記しています。『新渡戸稲造全集』第四巻（教文館、一九六九―七〇年）、四九―五〇、三四六―三五三頁参照。

（5）ODAはOfficial Development Aide, NGOはNon Govermental Organizationの略で、それぞれ「政府開発援助」「非政府組織」と訳されます。通常、NGOは非営利の援助組織などを指し、「非政府」といっても多国籍企業などは含まれません。ODAは援助国と被援助国の政府間で援助プログラムなどが決定されるため、開発重視のあまり地元住民や自然環境への配慮が不十分な巨大プロジェクトなどが強行されがちなことや、政府と開発担当企業の癒着などが批判されることがあります。それにたいし民間のNGOによる、小さくとも地元密着型のきめ細かい援助事業や、ODAによる巨大事業への監視などが評価されていますが、こちらも課題がないとはいえません。入手しやすいODA批判の本としては鷲見一夫『ODA　援助の現実』（岩波新書、一九八九年）がありますが、その反論にあたるものとして草野厚『ODAの正しい見方』（ちくま新書、一九九七年）のような本もあります。

（6）人類は基本的に一種類であるとする考え方を「人類一元説」、世界各地の「人種」や「民族」はまったく異なるとみなす考え方を「人類多元説」といいます。一九世紀のヨーロッパではこの両者の論争があり、後述するように支配下の植民地に同化主義をとるか間接統治をとるかの政策的論議とも密接な関係をもっています。

（7）フランスの植民地にたいする同化主義思想については私の書いた『〈日本人〉の境界』（新曜社、一九九八年）の第七章を参照してください。同書の第四章には、日本政府が台湾を領有したさい、イギリス人の顧問が自由帝国主義的な立場から日本の閣僚たちにアドバイスを行なった経緯も記してあります。

（8）ここでは話を単純にするため「フランスの同化主義」と「イギリスの自由帝国主義」という二項対立的な類型を出しましたが、現実に行なわれた支配の場では、こうモデルどおりになっていたわけではありません。たとえば現地を文明化するという正当化論はイギリスでも盛んでしたし、フランスも二〇世紀初頭ごろからは間接統治を大幅にとりいれています。イギリスだろうとフランスだろうと、当初は「文明化してやる」という態度で臨みながら、相手が思い通りにならないと「しょせんはサル同然のやつらだ」とみなすという、ある意味で矛盾した（しかし相手を蔑視しているという点では一貫している）姿勢が少なくなかっただろうことは、想像に難くないでしょう。

(9) 新渡戸の生涯についてはいろいろな本が出ていますが、とりあえず全集の年表をみながら、直弟子である矢内原が書いた『余の尊敬する人物』（岩波新書、『矢内原全集』では第二四巻に収録）の新渡戸稲造の章を読むのがよいでしょう。新渡戸の植民政策思想については、前述した『〈日本人〉の境界』第七章の注にリスト化したように、これまでも多くの研究がありました。しかし総じていえば、現在われわれが考える「植民地」の概念から、新渡戸の思想が「帝国主義的」であったか否かを論じるのを急ぐあまり、彼の「植民」思想を当時の文脈から理解することが不十分だったように思います。

(10) たとえば新渡戸は一九三三年の満州視察旅行記で、「アア二〇歳台であつたら満州に土着するがナア」と述べていますが、その理由は、「不毛の地を開き、道なき林に道を拓き、曾つて人の顧みざりし富源を開いて彼地に根拠を据へ、永住し、彼地の土と化する者は……大国の建設者初代の先祖となる」ことこそ「男子の本懐」だというものでした。ここには原住者の存在はまったく眼中に入っていませんが、彼にしてみればフロンティア・スピリットのつもりだったのでしょう。新渡戸稲造「満州・朝鮮〔視察旅行所感〕」『実業之日本』三六巻一五号、一九三三年八月一日、三〇頁。

(11) 『新渡戸全集』第四巻、四六―四八、一六七頁。東京帝国大学での一九一六年度の植民政策学講義をはじめ、新渡戸の植民政策関係の著作をまとめた『植民政策講義及論文集』が、全集ではこの第四巻に収められています。

(12) 新渡戸は台湾の抗日武装勢力を「山賊」とよび、これを撲滅したことが「植民国としての日本が達成した最初の事柄の一つである」と述べています。『新渡戸全集』第一七巻、二二二頁。

(13) 『新渡戸全集』第四巻、一五二、二二二頁。

(14) 『新渡戸全集』第四巻、六三頁。

(15) 『新渡戸全集』第四巻、一四五頁では、原住者に酒を売ることを「間接に自滅を促す方法」の一種に分類していますし、第二〇巻一七一頁では台湾山岳先住民族の衰退について「彼らの絶滅は誰の責任なのか。……酒を売るのは誰か。彼らに武器を提供しているのは誰か」と日本側植民者を批判しています。ただし後者の文章に続く言葉は、「弱者を保護できず、遅れた神々を正しく導けないものが、真の進歩、本当の啓蒙であるはずはない」という、「保護」と「善導」を前提としたものでした。
(16)『新渡戸全集』第四巻、三七一頁。
(17)『新渡戸全集』第四巻、一三七、一三九頁。
(18)『新渡戸全集』第四巻、一四三、一五五頁。
(19)『新渡戸全集』第四巻、一四四、三四二頁。ハイチについては、浜忠雄『ハイチ革命とフランス革命』(北海道大学出版会、一九九八年)やC・L・R・ジェームス、青木芳夫監訳「ブラックジャコバン」(大村書店、一九九一年)などを参照してください。
(20)『新渡戸全集』第四巻、一五八、一四五頁。第六巻、四六〇—四六一、二九二頁。第二〇巻、二〇七、一七一頁。新渡戸は『全集』第四巻、三七〇頁では、「一民族は手工に巧なれば他民族は音楽に長じ、甲民族が絵画の才能を有すれば乙民族は田の耕耘を能くするが如し。この天賦の民族的能力の異れるにより相互に尊重し相互に交りて富源開発を計る」ことを唱えています。
(21)『矢内原忠雄全集』(岩波書店、一九六三—六五年)第一巻、四六五、四六六頁。彼の植民政策学の主著は一九二六年の『植民及植民政策』で、全集では第一巻に収録されています。矢内原の植民政策思想についてのこれまでの主な研究は、前掲の『〈日本人〉の境界』第七章の注に記してありますが、アダム・スミスの影響と矢内原の信仰から生まれた自由主義経済思想から彼の植民政策論や国際関係論が派生してくる関係については、あまり研究がなされていなかったように思います。
(22)『矢内原全集』第一巻、二二六、一一九、二二二頁。
(23)『矢内原全集』第一巻、二二六、一四二頁。矢内原のスミス論は「アダム・スミスの植民地論」(『矢内原全集』第一巻収録)にみられますが、スミスを「植民の実質的意義の研究者」とよび、「スミスの植民理論は植民研究史上永く光るであらう。而して彼の植民地政策を現代的に活かしむることは、やがて行き詰らんとせる帝国主義の弔鐘であり、将に進展せんとしつゝある新経済主義の行軍曲となるであらう」(六九一頁)と絶賛しています。
(24)『矢内原全集』第一巻、四三三、四三五頁。
(25)『矢内原全集』第一巻、四七二頁。

(26) 一九三四年に矢内原が出版した『満州問題』という著作では、「満州移民は経済的移民にあらずして国策移民」である。「政治的軍事的思想が背後に存在する」としています『矢内原全集』第二巻、五六九頁。
(27) 『矢内原全集』第一巻、一六九頁。
(28) このあたりについては、前掲の『〈日本人〉の境界』第七章を参照。「協同」は当時のフランスの植民地政策用語の一つで、原語はl'associationです。フランスが同化主義を放棄して間接統治路線を重視するようになったさい、原住者の旧慣や社会組織を利用して「協同」することを表現したものですが、矢内原はかなり自分なりの解釈でこの言葉を使っています。
(29) アイルランド滞在時の日記は『矢内原全集』第二八巻、六三二―六三四頁。朝鮮統治批判は『矢内原全集』第一巻に収録されている「朝鮮統治の方針」や第四巻の「朝鮮統治上の二、三の問題」などにみられます。
(30) 『植民及植民政策』では、「原住社会群の意思を強制してその占有地域をば形式的植民地たらしむることの不義なるが如く、原住者が自ら利用せざる広漠なる占有地域をば他社会群に対して閉鎖することも亦社会的不義と言はねばならない」としています(『矢内原全集』第一巻、四六七頁)。
(31) 日系移民論は「米国の日本移民排斥に就て」『矢内原全集』第一巻、満州については前掲の「満州問題」『矢内原全集』第二巻を参照。
(32) 『矢内原全集』第五巻、三〇七頁。第一九巻、四〇八頁。
(33) 妻宛ての書簡は一九二二年五月二日付、『矢内原全集』第二九巻、三二頁。矢内原のシオニズム運動観は「シオン運動(ユダヤ民族郷土建設運動)に就て」『矢内原全集』第一巻にみられますが、この入植運動を「之れにまさるユートピアがあらうか」と絶賛しています。ただし「アラビア人との関係は今後の困難なる政治的問題と言はねばならない」と述べていますが、パレスチナのアラブ系住民が「民族自決の原則」を理由に入植を拒むことには否定的でした。なぜなら、「現在居住の民族がその地域を絶対的に他民族に閉鎖し得るの『権利』を有するや。僅か五百万の人口を以て一大陸を占領し白人濠州主義を主張して人口過剰なるアジア諸国民の移住を排斥する濠州人の政策は正当なる社会的権利の実行として承認さるべきものであらうか。……アラビア人は単に現在の居住者たるの理由に基き自己の『権利』としてユダヤ人の植民的活動を排斥することが出来るであらうか」というのが彼の見方であり、また「パレスチナに於けるユダヤ人植民は進歩せる組織経営技術及び産業作物等の輸入によりて現住アラビア人の経済を発達せしむると同時に……経済的搾取による原住者経済の破壊、その無産者化は、よし全然避け難しとしても、比較的僅少の程度に止まり得るのではないか」と希望的観測を持っていたからです（『矢内原全集』第一巻、五五七―五五八、五八五―五八六頁）。

(34) 矢内原の植民地独立論は、アメリカ合衆国がイギリスから独立したことをアダム・スミスが肯定していたことを参考にしたものですが、これは「原住者の独立」ではなく、「植民者の独立」でした。矢内原の生きていた時代には、原住者が独立運動で独立を獲得した事例はまだあまりなく、南北アメリカのように、植民者の子孫が独立した事例がもっぱら「植民地の独立」の先例となっていたのです。

矢内原は「原住者の独立による形式的植民地の終止」を可能性としては認めていますが、それは原住者を抑圧しているような「形式的植民」の場合のことで、「実質的植民」の場合は、アメリカの植民者が本国とは別個の「国民」意識をもったように、「植民地社会に於て一個独立の統一的新集団意識」が生まれた段階で本国からの平和的独立に到るとみなしていました。彼はまた、「植民の終極は二つの社会（植民者と原住者）が融合して一の新社会となることである」と述べており、「近世植民に基き新なる国民の発生したる著例」として、「中南米諸国の人口はスペイン人、インヂアン、及び雑種より成るが、之等の諸種族は次第に厳重なる階級的関係を失ひて、同一国民として発展し来つた」ことや、「アメリカ合衆国は──各種民族の無機的堆積にあらずして、之等の凡てを含み而かも之等の何れとも異る一の新なる民族、新なる国民である」ことを挙げており、植民者と原住者が混合ないし共存した状態で「新なる国民」となって「独立国家」となる状態を想定としていたようです。パレスチナ問題についても、彼は「パレスチナは必ずや時日の経過と共にユダヤ人アラビア人を包容する一政治団体として発展せざるを得ない」と述べています（『矢内原全集』第一巻、一二二、一二〇、一四六、一六五、一六六、五八七頁）。

(35) 『矢内原全集』第一巻、四七六、四六五、四七一頁。「永久平和」はカントの言葉で、矢内原はカントとスミスが、ともに「諸国民間の経済交通関係」を国際平和につながるものと考えていたと評価しています。

(36) 矢内原の「ロシア革命の思想」の評価は『矢内原全集』第一八巻、一三頁、台湾の中産階層・労働運動などの評価については第二巻、二九〇頁以下を参照。当時から矢内原の思想は、資本主義のもとでの移民や経済活動は「政治」や「軍事」と切りはなせないと考えると社会主義系の学者（大内兵衛など）から、強い批判を浴びていました。台湾自治議会設置請願運動については、前述の『〈日本人〉の境界』第一三章を参照。この運動の中心人物たちは漢族の中産階層でしたが、日本の政治的・軍事的支配には批判的でも経済開発には肯定的だったこと、そして漢族だけでなく日本の植民者や先住民族も共存したかたちでの「台湾」というものを前提に自治を考えていたことが特徴です。

(37)「自主主義」については『矢内原全集』第1巻、二四九—二五〇、三一二—三一三頁。二四七頁では「自主」にL'Autonomieを当てています。

(38)『矢内原全集』第一巻、四八三頁。

(39)『矢内原全集』第一巻、四八三頁。

Q&A

Q：なんか矢内原って、理想ばかり言ってる甘い人に見えるんですけど。

A：そうでもなくて、けっこう現実認識はシビアですよ。彼は「植民を以て人道的慈善事業なりと思考してはならない」「植民は人類社会の利益なりといふ。然れどもそは決して犠牲なきの利益ではない」と述べています。たとえば植民者と原住者は資本家と労働者という階級関係になってしまいがちだとしていますし、アメリカについても「原住者の駆逐ありたればこそ、移住植民地としてかくの如き発達が可能であつた」と形容している。また植民者と原住者が融合して「新なる国民」という意識が芽生えたり、平和的に独立や自治を獲得するには、両者の「文明の系統及び段階」や「種族」が異なる場合は難しいと指摘しています。彼は一方で民族同化不可能論者だったし、何より「新なる国民意識」が成立して平和的な独立や自治を達成した実例は、ヨーロッパ系の植民者が中核になったアメリカやカナダしか当時はなかったわけですからね（『矢内原全集』第一巻、二二六、二二五、二二四、一四六頁）。

矢内原の理想は、貴族と平民、あるいは資本家と労働者という隷属関係から逃れた人びとが自発的に未開拓地へ入植して、一人ひとりが自由で自主的な活動を営める自作農になり、同時に彼らが現地の人びとともに協力することで、人類の自由と調和、そして世界の開発が達成される状態だったのでしょう。けれども彼は、自分が生きている時代のじっさいの植民地は、日本の朝鮮や台湾をはじめとして、植民者が資本家となり、現地の人びとを労働者として隷属関係においている「形式的植民」がほとんどであることを知っていた。矢内原によれば、人口密度が希薄な未開拓地に植民者が入植したアメリカやカナダのように、植民者が人口の圧倒的多数を占める植民地は、政治制度も本国より「自由」で「民主的」になるけれども、原住者が多数を占めている植民地は「圧迫」と「専制」が支配すると述べています（『矢内原全集』第一巻、一四五頁）。しかもそのアメリカだって、原住者を駆逐して、植民者だけで「自由」で「民主的」な社会を築いていたこともわかっていたわけです。

Q：植民地の実態がわかっていながら、なぜ植民を進めるべきだと考えていたんですか。

A：矢内原の答えはこうですね。植民は原住者にも利点がある。まず資本が導入され、鉄道や治水などのインフラ整備、それから「教育の普及衛生状態の改良」が進む。そして何より、原住者在来の「部落的闘争を終止せしめ、奴隷制度を廃止」する（『矢内原全集』第一巻、二二六頁）。当時は、アジアやアフリカの「野蛮」な社会は奴隷制度や部族どうしの争いに満ちているから、それを文明国が改善してあげなければならない、という見方がヨーロッパでは一般的でした。

まあここまでは当時の支配的な偏見といってよいかもしれないけれど、さらに矢内原が挙げている原住者の利点がふるっている。原住者は、植民者に「文明的行政」といった「美名」のもとに搾取されるかもしれない。その場合、原住者は「欺かれざらんとせば、強く慧くなければばならない」。しかし、「その力、その知恵、原住者は之をしも植民者によりて授けられる」というんです。「差別撤廃」とか「独立」といった思想、そして独立を成しとげる経済や政治の実力を得ることも、植民がなければありえなかった。「植民によりて、原住者は植民者の搾取に対抗すべき実力を涵養せしめられる」というんですよ（『矢内原全集』第一巻、二二七、二二八頁）。実際に、矢内原が応援した台湾自治議会設置請願運動などは、彼を始めとした日本の植民政策学を勉強した台湾人たちが興こしたものだったわけです。

Q：矢内原という人は、それだけの現実認識があっても、やっぱり最後は「信仰」なんですか。

A：一方で理想を求めていながら、その理想が実現する保障のないことを自分でもわかっていたからだったんでしょう。矢内原は、アダム・スミスをこう評しているんです。スミスは「彼の Realismus の故に、その「スミス自身が提唱した」平和的国際社会の実現を以て自ら夢想的ユートピア的なりと為した。しかも『見えざる手』に対する信仰はこゝにも働いて彼は夢見る者の如く自らその理想の片鱗をもらしたのではあるまいか」

(『矢内原全集』第一巻、六八七頁)。これは、自分自身にたいする評価だったのかもしれません。

だけど一方では、「ユートピア」を語ることに意味がないとは思っていなかった。矢内原は台湾を実地調査して、日本資本がいかに台湾人を搾取しているかを痛烈に批判した『帝国主義下の台湾』という本を一九二七年に書いていますが、そこで彼は一つの夢を述べています。日本の巨大会社資本が所有している台湾東部の未開拓地を開放して、内地の過剰人口、つまり内地で隷属的な貧しい生活を強いられている労働者や小作農民を入植させて自作農にする。そして入植者と漢族、先住民族がお互いに協力して、「資本家的企業の勃興を以て目的と為さず、複雑なる人種的構成を有する植民地社会の平和なる協同的生活に目標を置かば」、「こゝには平和と自由が支配するであろう」とね。彼によれば、「アダム・スミスの口吻を借りていへば、之れ私のユートピアかも知れない」。けれども、当時の日本で盛んだった、同化政策をやったり移民を無理に送りこんだりして台湾を永久に支配するという構想、一見すれば現実主義的にみえるけれど本当は実行不可能だった夢物語よりは、「無害であり、実行性に富み、遥かに心思を高からしむるものであろう」というのです(『矢内原全集』第二巻、三三一頁)。自分の夢はユートピアかもしれないけれど、いま行われている政策が現実的かといえば、全然そうじゃないと考えていたんでしょう。

読書案内

①岡本真佐子『開発と文化』(岩波書店、一九九六年)。

近年、第三世界の文化状況を調査していた人類学者たちから、開発が生み出す「文化」や「伝統」への影響を論じる本が多く書かれるようになりました。この本はそのなかでもコンパクトで読みやすく、しかも問題が網羅的に捉えられています。とくに、開発政策の結果として「民族紛争」が発生したスリランカの事例が圧巻。

②『岩波講座　開発と文化』(岩波書店、一九九七―九八年)。

上記の本を読んで興味がわいたら、この全七巻の講座にとりくんでみるのもよいでしょう。論文集なので読みやすさはまちまちですが、開発の理念、文化への影響、植民地主義とのかかわり、環境や人権の問題、NGOの可能性など、さまざまな論点がとりあげられています。

③東田雅博『大英帝国のアジア・イメージ』(ミネルヴァ書房、一九九六年)。
かたや西洋史や西洋思想史などでは、ヨーロッパ側がどのように原住者を表象していたかの研究がさかんです。そのなかで、いちばん手軽に読めるのは岡倉登志『「野蛮」の発見』(講談社現代新書、一九九〇年)だったのですが、もう版元で品切れですので、この本を挙げておきます。帝国主義の全盛期だった一九世紀ヴィクトリア朝時代のイギリスのアジア観と「文明化の使命論」を調査した本ですが、日本がイギリス側にどう表象されていたかにも一章が割かれています。

④スティーヴン・グリーンブラット、荒木正純訳『驚異と占有』(みすず書房、一九九四年)。
ヨーロッパ側による原住者の表象というテーマを、より思想的につっこんだかたちで展開した本というと、エドワード・サイード、板垣雄三/杉田英明監修、今沢紀子訳『オリエンタリズム』(平凡社、一九八六年)が定番ですが、近年評判なのがこの本。ちょっと勉強してから読んだほうがよいかも。

⑤姜尚中『オリエンタリズムの彼方へ』(岩波書店、一九九六年)。
日本の植民地支配と知識人の関係については、私自身の著作もあるのですが(小熊英二『単一民族神話の起源』、『〈日本人〉の境界』、ともに新曜社)、あまり安い本ではないのでこれを薦めておきましょう。サイードなどを読むための準備体操にもなる本だと思います。

崩壊する日本語

——台湾統治初期における日本語教育論議

こんにち、国民国家の形成において「日本」や「日本人」の同一性が創造されるという議論は、広範になされている。そしてそこでは、身分や地方によって分断されていた多様な人びとが、「日本人」として統合されてゆくことになる。そしてこの「日本人」への統合は、ある程度までは、大日本帝国において日本国籍に編入された朝鮮人や台湾人にも適用された。いわゆる「日本人」への同化政策と称されるものである。

しかし、そこには一つの問題があった。それは、同化の目標たる「日本語」や「日本人」の定義が不明確であることだった。たとえば、台湾では九州地方からの植民者の比率が高かったため、九州地方語のボキャブラリーが「日本語」として台湾人の間に定着するという現象がみられたという(1)。だが、はたして博多語や熊本語を話す台湾人は、「日本語」を話す「日本人」として認知されるのだろうか？　すなわち朝鮮人や台湾人にたいする日本語教育は、「日本語」とは何なのかを問い直す契機となったのである。

この小論では、一九〇〇年代前半の台湾における「国語」教育をめぐる教員たちの議論から、「日本」や「日本語」の同一性の揺らぎを検証することとする。

「精神ヲ征服」する手段

一八九五年四月に台湾が日本に割譲されたあと、日本語教育は、日本軍上陸直後の同年七月にはすでに開始されていた。当時はまだ台湾側の武力抵抗が続いていた時期であったが、台湾総督府初代学務部長だった伊沢修二は、「新領土ノ秩序ヲ維持スルニハ……威力ヲ以テ其外形ヲ征服スルト同時ニ、別ニ其精神ヲ征服シ旧国ノ夢ヲ去テ新国民ノ精神ヲ発揮セザルベカラズ。即チ之ヲ日本人化セシメザルベカラズ」と主張していた。すなわち「日本人化」とは、「外形ヲ征服」する武力とならび、「精神ヲ征服」するための行為であり、征服戦争の一環であった。彼は上陸直後に、恐怖と疑惑の視線で伊沢らを迎えた現地住民を集め、「自分の台湾に来たのは……お前達を日本帝国の良民にしやうと思つて来たのであると、子供に申すやうに懇々と話をした」うえ、有力者の「子供を翌日から無理に掴へて日本語を教へ始め」たという(2)。

しかしここで注目すべきなのは、「精神ヲ征服」する手段として日本語教育を採用するという発想である。日本語を教えたからといって、それが「精神ヲ征服」することに直結するとは、必ずしも限らないはずだった。

その可能性を示すエピソードが、伊沢が上陸直後に面会した、イギリス人宣教師バークレーとのやりとりである。日本軍の上陸時には、宣教師たちは現地語のローマ字綴りを教育する方針をとっていた。バークレーは伊沢にたいし、「〔自分も〕初めは英語を以て教育しやうと思つたが、折角宣教師にしやうと思つて二年間三年間やつた処が、皆逃げて茶商のエヂエントになつたり、通訳になつたりしてしまふ。英語を教へて害を為したことは有るけれども一つも益は無い」と述べ、日本語教育は無益だとアドバイスしたのである。(3) 英語を教えても、それがイギリスへの忠誠心などには結びつかず、たんに実用的言語を身につけさせたにすぎない結果に終わっていたのだった。

このアドバイスにたいし、伊沢は「自分は確信する所があるから、日本語で教へる」と返答したという。宣教師の場合、言語教育が失敗に終わってもキリスト教という教化の手段があった。しかし伊沢は、「耶蘇教国でゞもあるならば、宗教を以てやつて行くと云ふ様なこともあらうが……〔日本の場合は〕台湾を日本化するは、教育を措いて何ものがあるか」と述べており、日本語教育が宗教の役割を担うしかなかったのである。(4)

こうした伊沢が理想としたのは、日本語が台湾人の日常言語となる状態だった。彼は一八九七年五月の帝国教育会における講演で、「台湾に於て教へなければならぬのは、話し言葉である。我々が今話して居る此語です。決して五六百年或は千年前の〔古典〕国語ではない」と強調している。そして彼は、「彼処〔台湾〕に行つて、国語を教へるといふことは、母の仕事をするのである」と強調しており、まさしく日本語が台湾人の母語となる状態を目標としていたことがわかる。(5) 言語教育によって

「精神ヲ征服」することは、日本語が台湾人の母語になる状態にいたることで、はじめて達成されるはずだった。

このような思想をもつ伊沢が、日本語教育において、書記言語よりも音声言語を重視したのは当然だった。彼は言語教育においては、「話し言葉を、先づ以て教へて、其話し言葉からして、今日の普通文に及ぼし、それより古い所の文章などに及ぼす順序」を主張している。さらに台湾上陸前の談話では、「第一に日本語を輸入し繁雑なる漢文字に代ふるに片仮名を以てし成る丈早く言語の通ずる事に力を尽」すことを唱えていた(6)。

もっとも、伊沢のこうした楽観的な見解は、やがて修正されざるをえなかった。まず、日本側が「中国語」として想定していた北京官話が現地では通用せず、やむなく伊沢をはじめ漢文による筆談を行なうこととなった。この経験もあって伊沢は、かつては全廃を主張していた漢文を、日本と台湾の結びつきを確保するものとして賞賛するようになる。

一八九七年には伊沢は学務予算の削減を迫る総督と対立して総督府を辞してしまうが、彼の日本語教育観と、漢文にたいするアンビバレントな姿勢は、台湾教育に尾をひくかたちとなった。九八年には台湾人向けの初等学校である「公学校」の制度が定められ、公学校は「国民タルノ性格ヲ養成シ同時ニ国語ニ精通セシムルヲ以テ本旨トス」と規定されるとともに、台湾人を「日本国民」としてゆくために「国語」および「修身」教育が重視されていった。しかしそれと同時に、『三字経』や『論語』などの漢文の中国古典も、「読書」科で教えられることとなったのである。そして、こうした教育によって教えられる日本語の内容をめぐって、教員たちの論争が起きてくることになる。

言語観の対立

台湾教育における日本語にかんする論争として興味深いのが、一九〇二年に行なわれた、中国古典を題材とした漢文教育の存廃をめぐるものである。台湾公学校教員たちのうち、中核的な者によって一八九六年に国語研究会が結成され、やがてそれは台湾教育会に発展することになるが、この研究会の初期メンバーだった橋本武が、本国に帰ったのち漢文教育廃止論を発表した。それにたいし、台湾残留組の平井又八が教育会の機関誌に反論を連載したのである。ここではまず、平井の漢文存続論からみてみよう。

平井の主張の背景にあったのは、公学校経営における現実主義と、彼なりの台湾人観である。平井によれば「支那人は実利主義の人民」であり、「修学事業の如きも亦皆此実利より打算して従事するものに外なら」ない。そして当時の公学校は、財政難のため父兄から授業料や協議費を徴収していた。日本語や天皇への忠義を学んでも台湾の現地社会では何の役に立つわけもなく、まして授業料を徴収されるとあって、就学率は三パーセントそこそこだった。この状況下で、「実利主義の人民」である台湾人を公学校に入学させるためには、父兄に人気がある科目である漢文を欠かすことはできない。すなわち、「成るべく多数の児童を駆り立てゝ学堂に入れるが、現在に処する第一の策」であり、「予も理想としては、絶対的に漢文の保存を唱へないが……少くも、授業料を免除し、学費を国庫か地方税にて支弁するに非らずんば実地に行へない」というのが平井の主張であった(7)。

しかし、平井の漢文保存論は、日本語教育にかんする彼なりの見解にも支えられていた。平井は、日本語能力と同化の関係を、以下のような類型に整理している。(8)

第一　日本語に熟す……精神日本化す（最良）
第二　日本語に熟せず……精神日本化す（良）
第三　日本語熟す………精神日本化せず（不良）
第四　日本語に熟せず……精神日本化せず（最不良）

平井によれば、「第一が一番良くて第四が一番悪いのは言ふ迄もないが最も危険なのは第三である」。彼がその実例として挙げているのは、伊沢らが台湾領有初期に設けた「国語伝習所時代の卒業生などに色々評判の良くないものゝある」こと、すなわち「通訳位で官民の間をもぐり私嚢を肥」やしたり「我国の国情も知らぬ癖に却て其あらを土民間に吹聴して敵慨の精神を鼓吹する」者が少なくないことである。(9)伊沢がイギリス人宣教師から聞いた事例にあったように、言語を学んだ者が通訳や実業に進んでしまうという傾向が、日本語教育においても起こりはじめていたのである。

しかも、すでにヨーロッパ諸国の植民地支配では、宗主国語で反帝国主義や人権思想を学んだ者たちが、独立運動の担い手となっていた。平井は、フィリピン独立運動家の「アギナルドが西班牙〔スペイン〕の教育を受けて先づ叛旗を西班牙に掲ぐるものゝ首領となるなどの事は満更遠い処の例ではない」と述べ、「日本語を巧みに操り其精神の全然日本化したるものは一番良いのであるが二者其全きを望むべからずとせば予は寧ろ国語の運用には熟せずとも其頭脳の日本化せるものを作らんと欲する」というのだった。[10] ここには、日本語を習得させることが「精神ヲ征服」することに直結するはずだという議論とは、まったく異なる認識があることがうかがえる。

それでは平井は、「頭脳の日本化」をどのように達成しようというのだろうか。彼によれば、じつはその方法の一端こそが、漢文教育にほかならない。平井は「儒教の道徳ほど、健全にして円満なるものはありますまい」と述べ、「内地も台湾も、儒教の感化を蒙ること多大なりし国で、儒教てふ上よりいへば、親類国」だという。[11] 本国の修身科で教えられる内容も儒教を基本にしていることを考えれば、中国古典で儒教道徳を教えることと「日本人化」は矛盾しないのである。

もちろん平井は、天皇への忠誠を教える修身と、中国古典の相違は認識していた。しかし彼によれば、儒教の古典は「台湾目下の事情に照して、最も切に鼓吹を要する、忠君愛国の事とか、国家の観念とか、将た公徳の思想とか、に就いては、多少の遺憾なきではないが」、「之は教師が適当に補足してゆけば、敢て差支へない」。また、中国古典には中国皇帝への忠誠心を誘発する要素があって危険であるという意見にたいしては、「台湾人其人は、一般支那人の性質として、国家的観念の至つて乏しき人民なれば、まさかに之に依りて、飼犬に手を喰はるゝ如き虞れはなからう」と述べている。さらに、儒教の古典で不都合な点があれば修正すればよいと主張し、その実例として、総督府の規則で革命権を説いた孟子は読ませていないこと、また『三字経』の版を改めて「支那の歴史を説ける終りに、愛新覚羅氏、明朝を亡ぼして御代万々歳の意味あるを、斯くては、不都合ゆえ重野〔安繹〕博士が、日清戦争の結果として『挙台湾、入版籍』と修正された」ことなどを挙げている。[12]

総じていえば、「漢文を根本より余り重くは見ないので、統治の或る度まで、進捗した暁には、或は全廃するの時期が来るかも知れぬ」が、父兄にも人気のある儒教の古典を利用して「敵の戈で敵を制する」というのが、平井の漢文評価であった。そして、そうした認識を支えていたのは、内容が同一ならば、日本語で教えようが漢文で教えようが同じであるという認識であった。すなわち、日本と中国のちがいは「〔儒教の〕教典を一は之を支那読みにし、一は之を日本読みにするといふ違ひがある丈け」であり、「文字其物より得来る概念及感化は同一である」というのが、平井の前提であったのである。(13)

こうした平井にたいし、漢文廃止を唱える橋本武らの論拠は、大きく二つあった。

一つは、漢文は尊重されなければならないほど台湾に定着していないという主張であった。橋本によれば、台湾在来の私塾である書房での中国古典教育は、もっぱら清朝の官僚登用試験である科挙の準備のためのものであり、日常の「実用を目的として打立つた者でない」のみならず、「所謂古文でありまして、今日台湾人の用ふる話語とは余程縁遠いもの」でしかない。やはり漢文科廃止を主張した他の公学校教員によれば、書堂で漢文教育が行なわれているといっても大部分の児童は意味もわからず素読しているだけであり、自由に漢文を読み書きできる人間は富裕階級の一部だけで、総数でも台湾全土で二〇〇〜三〇〇人程度であろうという。それゆえ、中国古典を教えるのは有力者の子弟に清朝の官吏になることを夢見させることと同義でしかなく、「一般人民の上には漢文であろうが仮名文であろうが、一向頓着が無いのでは有るまいか」というのが漢文批判側の主張だった。(14) 二〇〇〜三〇〇人という推計の妥当性はともかく、清朝は近代国民国家型の義務教育を台湾に施行していたわけではなかったから、漢文が台湾原住者の「国語」たりえていなかったとしても、不思議ではなかった。

さらに本稿の関連で注目すべきなのは、日本語と「日本化」の関係にたいする橋本の見解である。橋本は、言語学者である上田万年の「日本語は日本人の精神的血液なり」という言葉を引用し、「外国の文学外国の思想を以て自国の精神思想を養ふことの出来ない」ことを強調している。彼によれば、台湾における教育の目標は「台湾島民の思想感情を、根底より改造して、我国家に同化せしむる」ことにあるが、そのさい重要なのは、「頭から国語の思想法を以て話をするような習慣を養はなければならぬこと」であった[15]。すなわち教育の目標は、たんに日本語や儒教道徳を教えることではなく、発想の段階から日本語で思考する状態をつくることで、思考様式を「日本化」することなのである。

それゆえ、内容さえ同じなら漢文で教えてもかまわないという発想はまったく誤りであり、「修身科の教授は必ず国語によつて之を授けなければならぬ」。橋本の見解では、言語学的に、中国語は孤立語、日本語は膠着語であって、「全く語系の違つて居る言語を同時に教ふるといふこと」は、「国語の語法の上から考へるといふ力を殺ぐ」ことにつながる。彼によれば、文法と民族性は不可分であり、「支那流の〔漢文の〕語法が、一変して、日本の語法にならざる限りは、支那語法の精神までも日本の語法に写すといふことは、出来ない」。したがって「精神の日本化」を図るためには、「台湾島民に国語を授ける始めに於ては、充分に話語を教へ、之に妨害あるような、他の語格は、眼にも触れず、耳にも入れざるように仕向けなければならぬ」のである[16]。

同じく漢文廃止論を支持した中核的教員である山口喜一郎は、言語と概念形成の不可分性だけでなく、そこから派生する翻訳の不可能性を強調した。山口によれば、漢文や「本島語ニテ忠君、愛国、孝行ナドノ事項ヲ教フルト、国語ニテ教フルトハ、其ノ結果ニ於イテ相違アルベキコト」を認識しなければならない。なぜなら、「忠君」や「孝行」などという文字を書き並べてみても、「本島語ニテ語ラバ本島語ニテ従来印象シ来レル旧観念ヲ連想セシムル」結果となってしまうからだった。たとえば、日本の修身教育では「忠」は「孝」に優先するばかりでなく、天皇への「忠」を親への「孝」の延長とみなす「忠孝一本」が強調されたが、中国語における「忠」や「孝」にはそうした合意はなかったのである。(17)

また山口は、日本語がまったく使用されていない「山村僻邑」でも、日本語教育を徹底せよと主張している。なぜなら、「児童ガ退校シテ幾年ノ後ニハ、仮令国語ソノモノ、形態ハ忘レ果テ、、一片ノ挨拶ヲモ出来ザル様ニナリツルモ、国語ニヨリテ伝ヘラレシ精神ハ永ク遺留シテ……深ク母国ニ信頼スルノ念ヲ固カラシメントスルコト」が重要だからである。(18)

山口や橋本の漢文廃止論は、思考や概念は言語によって形成されるもので、両者は不可分だという認識を背景としていた。それにたいし平井は、概念は言語とは別個に存在するものであり、言語は概念を表出する媒体にすぎないという前提に立っていた。もちろん漢文廃止論の背景には、日清戦争を契機として高まっていた漢字・漢文排斥の風潮が存在したのだが、同時に「日本語」という言語にたいする認識の相違が、両者の対立の根底に存在したのである。そしてこうした認識の相違は、教育すべき「日本語」の内容にかんする議論にも影響することになる。

露呈する不統一

橋本や山口ら漢文廃止論者たちは、日本語教育における方法や、さらには教えるべき「日本語」の種類についても独自の見解をもっていた。

まず教育方法についてだが、初期の台湾教育における日本語教育で使用された『台湾教科用書国民読本』には片仮名による現地語の対訳が付されており、漢文を対訳に用いることを主張する教員もいた。しかし橋本や山口らが理想としたのは、漢文や現地語をまったく介さずに日本語教育を行なうことであった。

その手法が、橋本が輸入してきた「グアン式」と称される直接法（direct method）である。これは、フランスの植民地統治における宗主国語教育で採用されていた手法であり、フランス人のグアン（François Gouin）の著作の英訳を台湾国語学校の教諭だった橋本が紹介したものだった[19]。このグアン式直接法は、幼児の母語習得過程をモデルとしており、具体的な事物や動作をできるだけ翻訳を介さずに教えるもので、まさに教員が「母の仕事」を行なうという目的にかなうものだった。

つぎが、教えるべき「日本語」の内容である。前述したように、橋本や山口は、児童に日本語を教えれば、自動的に思想改造につながるという認識をとっていた。そうした立場からは、以下のような結論が導かれる。

まずそこでは、日本語を学ぶことの実用性は優先されない。台湾人が日本語を学んでも、通訳に雇われるのでもなければ実用性はほぼゼロであったが、とにかく日本語を学ばせさえすればよいのである。それゆえ山口は、「山村僻邑ニハ国語ハ児童ガ後来生活上毫モ必要ナケレバ、漢文ヲ以テ国語ノ教材ト同様同質ナル事項ヲ教授スレバ足レリト云フ推論ヲナシテ公言スルモノサヘアリ」と批判し、「斯ル論者ハ少クトモ通弁通訳ヲ養成セントセシ国語伝習所時代ノ国語教授ノ目的ヲ本島普通教育ノ根幹タル公学教育ノ国語教授ニ当嵌メテ考フルニ非ラザルカ」と述べている。あくまでも、「重要ナル目的トハ、即チ国語教授ニヨリテ国民性ヲ養成シ、母国人ニ最モ近キ思想感情ヲ有セシメントスルコト」なのであった。[20]

したがって日本語を学ばせるといっても、商用などの実用会話や、新聞・書籍などを読みこなす高等な概念用語などは必要ない。山口は、公学校教員のなかに、日本語教育を「実用上ノ方面ヨリ考フルモノ多ク、曰ハク、国語ヲ教授シテ、日常ノ交際商売取引ノコトヲ弁ゼシメ、進ンデハ新聞雑誌ノ類マデモ読ミ得ル様ニセザルベカラズト」主張する傾向があることを批判し、「一般普通ノ事実ヲ言ヒ顕ハストコロノ言語」を重視せよと唱えている。[21] 商業用語や学問用語ではなく、「センセイ」や「オカアサン」など身近な言語を教えなければ、日本語が郷愁や忠誠心を誘発する母語の座を獲得することはできないのである。

さらに、音声言語を重視する立場からいって、教えるべき日本語の書記形態も、言文一致体であることが理想とされた。山口は、日本側の新聞や書籍を読みこなさせることを日本語教育の目的だと思っている教員が、「文体ハ文章体ナルヲ欲シテ、談話体ナルヲバ鄙シトナセリ、仮名遣ハ歴史的ナルベキヲ主張シ、漢字ノ多キヲ以テ可トスル」傾向があることを批判している。[22]

じつはこの時期の台湾の公学校で使われていた『国民読本』は、本国の教科書類が歴史的仮名遣い（いわゆる「旧かなづかい」）を使用していたのとは異なり、戦後に採用された新仮名遣いよりも表音的な仮名遣い（たとえば助詞の「を」「は」を「お」「わ」と表記する）を用いていた。こうした仮名遣いが採用されていた背景には、本国でもまだ日本語の書記形態が固まっておらず、歴史的仮名遣いの存続をめぐって論争が行なわれていたことがあった。台湾は日本語教育の実験地でもあったために、この読本を編纂した台湾派遣教員たちは、本国よりも急進的な言文一致路線をとっていたのである。

当時の台湾では、伊沢のあと総督府学務課長に就任した持地六三郎のように、漢字や仮名といった「不経済不適切ナ文字文体」は本国でもやがて滅亡して、「羅馬〔ローマ〕字ノ使用ヲ以テスルニ至ルヘキハ語学ノ進化上必ス来ルヘシ」と述べる者までいたほどであった。ローマ字採用論は教員たちのあいだでも多数派とはならなかったが、山口は、「内地児童ニサヘ今日ノ文章体ノ文章ハ過重ノ負担ニシテ、心力ノ発達ニ害アリトナシ、歴史的仮名遣ヤ漢字ナドモ、同一ノ見解ヨリシテ変化廃止節減ナサレントスル機運ナルニ、新領土ノ児童ニ対シテ前陣ノ如キ希望〔歴史的仮名遣いの新聞を読みこなすに至らせること〕ヲ抱クハ頗ル難事ナリト云フベシ」と主張していたのである。[23]

しかしこうした教育方針には、多くの異論が起こった。台湾教育会の機関誌には当時の公学校における授業の様子が記録されているが、それは児童たちに「メシ　オ　タベマス」「シル　オ　ノミマス」といった言葉をひたすら唱和させているものであった。それにたいし、「ゴアン法は善いか、悪いか、知らないが一週間も食飯的事情で暮らしたり洗面的事情で国語を教へるのも可笑なことだ」といった疑問の声が出るのが当然だった。日本語の暗唱が日本精神の養成に直結するという信念を共有できない教員にとっては、「市場に往く話、めしを喰ふ話、洗濯をする話、掃除をする話の類」を教えて忠誠心が育成できるとは、考えられなかったのである。[24]

こうした批判をする教員からは、当然ながら、日本語教育の内容を修身科とリンクしたものにさせるという意見が出された。しかしある教員は、「八九歳の児童に伊藤仁斎の共同心、楠木正成の勤王」を教えることは不可能だと断じ、現状の日本語教育では「諸々の願、伺、届、或は仕切、送り、受取、貸借証文」など、「日常須知の事柄について……読むことも書くことも出来ない有様の児童」が生産されていると批判している。楠木正成の忠義物語も、「メシ　オ　タベマス」の暗唱も、日常生活で実用にならない点では同列であった。[25]

日本側の教員がどのように考えていようと、台湾原住者側は、公学校での日本語教育を、主として日本支配下における社会的上昇の機会ととらえていた。じっさい当時の調査によれば、日本側の設置した上級学校への進学を除けば、ほとんどの公学校卒業生の進路は通訳や下級官吏、日本企業の下請けなどであった。[26]公学校の就学率は一九〇〇年代の半ばまで五パーセントにも満たなかったが、こうした日本側との協力関係の職業そのものが限られていたことを考えれば、妥当な数字だったといえよう。

とはいえ、実用的な日本語を教えればよいという主張もまた、支持を集めえなかった。都市部はともかく村落地域では、日本語を学んだところで、「学校の教師と土地の巡査とを除きては語るべき人もなく、国民読本の外には読むべき書物もなき」という状態であった。[27]通訳志望のような一部の者はともかく、実用に徹するならば漢文を教えたほうがよく、実用に適した日本語教育などはいかにも中途半端であった。
そのため一部の教員からは、「国語〲と、やかましく、いつても、実際何んの役にもたゝぬ」「国語〲と、やかましくいふ時間を利用して、漢文科を増加し、寧ろ一切の学科を漢文及び土語で教授するがよい」という意見もあがっていた。しかし他の教員は、漢文教育ならば在来の書房があるはずで、「今日の如き一日一時間づゝ、書房のまねをしておるよりも、本家本元に於て朝から晩まで丸呑させた方が、遥かに優つて居る」「かやうなことなれば現今の公学校を破壊してもとの書房に返却するがよいといはねばならぬ」と反論した。[28]教員たちは、こうしたジレンマを解決できないまま、それぞれの判断で思い思いの日本語教育を行なうしかなかった。
教えるべき日本語の不統一は、仮名遣いの面ではさらに深刻だった。前述のように、台湾の公学校で「国語」教育に用いられた『国民読本』では表音式仮名遣いが採用されていたが、本国から移入した教科書などは歴史的仮名遣いで記述されていたため、「生徒ハ前時間ニハ記音的仮名遣ノ教科書ヲ読ミ次ノ時間ニハ歴史的仮名遣ノ書籍ニ接スルガ如キ混乱セル有様ニアルモノ尠カラズ」という状態だった。[29]
教科書のみならず、教員たちの間でも、「日本語」は統一されていなかった。くりかえしになるが、本国でも日本語の表記は確定されていなかったからである。当時の台湾総督府民政長官だった後藤新平は、日本語教育の状況を形容して「母国より来る五人の先生が同じ町なる語を教授するに区々である、例へば一人はチヤウと云ふ、一人はテウ、一人はチヨウ、一人はチヨフ、一人はチヤフと云ふ風に書いて教へる」と述べ、この状態では台湾人の信用を失い「母国の威信に関する欠点」となると唱えている。[30]

教えるべき「日本語」の不統一が「母国の威信」にかかわるという意見は、あながち誇張ではなかった。たとえばある教員が台湾人に本国の威信を示すため、大阪で開かれた博覧会に引率していったところ、停車場などの掲示表記が「てんわうじ」「てんのうじ」「はくらんくわい」「はくらんかい」など不統一だったため、「少しく国語を学んだものは大に疑惑を起した」という。また他の教員は、「公学校在学六年間最多の時間と労力とを費して漸学びたる国語も、卒業の後はあはれ読むべき一冊の書物なし」と嘆き、このため「一般父兄をして公学校教育の効果を疑はしめ」る状態となっていることを指摘している。なぜなら、卒業生が日本内地から新聞や書籍を取り寄せても、「公学校の卒業生はた半途退学生等が、曾て学ばざりし文体にあらざれば見なれざりし仮名遣のみ」だったからである。[31]

不統一は表記のみならず、発音においても著しかった。当時の台湾教育会では、東北出身者は教員に採用するべきでないという意見さえ出ていた。しかし皮肉なことに、当時の総督府民政長官の後藤新平も、学務課長の持地六三郎も東北出身であった。様々な出身地域から集まってきた官僚や教員たちが話す「日本語」がどのようなものであったかは、想像に難くない。当時はテープやレコードなどの発音矯正手段などあるはずもなく、ある公学校では「教師が一年級の国語を授ける時に、発音が思ふ様に行かないとて、しきりに文字をかいてそれを直してゐた」という。[32]文字で発音を直そうという行為は、当時の教員が書記言語と音声言語の関係をどのように理解していたかがうかがえる点で興味深いが、当時の「日本語」教育は、教育の発音が不統一なうえに、発音を矯正すべき仮名遣いまでが不統一という状況にあったのである。

じつは、公学校の『国民読本』で採用されていた表音式仮名遣いは、本国の出版物はもちろん、台湾内部の国語学校や医学校の教育でも採用されておらず、台湾総督府の官報や通達でも使われていなかった。このため、公学校で教育された台湾人が進学を希望したり、総督府の下級官吏に雇われる場合には、書記言語を学び直さねばならなかった。こうした事態のなかで、卒業生や父兄の間に「教育の価値なきをかこち、遂に公学校教育をば信頼するに足らざるものと誤認するに至らしむる」という状態が広まることを恐れた教員から、「台湾に於ける国語仮名遣法を統一するの必要なきか」という意見が出てきたのは当然だった。[33]

しかし問題は、公学校ですでに採用されている表音的仮名遣いに統一するか、それとも本国で使用されている歴史的仮名遣いに統一するかであった。表音的仮名遣いへの統一を主張する側は、上田万年をはじめ本国でも不合理な歴史的仮名遣いや漢文読み下し文への批判が起こっていることを挙げ、言語改良と言文一致の理念を掲げた。日本語を学んだことのない児童が書記言語を学ぶうえでは、言文一致体のほうが有利なことはいうまでもなく、表音的仮名遣いを支持する教員は、坪内逍遥が「国文学ヲ新版図ニ弘布スルノ機ヲ想ヘ如何ニ今日行ナハル、如キ混古的国語法ノ不便利ナルカ」と述べたことを引用している。ある教員は、「国力ノ発展ニ伴ツテ国語モ亦発展スベキモノトスレバ今ヤソノ発展ヲ要スル時期ワ目前ニ迫ツテオルノデアル、国語ガ広ガレバ広ガル丈仮名遣ノ改正ガ益困難トナルコトオ考エレバ仮名遣ノ改正ワ目下ノ最大急務デワアルマイカ」と主張しており、日本語教育の合理的展開を図るうえでは、これらの主張には根拠があった。[34]

しかし歴史的仮名遣いを支持する教員は、「〔本国の〕書物や日々の新聞が、不便でも何でも従来の通り書くなら、学ぶものも其の準備をしなければならぬ」と唱えた。公学校読本で表音的仮名遣いを採用したのは、日本語の初等教育における一時的便宜にすぎず、公学校でも最終的には日本で採用されている歴史的仮名遣いを学ぶべきなのである。台湾においては、「教育の方針として同化主義を採るべきことなどは当局者より度々示されて居りますのに、仮名遣のみ故意に特別を主張して母国の文物に向つて塹壕を造る様なことは適当でなからうかと思はれます」というのが、こうした教員の主張だった。(35)

はたして、「日本精神」は日本語を教えることで自動的に身につくものなのか。同化すべき「日本」や「日本語」は、歴史的仮名遣いに象徴される現在の「日本」「日本語」なのか、それとも目指すべき未来の「日本」「日本語」なのか。そこでは、台湾人に提示すべき「日本」「日本語」とは何なのかが問われると同時に、いまだ確定されるに至っていなかった「日本語」の不均質や複数性が露呈していたのである。

崩れゆく「日本語」

こんにちでは、「日本」や「日本語」の同一性が完成されたのち、「台湾」という異質なものが接合されたとみなされやすい。しかし台湾が領有された時点では、いまだ「日本」も「日本語」も生成途上であった。文部省の国語調査委員会が設置されるのは、台湾領有から七年後の一九〇二年である。すなわち、「日本語」が確定される前に「日本語」を教えるという事態に、台湾教育は直面していたのである。逆にいえば、台湾という他者に「日本語」の同一性を提示する必要に迫られたことが、「日本語」の同一性を確定する必要性を強めたといえよう。

しかしながら現実の政策は、必ずしも「日本語」を確定するものとはなりえず、はなはだ折衷的な方向をたどった。まず一九〇四年の公学校規則の改正で、中国古典の教育は廃止された。しかし、漢文教育そのものが全廃されたわけではなく、漢文は必修課目からは削られたものの加除科目として残り、古典教育よりも日常用語を重視する方向で維持された。全廃派の山口喜一郎などは、「姑息腐敗せる教育と、不便不実用なる文字文章と、時勢に伴はざる学問」と漢文教育を非難したが、教員や政策担当者の間で「全廃説ト不可廃説ガアッテ相方ガ譲リ合ヒヲシタ結果加除科目トシヤウトナッタ」のである(36)。

仮名遣いについては、本国で保守派の巻き返しにより歴史的仮名遣いの使用が継続されたこともあり、一九一三年には台湾の公学校でも歴史的仮名遣いが採用されることになった。しかしその一方で、同時期からグアン式直接法が台湾教育で全面的に採用され、島内の授業はいっさい日本語だけで行なわれることとなった。漢文全廃・表音的仮名遣い・直接法という山口らの主張は、部分的にしか実現しなかったのである。

このような折衷的な方針は、理念的にみれば不合理なものであったが、台湾教育にあたる教員たちの実情にはみあっていた。もともと、日本語を改良するといった確固とした信念も、また現地語を学ぶという意欲もない大部分の教員にとっては、本国で自分がなれ親しんだ歴史的仮名遣いを教え、授業のすべてを日本語で処理できる直接法を採用したほうが、望ましかったはずである。

しかし、こうしたその場しのぎの折衷的解決は、教育される側にとっては災厄でしかなかった。穏健派の抗日運動である台湾議会設置請願運動の中心であり、かつて公学校で補助教員を務めたこともある蔡培火は、グアン式直接法が全面採用されたのちの台湾教育の模様を形容して、こう述べている。[37]

……我々の児童は、一歩校門に入ると、直ちに赤ちゃんに成り変ることを命ぜるるも同様、彼等は六ケ年の間、家庭で学んだ言語も思想も全部抛棄せしめられ、只だ物言へぬ口と事解せぬ耳とを持つて、教師の指導を受けねばならない。……折角憶えた国語が、極少数の上級学校に入学するものか、官庁の給仕や、商店の奉公に出るものの外、一旦学校を卒へて台湾人同士の実生活に入ると、六年間の苦心と共に水泡に帰して何の用をもなさぬ。……此れ等は立派な能力搾取の教育、露骨な愚民教育ではないか。

台湾人にたいし教員が「母の仕事」をすることは、すなわち台湾人を「赤ちゃん」の地位におとしめることであった。

そして、折衷的方針のなかでうやむやにされた日本語教育の様々な問題は、原理的には少しも解決していなかった。ずっとのちの一九四一年三月、侵略地域への日本語普及という課題に応じるべく雑誌『日本語』が創刊されたが、そこで論じられているテーマは、相変わらず仮名遣いの不統一をどうするか、日本語教育は実用性重視か日本精神重視かといった問題であった[38]。台湾総統初期の時点ですでに露呈していた問題が、四〇年以上を経てもまったく深められておらず、ほとんど同じ議論をくりかえしていたのである。

たとえば仮名遣いの不統一についていえば、一九四一年の時点では、大日本帝国およびその支配地域における初等教育で、以下の四つの仮名遣いが使用されていたという[39]。

（文例）　（王さんは今日学校を休むでせう）
歴史的仮名遣　ワウサンハケフガクカウヲヤスムデセウ
折中的仮名遣　オウサンハキョウガッコウヲヤスムデショウ
表音的仮名遣　オオサンワキョオガッコオオヤスムデショオ
発音符合　オーサンワキョーガッコーオヤスムデショー

このうち、「歴史的仮名遣」は当時の台湾や「中支」および本国で、「折中的仮名遣」は「北支」および朝鮮で、「表音的仮名遣」は「満州国」での初等教育で使用されていたものであり、「発音符合」は文部省が大陸進出のために当時新たに採用したものだった。そしていずれの地域でも、上級学年では歴史的仮名遣いを学び直さねばならなかった。支配地域の拡大とともに多くの他者に直面すればするほど、日本語の同一性はなしくずしのうちに崩壊していったのである。

第二次世界大戦の敗戦後、ほとんどの支配地域を喪失した日本では、「日本語」をめぐるこうした議論は忘れ去られた。一九四六年、政府は歴史的仮名遣いに代わる「現代仮名遣い」を発表した。その「現代仮名遣い」は、朝鮮などの初等教育で使用されていた「折中的仮名遣」と基本的に同一であった。そして現在の「日本人」たちは、この「日本語」を、その出自を忘却したまま使用しつづけているのである。

（西川長夫編『世紀転換期の国際秩序と国民文化の形成』柏書房、一九九九年、所収）

注

（1）台湾における九州地方語の流通については川見駒太郎「台湾に於て使用される国語の複雑性」（『日本語』二巻三号、一九四二年）参照。初期の台湾言語教育については、村上嘉英「旧植民地台湾における言語政策の一考察」（『天理大学学報』一四四号、一九八五年）、近藤純子「戦前台湾における日本語教育」（木村宗男編『講座　日本語と日本語教育』第一五巻、『日本語教育の歴史』明治書院、一九九一年）、京極興一『「国語」観と植民地言語政策』（『信州大学教育学部紀要』七四―七五号、一九九一―九二年）、石剛『植民地支配と日本語』（三元社、一九九三年）、又吉盛清「解説　台湾教育会雑誌」（復刻版『台湾教育会雑誌』ひるぎ社、一九九六年）など多くの研究があり、本稿でとりあげた『台湾教育会雑誌』での漢文廃止論争なども駒込武『植民地帝国日本の文化統合』（岩波書店、一九九六年）や長志珠絵「教化と文化の間」（『文化交流史研究』一号、一九九七年）などが論じている。本稿では、漢文廃止論争や仮名遣い論争などを通じて、言語観や「日本語」の同一性をめぐる問題を検証している。台湾における言語教育の制度的変遷は金丸四郎「台湾に於ける国語教育」（『日本語』一巻一号、一九四一年）および台湾教育会『台湾教育沿革誌』（台湾教育会、一九三九年）などを参照。

（2）伊沢修二「明治廿八年ノ教育社会」（『国家教育』三三号、一八九五年）一〇頁。原文は句読点および濁点なし。信濃教育会編『伊沢修二選集』（信濃教育会、一九五八年）六四七頁。

(3)同前『伊沢選集』六四九頁。

(4)同前、六四九、五九三頁。

(5)同前、六一六、六一七頁。

(6)同前、六一七、五七一頁。ただし伊沢は一九〇八年の講演で、台湾での初等教育で採用された表音的仮名遣いについては、「内地の文章を読むとか云ふことになつては、台湾一流の仮名では用をなさぬ」と批判している。彼は音声言語教育においては発音を表示する「視話法」の信奉者で、「発音の微妙なることは、中々仮名で現はすことは出来ませぬ、羅馬字でも出来ませぬ、視話法ならば現はせるであらう」という認識のもとに、「発音と仮名とは少しの関係も無い」と主張していた。こうした認識をもつ伊沢は、書記言語教育と音声言語教育を分離して位置づけており、「仮名遣は普通の方式〔歴史的仮名遣い〕に従ひ、発音は〔視話法で〕正式に矯正」することを唱えていたのである(『伊沢選集』六五五頁)。

(7)平井又八「公小学校に於ける現下の問題(二)」(『台湾教育会雑誌』二〇号、一九〇三年)一頁。同「公学校に於ける漢文問題に敢て橋本君の教を乞ふ」『台湾教育会雑誌』(六―八号に連載、一九〇二年)七号二頁、八号七頁。この漢文科廃止論争を最初に大きくとりあげたのは駒込前掲書であり、橋本の日本語教育における主張が「思想内容」よりも「思想法」を重視したものだったことが分析されている。しかし駒込は、平井の漢文擁護論を「ナショナリズムから自由」で「普遍主義的な志向」だったと位置づけているが(六七頁)、本稿でみたとおり平井は「精神の日本化」には積極的で、彼にとって漢文は「同化の一方便」(七号九頁)であった。確かに平井は「儒教は其教へが、元来世界的である」と述べているが、彼はこれを「長所もある所には短所もあり」と両義的に位置づけ、「其教へが到る処に、相当に発達する」ことを「長所」として、「忠君愛国」の観念が欠落しがちなことを「短所」としているのである(八号四頁)。日本語の特殊性にこだわる橋本に対立したからといって、平井が「普遍主義」に立っていたわけではない。橋本と平井の論争は、「ナショナリズム」対「普遍主義」という理念の対立、あるいはそこから派生する「日本化」の是非といった統治目的の対立というよりも、「日本化」を漸進的に進めるか急進的に進めるかの方法論の相違や、かつ「日本語」をめぐる言語観の相違によるものだったというのが筆者の見解である。駒込前掲書は、植民地における諸政策を種々の理念型に整理することを試みた労作だが、方法論や言語観、あるいは当事者の政治的立場の相違による論争などをも、窮極的な理念の相違に起因したものと位置づけてしまっている傾向があるのではないか。なお本論文の主題は、植民地政策における理念を類型化し分類することではなく、支配の過程のなかで発生する「日本語」の同一性をめぐる揺らぎの検証であることを付記しておく。

(8) 平井前掲論文、六号一六頁。

(9) 同前論文、六号一六、一七頁。

(10) 同前。これに類似の見解として、たとえば高岡武明「公学校ノ修身科ニ就キテ」(『台湾教育会雑誌』四号、一九〇二年)は、「国語サヘ授ケナバ以テ同化ノ実ヲ挙ゲ得ベシト思フハ非ナリ。日本語ヲ以テ非帝国主義社会主義ノ精神ヲ吹込ムヿ《かと》ヲ得ベシ」と主張していた。

(11) 同前論文、八号四頁、七号七頁。

(12) 同前論文、八号四、三、五頁。

(13) 同前論文、八号三頁、七号八、七頁。

(14) 橋本武「台湾公学校に於ける漢文科について」『教育時論』(六一六—六一九号、一九〇二年)の六一六号八頁、六一八号一〇頁。杉山文悟「公学校の両学科(二)」(『台湾教育会雑誌』二一号、一九〇三年)五頁。ただし橋本は、中国古典を廃止して「台湾土語のまゝを漢文に綴ることを教ふる」という案にたいしても、「漢文を排斥しようとする眼より見るときは、是れまた一種の漢文を教ふるもの」として否定している(六一九号一〇頁)。したがって、古典教育の非実用性にたいする批判は、漢文排斥の口実であったことは明らかである。

(15) 橋本前掲論文、六一七号八頁、六一八号九頁。

(16) 同前論文、六一七号九頁、六一八号九頁、六一九号九、一〇頁。

(17) 山口喜一郎「中部台湾ノ一部に於ける教授上の瞥見」(『台湾教育会雑誌』七号、一九〇二年)四五、五二頁。

(18) 同前論文、四五頁。

(19) グアン式直接法の輸入経過については、木村万寿夫「台湾における日本語教育」(『鳥取大学教育学部研究報告』第八巻、一九六六年)を参照。

(20) 山口前掲論文、四三、四四頁。

(21)同前論文、四三頁。
(22)同前。
(23)持地六三郎「県治管見」(国会図書館憲政資料室『後藤新平文書』七―七三)、頁記載なし。山口前掲論文、四四頁。
(24)長井教生「国語科実地授業」(『台湾教育会雑誌』一五号、一九〇三年)二二頁。一柳生「台湾教育小言」(『台湾教育会雑誌』一五号、一九〇三年)四八頁。石田陸舟「公学校教育につきての雑感」(『台湾教育会雑誌』一五号、一九〇三年)八頁。
(25)前田孟雄「児童欠席の原因及び其の救済法」(『台湾教育会雑誌』五二号、一九〇六年)七、八頁。
(26)又吉前掲論文、六五―六六頁。
(27)鈴江団吉「少年書類の供給について」(『台湾教育会雑誌』四八号、一九〇六年)三七頁。
(28)顧牛生「公学校の教育」(『台湾教育会雑誌』一一号、一九〇三号)五六、五九頁。
(29)山口前掲論文、四五頁。
(30)後藤新平『日本植民政策一斑・日本膨張論』(日本評論社、一九四四年)五七頁。
(31)新樹「上遊紀文」(『台湾教育会雑誌』一八号、一九〇三号)四四頁。鈴江前掲論文、三五、三六、三七頁。
(32)ばんか生「小言三則」(『台湾教育会雑誌』一四号、一九〇三年)一六頁。
(33)前田孟雄「台湾に於ける国語仮名遣法を一定するの必要なきか」(『台湾教育会雑誌』三一号、一九〇四年)八頁。官庁文書の口語化は、一九一九年に文部省が取り組んだことを発端とするが、戦前には定着しなかった。塩田紀和『日本の言語政策の研究』(くろしお出版、一九七三年)一一九―一二一頁参照。
(34)前田孟雄「再び仮名遣に就きて」(『台湾教育会雑誌』三三号、一九〇四年)一〇頁。小川尚義「仮名遣」(『台湾教育会雑誌』三九号、一九〇五年)四七頁。
(35)渡部春蔵「仮名遣に就きて」(『台湾教育会雑誌』三二号、一九〇四年)八、九頁。
(36)山口喜一郎「新公学校規則を読む(一)」(『台湾教育会雑誌』二七号、一九〇四年)一二頁。「漢文科教材選択法ニ就テ談話」(『台湾教育会雑誌』二〇号、一九〇三年)六〇頁。
(37)蔡培火『日本々国民に与ふ』(岩波書店、一九二八年)四七―四九頁。
(38)たとえば「国語対策に就いての希望」(『日本語』一巻二号、一九四一年)、大出正篤「日本語教室漫言

（二）」（『日本語』二巻二号、一九四二年）など。仮名遣い問題をはじめとした日本語論議、朝鮮・満州における日本語政策などは、川村湊『海を渡った日本語』（青土社、一九九四年）、イ・ヨンスク『「国語」という思想』（岩波書店、一九九六年）、安田敏朗『帝国日本の言語編制』（世織書房、一九九七年）などに精しい。本稿の意義は、これらの先行研究で言及されていた「日本語」の同一性をめぐる諸問題の原型が、すでに台湾領有直後から存在したことを指摘したことであろう。

（39）大出正篤「大陸に於ける日本語教授の概況」（『日本語』一巻三号、一九四一年）二五頁。

金関丈夫と『民俗台湾』

——民俗調査と優生政策

ある人々を調査し、描きだすとき、調査や表象を行なう側は、どのような意図を抱いていたのか。また調査される側は、どのようにそれを受けとめたのか。

この問題は、民族学や民俗学の内部において、さまざまな論議が重ねられてきた。一九六〇年代から、少数民族や第三世界など「調査される側」からの抗議が行なわれている。またほぼ同時期に、アメリカ政府などによる人類学調査への補助が、冷戦体制下における世界戦略の一環として位置づけられていたことが知られるようになり、人類学者がそれに協力することへの内部批判が台頭した。近年の「オリエンタリズム」批判や、植民地支配と人類学的調査の関係をめぐる研究も、この延長線上にある。

一方で、「調査する側」による弁明もまた、この間に行なわれてきた。その一例が、人類学者のレヴィ＝ストロースによるものである。彼は二つの点で、人類学を擁護している。一つは、現地の不当な状況を告発したり、あるいはより慣習を尊重した政策へ転換するために貢献するなど、調査者は現地住民の有力な味方となりうること。そしてもう一つは、たとえ外部の者によってであっても、近代化の中で消滅しつつある文化を記録することは必要であり、現地の人々が将来みずからの文化的アイデンティティを再建するさいにも調査記録が役立つはずだということである(1)。

こうした弁明は、たしかに一定の正当性をもっている。しかしこのような弁明によって、調査者の側が満足しえたとしても、現実の事態はそれほど単純ではない。調査者と被調査者、そして政治的権力という、調査にかかわる三者の意図と実際的効果は、しばしば擦れ違いを生じる。そこでは、主観的には善意の調査が被調査者の怒りを買ったり、純粋な学術研究のつもりで行なわれた調査が政治的権力に利用されるといったケースが少なくない。あるいはその逆に、調査者が統治政策に貢献するつもりで行なった調査が政治的権力と対立してしまったり、差別と偏見に満ちた調査が結果として現地の人々から歓迎されるといった場合も想定しうる。

本論が主題とするのは、調査にかかわる人々の間に生じる、このような意図と結果の錯綜である。具体的には、太平洋戦争期の台湾で発行された雑誌『民俗台湾』と、その中心人物だった人類学者金関丈夫《かなせきたけお》の思想を題材にこの問題をあつかう。この問題は、民族学・民俗学にかぎらず、他者との接触のさいに普遍的に発生するディスコミュニケーションをめぐる議論に通ずるものなのである。

1　日本における統治と調査

『民俗台湾』という雑誌は、一九四一年七月号から一九四五年一月号まで発刊された半学術的雑誌で、おもに台湾漢族の民俗を収集することを目的としていた。この雑誌およびその中心だった金関丈夫をめぐっては、これまで二つの異なる位置づけがなされている。

一つは、人類学者の国分直一をはじめ、この雑誌の元スタッフたちによるものである。国分によれば、この雑誌は台湾漢族の民俗をとりあげることで、彼らの文化を圧殺しようとした皇民化政策に抗議しようとしたものであり、そこに金関の「ヒューマニズム」が示されているとともに、現地の人々のアイデンティティの回復にも貢献したという(2)。

こうした位置づけに異を唱えたのが、川村湊である。川村は民俗学と植民地支配の関係を問うなかで、『民俗台湾』には一種のエキゾチシズムが底層にただよっており、金関の民族論にもある種の「冷たさ」が感じられると唱えている(3)。

とはいえ国分と川村の位置づけは、両者ともいささか曖昧な物言いにとどまっている。というのも、金関が民俗調査の目的について誌上では多くを述べていないので、国分も川村も、金関が雑誌を発刊した意図については推測の域を出ていないからである。後述するように、当時『民俗台湾』が皇民化政策に抵触するとして非難されたことは事実ではあるが、金関が正面切った皇民化政策批判を公にしたわけではない。これについて国分は、厳しい言論弾圧下にあった「当時の時局的情況から見て、表

現にぎりぎりの工夫がこらされている」と述べ、それに対し川村は、表現上から「冷たさ」を指摘するにとどまっている。(4)

実際には、金関はきわめて明確な民族政策観にもとづいて調査活動を位置づけていたのだが、その検討は後半にまわし、ここでは当時『民俗台湾』が占めていた位置を理解するために、日本の朝鮮・台湾統治と調査の関係を整理しておこう。

まず踏まえておかなければならないのが、日本では英仏などと比較した場合、植民地統治における人類学的調査の比重が低かったことである。その最大の理由は、日本の統治方針であった。おおざっぱにいって英仏などの場合、とくに一九世紀末以降には、現地の社会組織や首長を温存利用する間接統治が自覚的に唱えられるようになり、そのため現地の親族や村落の組織形態、宗教、慣習などを調査することが不可欠とされていった。ところが日本の場合、間接統治を唱える勢力も存在したものの、現地の社会組織や慣習を無視した同化政策を主張する意見が強かったのである。(5)

このことは、現地の慣習への理解程度や、人類学のあり方にも反映した。イギリスの場合を例にとれば、植民地官吏は赴任にあたり現地語の教育と試験を受け、しばしば三〇年以上にわたる生涯勤務を前提としていた。(6)このような植民地官吏たちのかかわった慣習調査は、しばしば大幅な偏見が混じっていたにせよ、本国の人類学の発達をも促した。こうした調査記録や見聞記をもとに、いわゆる安楽椅子人類学が生まれていったのである。

ところが日本の場合、専門的な植民地官吏の養成コースが存在せず、総督府の高級官僚は現地の事情をほとんど知らないまま着任し、数年の勤務の後に転勤してゆく者も多く、現地の慣習や言語を知ろうとする者は少なかった。台湾領有初期のように未踏地帯が多かった時期には、伊能嘉矩《かのり》のような探険家に類する者も現れたが、統治安定期にはそうした例はみられなくなってくる(7)。

もっとも、統治方針がまだ流動的だった時期には、伊能のような調査者が現れただけでなく、総督府による組織的な慣習調査が朝鮮や台湾でも行なわれた。ただしそれは、内地の大学から人類学者ではなく、法学者たちを招いて行なわれた。ヨーロッパ法を継受しながら、それを日本の慣習にすりあわせて法体系をつくるという課題を背負った明治の法学者たち、とくに民法学者たちには、本国で親族体系や相続慣習などの調査に関係した経験があり、その点を買われたのである。

こうした法学者たちの調査は、きわめて組織的かつ体系的なものであった。その好例が、台湾総督府民政長官であった後藤新平の主導により、岡松参太郎をはじめ京都大学の法学者たちを中心に一九〇一年から一〇年以上にわたって行なわれた、台湾の旧慣調査である。そこでは、全島を碁盤状に区切って各地の集落における慣習を聞取調査し、さらに清朝時代の法令や慣習法を文献から整理して、それを西欧の植民政策学や民族法学を参考にしながら整理するという手法がとられている(8)。

一方で日本の大学における人類学は、日本の学問にありがちなケースともいえるが、実際上の必要からというより、西欧にそうした学問が存在するという刺激から発生した。初期の『東京人類学会雑誌』の内容などは、良くも悪くも国内外の政策的必要に対応したものという傾向は薄く、多分に好事家的ないし趣味的なものであった。

鳥居龍蔵をはじめとして、人類学者たちもやがて日本の勢力範囲の拡張とともに、軍や総督府の庇護のもとアジア諸地域の調査に進出した。とはいえ、彼らの調査が統治に大いに貢献したとは言いがたい。台湾統治初期に、鳥居は山岳先住民族の調査に入っているが、内容は主として風俗や身体を描写計測するというもので、法学者たちが行なった組織的調査に比べれば、行政にただちに応用しやすいものとはいえなかった。(9)

しかも前述したように、同化政策の主張が強い日本においては、慣習調査そのものが政策的に活用される機会は少なかった。法学者たちの台湾旧慣調査すら、後藤が政争に敗れて台湾を去って以後、大量の調査報告書はいたずらに放置される有様となってしまう。そうした状況を考えれば、鳥居などの調査が、統治にあまり反映しなかったのも当然といえただろう。

一九三〇年代末に、日本の大陸や南方進出が大規模になり、しかも法学者たちがすでに固まった法体系の解釈者集団となりはててしまった時期になって、人類学者はにわかに重視されるようになり、軍や官庁などとの結びつきが深まった。(10)日本の大学に独立した人類学科が設けられたのも一九三八年のことであり、学者たちの中には「民族政策」における調査の重要性を説いた論考を生産しながら、予算や便宜をとりつける者もいた。

とはいえそうした「民族政策」の掛声の大仰さとは裏腹に、軍その他の期待に応じられるだけの能力を、すべての人類学者が持っていたかどうかには疑問もある。当時は形質人類学・文化人類学・民俗学の分化も不完全であり、十分に体系化した学問とは言いがたい状態にあった。一九三八年にできた人類学科は理学部の形質人類学科であり、文化人類学や民俗学が大学に独立した位置を占めるのは戦後のことである。その形質人類学すら、担い手の多くは、金関丈夫やその師である清野謙次のように、医学部の解剖学者や病理学者がいわばサイドワークとして行なっていたものであった。在野の学問だった戦前の文化人類学や民俗学の研究者には、組織的な社会調査法を身につける機会をもつことはむずかしく、従来からの独学的な調査手法のままで、戦争に突入せざるを得ない場合も多かったのである。

一九四一年に発刊された『民俗台湾』にも、こうした状況が反映していた。台北帝大の医学部で解剖学の教授を勤めていた金関が、「民俗」を掲げた雑誌の中心だったという事態は、いまだ形質人類学と民俗学が分化しておらず、そもそも大学に民俗学の「専門家」など存在しなかった事情を示すものであった。

内容についても、同様のことがいえる。後述するように、『民俗台湾』はその序文や編集後記などには、「民族政策」などを掲げた時局的発言が少なくなかった。にもかかわらず、メインであるはずの民俗調査記事は、それと不釣合いなほど、およそ系統的とはいえないものであった。この奇妙なアンバランスは、時局的言辞を弾圧よけとして交えながら学術的な調査を行なっていたとも解釈できるが、むしろその逆に、意図としては民族政策への貢献を指向していながら、調査能力がそれに伴わなかった結果とみたほうが適切な側面もあると思われる。なぜなら後述するように、国分のように「良心」からの参加者と異なり、金関は彼なりの民族政策観のなかに調査を位置づけていたからである。

それでは、『民俗台湾』が皇民化政策と抵触したことは、どう位置づけるべきか。それについては、植民地統治における調査を支えた思想について理解する必要がある。

まず、台湾領有初期の旧慣調査を推進した後藤新平である。その統治思想を一言でいえば、社会を一つの有機生命体とみなし、医者が人体を診察し治療するように、行政機関と内務警察が調査によって社会を把握し管理しなければならない、というものであった。医学出身であり、ドイツ留学で行政主導による社会政策学を学んだ彼は、台湾赴任時にこうした統治思想を「生物学の原則」と表現している。[11] しかしここで注目すべきなのは、この統治思想が調査の重視を唱えさせ、さらにある種の文化相対主義的な同化政策反対論に結びついていたことである。

後藤によれば、「社会の慣習とか制度とかいふものは、皆相当の理由があつて、永い間の必要から生れてきてゐる」。不合理にみえる慣習であっても、あたかも「比良目の目が一方に二つ付いてゐる」ことに「生物学上」の理由があるように、むやみな変更はできないものなのであり、「その理由を弁へずに無闇に未開国に文明国の文化と制度とを実施しようとするのは、文明の逆制といふものだ」。後藤によれば、「だから我輩は、台湾を統治するときに、先づこの島の旧慣制度をよく科学的に調査して、その民情に応ずるやうに政治をした」というのである。[12]

ただし、後藤のいう慣習重視と「民情に応ずる」統治とは、彼の部下でもあった植民政策学者の新渡戸稲造の表現を借りれば、「原住民には原住民に適する程度の境遇を与へておくことが可い」という意味を含むものであった。後藤は本国の「文明的」な制度を植民地にもちこむことは、「素朴にして児童の如き土民の心理に、到底彼等の理解し咀嚼し能はざる各人の権利と云ふが如き、珍奇の思想を注入するに過ぎ」ないものだと断言している。[13]

後藤統治下の台湾においては、徹底した総督府の行政官独裁が敷かれるとともに、すでに有名無実となっていた清朝時代の連座責任制や笞刑が「旧慣」として復活され、警察官による即決裁判や総督府によるアヘン専売をはじめとする非「文明」的な制度が存置された。その結果、領有から後藤赴任後の一九〇二年までに、日本側の統計でも、抗日武装勢力をはじめ当時の台湾人口の一パーセントを越える人々が殺されている。後藤の文化相対主義的な調査重視と同化政策反対論は、こうした差別的側面と一体となったものであった。

こうした傾向は、新渡戸稲造を開祖とする日本の植民政策学にも、共通したものとなった。新渡戸の弟子であった矢内原忠雄は、「種族は遺伝及び自然的社会的環境の相違に基づきその特性を異にする歴史的産物」であり、「発展の段階を異にする社会群に対して、一律に、集団的に、急速に本国文化を採用せしめんとする同化政策は、この歴史的事実を無視するもの」であると述べて後藤による旧慣調査を賞賛したが、これは当時の植民政策学にほぼ共通した見解だったといってよい(14)。

この思想潮流に同調していたとみられるのが、民俗学の開祖だった柳田国男である。柳田は一九一〇年から、新渡戸の自宅で開催されていた会合に参加していた。そして一九二一年には国際連盟の委任統治委員に就任し、同化政策に異を唱える意見書を提出している。また彼は、一九一五年に叔父であった安東貞美台湾総督に民政長官として下村宏を推薦し、また国際連盟委任統治委員を辞する時には後任として植民政策学者の山本美越乃《みおの》を推しているが、この二人はいずれも原住者への差別と同化主義反対を同居させた論者たちであった(15)。

さらにこの流れに加わったのが、優生学者たちである。民族間の混血を忌避する傾向があった優生学者たちは、もともと混血を増加させかねない同化主義には反対であったが、とくに皇民化政策期に「内鮮結婚」や「内台結婚」が奨励されると、それに対する反発を強めていった。そして、医学者や厚生官僚などが中核となっていた優生学団体の日本民族衛生協会には、医学者から転向した形質人類学者が参加していたのである。その代表的人物が、前述した日本初の人類学科を創設した長谷部言人《ことんど》や、日本民族起源論で知られる清野謙次であった。清野は戦時期の著作物で混血防止を力説した。そしてその一つである一九四二年の『太平洋の民族＝政治学』で、共著者として民族調査の必要と同化主義反対論を唱えたのが、講座派の論客からの転向者であり、後藤新平の姻戚でもある平野義太郎であった。[16]

そして前述したとおり、清野は金関の師であった。また、一九四四年に後藤新平の植民政策関係の講演録が復刻されたさい、解説文を担当したのが、金関とならんで『民俗台湾』の中心メンバーだった台北大学教授の中村哲であった。中村はそこで、後藤が同化主義に反対して調査を重視したことを説くとともに、復刻にあたり平野のアドバイスを受けたと記している。[17] こうした金関と中村が、一九四三年に『民俗台湾』誌上で柳田国男を座談会にかつぎだし、「大東亜民俗学」を宣言したのである。

もっともくりかえしになるが、こうした民族調査思想の潮流は、朝鮮・台湾の総督府には、さほど定着していなかった。後藤などを除けば、それをバックアップする有力な政治家が存在しなかったし、何より同化政策と調和しなかったからである。一九三〇年代末以降の皇民化政策期になると、この潮流と総督府の不調和は、いっそう激しくなった。植民政策学者や優生学者をはじめ、文化の遺伝的決定論や混血防止の立場から同化政策反対論を唱える者は、朝鮮総督府から皇民化政策を妨害する「民族同化不可能論者」などとよばれ、あからさまに敵視されていたほどである。[18]『民俗台湾』が皇民化政策と衝突したという事態も、こうした背景を抜きには語れない。

『民俗台湾』は、以上のような人脈的・歴史的背景をもって発刊された雑誌だった。そこには当然、たんなる「皇民化政策への良心的抵抗」以外の要素が、含まれていたのである。

2 「良心」の性格

一九四一年五月、発刊に先立って配布された金関らによる『民俗台湾』の趣意書は、以下のように述べている。[19]

……島民が近代文化の恩恵をより多く享受することの出来るやうになることは甚だ歓迎すべきことであると同時に、一面に於て、さまで弊害のない旧慣がその犠牲となつて湮滅すると言ふこともまた自然の成ゆきであつて、致し方のないことである。……然し、既に記載及び研究の能力ある文明国民には、有らゆる現象を記録し、研究すべき義務がある。……現在わが国民が南方に国力を伸展しようと言ふに当つては、その舞台の南志たると南洋たるとを問はず、最も提携の機会と必要性の多いものは支那民族である。彼等を理解し悉知する上に、台湾本島人を予め知ると言ふことは最も必要であり、且つこの便宜を有することは、わが国民の他国に冠絶する強味であるとも言へる。

この趣意書に対しては、台湾の詩人である楊雲萍から、「旧慣」の「湮滅」を前提にしながらの調査という姿勢に「冷い高飛車な」態度を感じるという反発が寄せられ、金関がそれを誤解として反論するという一幕があった。そうした「冷たさ」が金関にあったか否かはあらためて触れるとして、ここでこの趣意書の要点を挙げるならば、以下のようになるだろう。

まず、失われつつある民族文化を記録することは、「文明国民」の義務であること。金関は『民俗台湾』創刊号の巻頭言でも、「民族はそれ自体一の広大な記念物」と形容し、「われわれは記念物を愛護しよう。しかし、その存続が若し天意でないならば……せめてその完全な記録を遺すことに努めよう」と宣言している[20]。

さらに、台湾の漢族を知ることは「支那民族」を知ることであり、南方進出のために必要であること。金関が戦時中の海南島の調査をはじめ、漢族の形質調査に関心をもっていたことはよく知られる。太平洋戦争中の一九四二年一〇月に発行された『民俗台湾』の編集後記には、金関のイニシャルである「T・K」の署名で、以下のように述べられている[21]。

今更云ふ迄もないが、台湾の民俗を研究することは、単に台湾のみに終始する問題ではない。台湾の民俗を研究することによつてわれ〳〵は大東亜民族学の完遂に一役を果すことが出来るのである。本島民俗を研究すること〻島民の皇民化と云ふこと〻が恰も何か抵触するが如くに考へる傾向が従来絶無ではなかつたやうであるが、大東亜の盟主たるわれ〳〵日本人は台湾民俗どころではない。支那民俗、南洋民俗、印度、濠洲の民俗、あらゆる共栄圏内の民俗を開明すべき必要と義務とに直面してゐるのである。

このように、金関は日本の支配圏拡張については肯定的だった。一九四四年三月の編集後記では、ブーゲンビル島民を「皇恩のもとに安住せしめてやり度い」と主張している。にもかかわらず、上記の引用にもあるように、彼らの活動が皇民化政策と抵触するという非難は絶えなかったらしい。『民俗台湾』の編集後記には、「本島人風俗をいまさらに取上げるものは恰も内台一致を阻害するかの如き非難をなす徒輩」への反論が、いくつも散見される。[22]

言論弾圧の激しかったこの当時にあって、こうした非難への反論は、当局も許容するであろう表現形態で行なわれた。その一つが、金関とならんで編集幹部だった池田敏雄によるものとみられる、「本質を顧みず、形式的一致を以つて能事終れりとする如き見方こそ、実は真の内台一致を阻害するもの」という主張であった。一方的な日本文化の強制ではなく、現地の文化を理解することによってこそ真の結合が可能になるというこの主張は、のちに台湾人女性と結婚した池田らしいものであったといえよう。[23]

だが金関による反論は、いささか異なる論理にもとづいていた。金関は前述した一九四三年の柳田との座談会で、自分たちの活動が「つまらない誤解」をされていると述べ、「実際的な時局的協力といふやうなことを、少し明かに示したい」と唱えている。[24] そして金関は一九四二年一一月の編集後記で、マレー半島を占領した日本軍政顧問が民族調査重視を唱えた新聞談話を絶賛し、こう述べている。[25]

……科学性を基礎としない政治と云ふものは危険である。これは恰も経済調査を基礎としない経済政策の危険なこと丶同様である。後藤新平伯の台湾統治方針の根本を「生物学」に置いた意味もこゝから来てゐる。異民族統治に必要な基礎科学は民族学である。マレー軍政当局が先づ民族学研究をその行政の基礎に設定したことは当然のことであるとは云へ、まことに賢明であると云はなければならない。……同時にまた台湾における民俗研究の必要が、行政的必要に結合すると云ふわれ〳〵の理念に対する強固なる傍証が見出されたことにもなる。新時代の軍部や官僚が、かの低調狭量なる自称時局負担者の頭脳を遥かに越えたものであることを知るのは、まことに感激に堪えない次第である。

こうした文章は、金関にとっての民俗調査の位置づけをうかがわせるものである。

もっとも、これを言論弾圧をさけるためのカムフラージュであったとみなす弁護も、成立しえなくはないだろう。たしかに『民俗台湾』の誌上には、こうした金関の文章以外にも、前述した池田によるものを含め、後藤新平らによる旧慣調査を賞賛する記事がしばしば掲載されているからである(26)。

しかし金関を含め、『民俗台湾』に集った日本側知識人には、調査が統治に「活用」されることに対する批判は少なかった。そのことを示すのが、池田敏雄や国分直一らによる、もはやカムフラージュの必要のないはずの戦後における回想記類である。

たとえば国分は、戦後に書いた『民俗台湾』に関する回想記で、後藤新平らの旧慣調査を「世界的にも貴重だと思われる大出版」と絶賛し、後藤自身をも「優れた近代的知性と、広い視野をもった政治家」と評している。国分は旧慣調査の政治的背景を知らないわけではなく、「初期植民地民政の上にもった意義は大きかった」とも記しているが、それと「大出版」という評価の間に、何のコメントも存在しない。国分にとって、旧慣調査が「植民地民政」のために行なわれたことと、それを「大出版」と評することは矛盾していなかった。そして彼は、『民俗台湾』が「日本人の良心」を示すものだったと述べながら、同時にそれが、後藤らの旧慣調査を継いで「〔民俗調査の系譜の〕空白を埋めようとする意図があった」と記しているのである。(27)

おなじく池田もまた戦後の回想記で、後藤らの旧慣調査を「官民に現地民の慣習の理解と尊重を訴えている」と賞賛している。そして彼は、後藤らを賞賛する文章を掲載した『民俗台湾』編集スタッフの心情を、「先人はこれだけの識見をもって民心をつかもうとした、しかるにいまやこれとはまるで正反対の政策〔皇民化政策のこと〕をとろうとしているのではないか、こんなことで南方の占領地の原住民に臨んだのでは、民心を失うのは当然ではないか、いまこそ『民俗台湾』のような雑誌の存在意義があるのだ、ということを、時局に気がねしながらいいたかった」と表現している。(28)ここには、皇民化政策への「良心的抵抗」はあっても、調査に基づく統治への批判は希薄といってよい。

国分や池田にとって、台湾の民俗を愛する「ヒューマニズム」と、調査が「植民地民政」に役立つこととの間に、矛盾はなかった。そこには、慣習をいっさい無視した皇民化政策よりは、調査にもとづいた巧妙な統治のほうが、まだしもベターであるといった政治的判断の苦渋も表れてはいない。おそらく『民俗台湾』に集った日本側知識人の多くを支えていたのは、こうしたややナイーブな「良心」であったと思われる。

だが金関は、このような「良心」とも一線を画した、彼なりの民族政策観をもっていた。調査を基盤とした、民族優生政策がそれである。

3　優生政策と民俗調査

『民俗台湾』創刊の半年前、台湾総督府の機関誌的存在であった『台湾時報』一九四一年一月号が、「皇民化の再検討」と題する特集を組んだ。この特集号に、中村哲と金関が寄稿している。

中村の寄稿である「文化政策としての皇民化問題」は、当時の植民政策学の通説を下敷きに、「一民族の文化的思惟・感情の仕方を変へることは困難」と主張する皇民化慎重論であった。彼はとくに、「宗教政策を誤るならば政治は民族の心理から離れる」と述べ、祠廟や祭典など台湾人の宗教的慣習を調べる必要性を説いている。(29) 前述したように、彼はその後に平野義太郎などと接触して後藤新平の業績を称えることになる。また『民俗台湾』誌上にも、台湾の民間宗教関係の記事が多数収録されていった。

中村が文化政策を論じたのに対し、金関が関心を寄せたのは、皇民化政策の一環として奨励されていた民族間結婚の是非であった。彼は「皇民化と人種の問題」と題したこの寄稿で、こう述べている。(30)

台湾本島人の皇民化（この言葉は余り好きではないが致しかたなしに使用する）に関して、人種学の上から問題にすべきことは大体二つあると思ふ。一つは混血の問題、今一つは優生の問題である。

……何が問題になるかと云へば、混血によつて多くの、而して優秀な子孫が期待し得られるかと云ふことでなければならない。この期待が充たされない処に無闇と混血を奨励することは、種族の没落を早める結果にしかならない。

金関は、「ナチスの場合には異種排撃の為めに純血を擁護すべしと云ふのであるが、わが台湾皇民化問題の場合は事情がまるで反対である。異種排撃ではなくて異種の皇民化と云ふことが規定の方針である。その為めに混血政策を利用すべきか否かと云ふ問題が起こるのである」と述べ、「混血が種族の頽廃と没落を招く場合には、これは皇民化の手段として落第なのである」と強調する。(31)

当時の優生学者たちの間では、人種間の混血は概して忌避される傾向にあり、そのためナチスに対する賞賛や、皇民化政策への批判が潜在していた。しかし一方で、「白人」と「黒人」のような人種間距離の大きい通婚にくらべ、朝鮮人と「日本人」のように類似性の高い通婚は、適度な雑種強勢効果によって、より優秀な子孫が期待できるという主張も存在した。金関もまた、「あまりかけ離れた人種間の混血は考へ物」だとしながらも、通婚促進が「種族の繁栄に好結果を齎す場合」もありうると示唆している。(32)

しかし金関にとっての問題は、日台間の通婚促進が有益か否かを決定するための、台湾漢族の形質調査が不足していることであった。彼はこう述べている。(33)

然るにこの方法〔通婚〕を採用すべきか否かを決定する為めの資料は少いのである。……本島人と内地人との体質がどの位かけ離れてゐるかゞ実は不明なのである。私の教室ではこの問題の解決に役立つ仕事をやつてゐるが、当局が今少し積極的に援助して呉れると、結果はもつと早く出るだらうと思つてゐる。

……内地人と本島人との間の血を論ずる場合には先づその実例を調査して帰納するのが最も安全な方法である。本島人の子女を娶つた内地人の家庭、内地人を娶つた本島人の家庭の実例について、その子孫の繁殖率・優劣性等を個々に調査して統計学的に考察する必要がある。その事もわれわれは試みようと思つてゐるが、これも広く各方面の援助がなくては出来る仕事ではない。

このような主張を抱いていた金関が、『民俗台湾』のスタッフであった池田敏雄が台湾人女性と結婚したことをどのように見ていたかは、推測のほかはない。金関はナチスによる純血防衛政策以前のドイツにおいて、「独逸の優良な少女が猶太人《ユダヤ》の金権のための政略結婚の犠牲に供せられ」たと述べ、「将来内地人の優秀な少女が多く本島人に吸収されると云ふことも有り得ぬことではない」と唱えている。(34)

しかし金関の関心は、通婚問題だけではなかった。彼がそれと同時に提唱したのは、台湾人そのものを、大日本帝国の優秀な労働資源とするための優生政策である。(35)

然し混血問題とは別に、現在の事情の下に於いて、本島人の体位と才能を向上せしめ、優秀なる皇民を創造する為めの優生政策を施行することは、極めて喫緊事であると信ずる。

聞くところに拠ると本島人の近年の繁殖率は非常なものであるらしい。……しかしこれだけの出産には必然のことゝして非常な消費が伴ふものだと云ふことを知らなければならない。……将来彼らが国家にとつて有能者たることを期待し得るからこそ、われわれはこの負担を忍ぶのである。一生を病院で送り、刑務所で終るものゝためには、われわれはこの犠牲を払ひ度くないのである。……何ら有能ならぬものがいくら殖へ、いくら国語を話し、内地姓を名乗つても、それは何の役に立つものではない。

早い話が、例へば最近の調査では本島人間に遺伝的悪体質の一つである色盲の患者が非常に多いと云ふ噂がある。……本島人の筋肉的労働能率は内地人の夫れに比して格段に劣ると云はれてゐる。若しこれが真であるならば、筋肉の強力なものゝ子孫を特に増殖せしめる方策を早速考慮しなければならないのではないか。その結果仮りに五十万人の労働能率が従来よりも二〇パーセントだけ増加したとする。するとわれわれは十万の人間を二十年間扶助する負担から免れたと同様の利益を得るのである。

金関によれば、日本民族と現地民の「混血政策による人種の融合」の是非、そして支配下においた民族の「優生政策による人種の改造」による有効利用は、「本島人皇民化に関する最も重大な問題」であると同時に、「南方に於いてわが国民が数々の新しい民族と接触する必要に迫られてゐる今日の情勢に鑑みて、これはまた台湾人の皇民化のみに限られた問題でもない」[36]。そして混血問題のみならず、現地民に対する優生政策を遂行するうえでも、民俗調査は必要である。なぜなら、漢族の婚姻慣習を知らないかぎり、有効な優生政策は立てることはできないからである。
もともと、金関らが寄稿した総督府の実質的な機関誌的存在だった『台湾時報』でも、台湾の家族制度について記事を掲載していた経緯があった。[37] なぜなら、支配の基本である民法の整備や、住院登録としての戸籍をつくるために、家族制度を調査する必要があったからである。とくに皇民化政策期には、朝鮮での創氏改名にならって台湾でも改姓名運動が行なわれており、姓氏制度が注目される状況があった。また志願兵制度や徴兵制度の施行のためには、たんに住民登録としての戸籍を充実させるだけでなく、かつて日本内地の徴兵制度が長男や家長を徴兵免除にして次男などを動員したように、住民の抵抗がもっとも少ないかたちで動員できる男性資源を特定するために、漢族の家族制度を熟知する必要があった。
また当時の優生学者たちの間では、遺伝病その他の「劣性」な遺伝的要素を排除するべく、「良質」な素質を持つ者から配偶者を選択させる「優生結婚」の指導が説かれていた。皮肉にもこの場合、彼らが戦わねばならなかったのは、遺伝的素質を無視した結婚を促進させてしまう、旧来の家族制度であった。当時の台湾でも、漢族には同姓者の結婚を制限する同姓不婚原則や、聘金によって少女を買いとる一種の売買婚制度があるとされていたが、金関はこれらを踏まえて、婚姻および家族制度調査の必要をこう説いている。[38]
また例へば、同姓間の結婚への謂れない嫌悪の如き無意味の陋習を打破して、良質配偶選択の範囲を拡張する必要はないか。聘金其他の情実或は無智の犠牲となつて不合理不健全な結婚生活を送る本島人子女に、保護と指導を与へて正しい健全な結婚を享受せしめる必要は果してないか。……彼等に対して如何なる結婚を奨励し、如何なる結婚を避けしむべきか。またその指導を如何に実行すべきか。之れに対して当局の採るべき道は唯一つである。台湾に於ける厚生科学の確立と、その研究に基づく強力なる優生政策の施行とである。

この後、『民俗台湾』のなかでもっとも充実した特集の一つとなったのは、一九四三年一一月号に掲載された、媳婦仔とよばれる養女制度のかたちをとった売買婚の実態調査であった。この号の編集後記はまた、台湾家族制度の調査は「徴兵制の実施を目前に控へ……重大な意義を有する」とも述べている。(39)

「優生政策の施行」についていえば、金関がこの寄稿を行なった前年の一九四〇年に、厚生省と優生学者たちの政治力により、遺伝病者の結婚制限や断種手術の規定を盛りこんだ国民優生法が本国で制定されていた。金関もまた、台湾でも「優生上望ましからぬ者の結婚禁止の法案の如きも或は必要となつて来るのであらう」と説いている。(40) このことは、内地の優生学者たちと金関の連係を想像させるが、前述したように、金関の師である清野謙次は優生学者の団体である日本民族衛生協会の結成当時からの評議員であり、混血防止と優生政策の提唱者であった。

この日本民族衛生協会が毎年開催していた学術大会では、日本の勢力圏各地における混血や人口増殖率などの調査報告が、多数行なわれている。たとえば『民俗台湾』発刊直後にあたる一九四一年一一月に開催された第一〇回大会での報告タイトルを列挙すれば、「南洋に於ける混血児所見」「日本人と欧米人及印度人との混血児に於いての人類学的研究」「朝鮮人の真の人口増加率」「満州人に行へる出産力調査の結果概要」「台湾移民村に於ける人口に就いて」などのほか、「南洋（サイパン）に於ける日本女学生の初潮に就いて」「優良児家系調査」「遺伝性精神病頻度の地域的動揺及びその成因に就いての考察」「日本人犯罪者の犯罪種別に因る体格的差異」といったものがならんでいた。

そしてこの大会において、金関もまた、海南島の住民に関する形質調査の報告を行なっていたのである。[41] このことは、『民俗台湾』発刊当時の金関が、本国の優生学者たちと連絡を保っていたことを示している。

なお前述したように、金関は一九四三年一〇月に東京に赴き、中村哲とともに柳田国男の自宅を訪ね、「大東亜民俗学の建設と『民俗台湾』の使命」と題した座談会を一〇月一七日に行なっているのだが、この年の一〇月一日には厚生省研究所で日本民族衛生協会の第一二回大会が行なわれており、金関はこの大会へ出席のため上京したおりに柳田を訪問した可能性がある。こうして行なわれた座談会において、『民俗台湾』の活動が皇民化への妨害であるという批判を、金関が「つまらない誤解」と形容したのは、当然であったというべきだろう。

おそらく、日本民族衛生協会で勢力圏各地の形質や人口の調査が報告されている状態を知っている金関は、文化や慣習についても地域横断的な調査活動を組織することを構想したのではないかと思われる。そして、優生学・形質人類学と民俗学の双方に通じている彼が、両者の接合役になることも考えられたであろう。柳田との座談会で、金関がアジア各地の民俗調査を連係させる「大東亜民俗学の建設」を提唱し、台湾での調査を「大東亜圏民俗学とでもいふやうなものを目標として進むには非常にいゝ稽古台である」と位置づけたのは、こうした事情を踏まえてのものだったといえる。柳田もまた、調査者を養成するにあたり「自分等の研究がニューギニアの統治にも、セレベスの統治にも役立つと思へば、張合がつくと思ふ」と述べ、「少し忍耐すれば政治家が利用してくれますから、事実を正確に伝へるといふ方法で、我々はいくのがいいのではないか」と、金関の政治指向を半ば抑えつつも激励している。[42]

4 「支配」と「独立」

金関にとって『民俗台湾』での調査活動は、以上のような政策構想を背景としたものだったといってよい。

だが彼は『民俗台湾』の協力者たちに、自分の民族優生政策構想について、語ることはなかったようである。金関は編集人として雑誌の中心人物だっただけでなく、彼の台北大学人種解剖学教室は編集スタッフや知識人たちのサロンとして開放され、編集会議もそこで行なわれていた。しかし国分直一は戦後の回想記で、金関が皇民化政策への良心的抵抗から『民俗台湾』の創刊に参加したと「筆者には考えられた」と述べながら、「あの緊迫した当時のことであるから、その思いは深く、金関の胸の奥に秘められたままであった」と記しており、金関が編集現場では活動意図について何も話さなかったことがわかる。[43]

金関の民族優生政策論が『台湾時報』に掲載されたのは、一九四一年の一月号である。そして出版計画の立ち上げ役であり、編集実務の担い手だった池田敏雄の回想によれば、池田が金関を訪問して雑誌出版の計画をもちこんだのは、一九四一年の春だったという[44]。かねてから調査の手足となる協力者と組織の必要を感じていた金関にとって、池田のプランは渡りに船というところであったろう。

そして池田の側は、のちに台湾人女性と結婚したという彼の指向からいっても、金関の意図を知らなかったのではないか。おそらく『台湾時報』に金関とならんで寄稿した中村哲はともかく、国分や池田をはじめとした『民族台湾』のスタッフたちの大半は、金関の沈黙に対して自己の「良心」を投影し、それを疑わぬまま協力していたのだと思われる。金関もまた、冷徹な優生政策の信奉者であると同時に、ややディレッタンティズム的な民俗への関心をもつ人間でもあったから、編集現場では後者の顔だけをみせていれば十分であったろう。

しかしおそらく、金関が調査目的について語らなかったのは、こうした「良心」的な協力者たちを離反させないためだけではなかった。というのも、金関の構想にとっては、日本側以上に現地の協力者が不可欠だったからである。彼はすでに発刊趣意書の時点から「有能なる研究家は台湾本島出身者以外の者ではあり得ない」と強調し、柳田との座談会でも「どうしても本島人の学者を育てなければならない」と述べている[45]。『民俗台湾』には現地の漢族知識人による調査報告の寄稿もなされていたが、その比重は高いとはいえないレベルにとどまっていた。しかし有効な調査のためには、たんなる情報提供者やガイドの調達のみならず、もう一歩進んで調査の下請け役となる現地人民俗学者を養成する必要があると金関は考えていたのだと思われる。しかしそうであればなおさら、彼の優生政策論など、編集現場で表明できるはずもなかった。

漢族知識人で『民俗台湾』の発起人の一人であった黄得時は、戦後の座談会で、『民俗台湾』に民族的偏見はなかったのかという質問に対し、「あえていう、ぜったいにそのような事情はなかった」「もしそうでなければ、民俗台湾が総督府当局から、皇民化政策を妨害するものとして、たえず圧迫と白眼視を受けるはずはなかった」と述べている。(46)金関の沈黙は、現地協力者からこれだけの信頼を獲得しえたともいえるが、そうした金関の出版趣意書の背後に「冷たさ」をかぎとった楊雲萍の直感は、正確であったといえるだろう。そして池田や国分などの日本側スタッフ、台湾側寄稿者などは、それぞれ金関とはまったく異なった思惑と期待を抱いて、『民俗台湾』に参加していったものと思われる。

そしてもっとも皮肉なのは、戦後に国分などが『民俗台湾』について行なった評価、すなわち漢族の人々に文化的アイデンティティを確認させる機能を果たし、ナショナリズムのはけ口となりえていたという位置づけが、誤りとはいえないという事実である。この雑誌は当時から、おそらく金関の意図とは関係ないところで、結果として皇民化政策への「抵抗」となっていたために、台湾知識人の間に多くの購読者をもっていた。池田が台湾の各地を回ったさいには、「日本人にもこんな良識が存在するのか」「初めて日本人に対して愛情が湧いた」といった声とともに歓迎されたという。(47)国分や池田の「良心的抵抗」説は、こうした状況のなかにいた彼らの実感にもとづくものであった。

そして『民俗台湾』は戦後の台湾においても、漢族の民俗文化を再確認し、ナショナル・アイデンティティを構築するための資料として高い評価をうけ、後藤らの調査をまとめた『台湾慣習記事』とともに復刻されていたのである。池田によれば、台湾での戦前における日本語雑誌の復刻は、この二誌が初めてであったという(48)。

こうした事態は、たんなる運命の皮肉などではない。金関をはじめ、植民政策における民族調査は、統治対象となる民族集団の特徴を把握すること、すなわちナショナルな同一性を確定することを目的とする。それがどのような意図によって行なわれたものであろうと、いったん「科学的」「系統的」に表象されたナショナル・アイデンティティは、そのまま調査された側のアイデンティティに転化しうるのである。それはあたかも、植民地支配の過程で支配者側が恣意的に引いた国境線が、そのまま新興独立国の「国のかたち」となり、ナショナル・アイデンティティの核となってゆくことにも似ている。

金関らの行なった調査は、協力者たちと彼自身の力量不足によって非系統的なものにとどまったにせよ、台湾漢族を「日本人」とは別個の民族と位置づけて、その特性を調査しようとしたものであった。そしてそうであるがゆえに、民族としての抹消を唱えた皇民化政策と衝突し、戦後の台湾ナショナリズムから高い評価を得た。それは偶然ではなく、必然というべき事態なのだ。

ヨーロッパ諸国による植民地支配でも、統治の過程で行なわれた調査記録が、その後の新興独立国において民族的アイデンティティ再建のために活用された事例は存在しており、その意味では台湾での『民俗台湾』や『台湾慣習記事』の復刻もその一例にすぎない。そして冒頭に引用したレヴィ＝ストロースの主張からいえば、『民俗台湾』の活動は、失われゆく文化を記録し、後世の現地の人々から高い評価を得るという、まさに人類学調査が理想とするコースをたどったことになる。だがはたして、われわれはこの意図と結果の組合わせを、どう評価するべきだろうか。

金関自身については、戦後にもう一つの後日談がある。第二次大戦の敗北後しばらく、日本の人類学者たちは戦前のような海外調査が行なえなくなり、国内調査に集中した。一九五四年、沖縄を調査した金関は、八重山群島の住民が台湾の山岳先住民族と同じく、南方から渡来したインドネシア系民族であるという説を発表した。金関は、現地調査のあとこう述べたのである。(49)

この島の人々が、お互の間ではなす話を、わきで聞いていると言葉はもちろんわからないが、そのイントネーションが、台湾の高砂族などの話すインドネシア系の言葉のそれに、そっくりで、ときどき台湾の蛮地にいるような錯覚をおこさせる。八重山語も日本語系の言葉に違いないが、われわれには外国語も同様である。同じ日本語が、どうしてここまで変ったか、ということについては、私はことによると、インドネシア系のイントネーションを棄てかねた人々が、新に異系の日本語を採用したとき、その話法にそうように新来の言葉を変化させたのではあるまいか、これが琉球語のおこりではないかと考えはじめた。

この「学説」の妥当性や、金関がこれを発表した意図については、ここでは問わない。重要なのは、こうした言説が、沖縄側のアイデンティティ形成に、どのような効果をもったかである。

当時、沖縄は一九五二年のサンフランシスコ講和条約発効で日本から分離されたばかりであり、米軍による土地収容が進むなかで、日本への復帰運動が台頭していた。そして復帰運動の論拠となっていたのは、沖縄住民は民族的に「日本人」であるから日本に帰属するのが当然であるという論理であり、米軍側はそれとは逆に、沖縄住民は「日本人」とは別個の民族であるという見解をとっていた。戦前の沖縄人差別の記憶ともあいまって、この状況のなかで沖縄住民を本土の「日本人」とは別個の民族、しかも「台湾の蛮族」に近い民族として描くことなど、タブーだったのである。

当然ながら、金関の説には、沖縄側から反論がなされた。八重山出身の言語学者である宮良当壮は、沖縄の言語が日本語の「方言」であることを強調し、「これだけでも、わが南の島の人びとが〝化外の民〟でなく、本当に血のつながりのある、れっきとしたヤマト民族であることがわかるのである」「骨髄までも日本語がしみとおり、血の一滴にも日本語が宿っているのは祖先以来の生えぬきである証拠である」と述べ、以下のように金関を非難したのである。(50)

……琉球民族を台湾の蛮族と同じ血のつながりのあるもののようにほのめかし、そして現在行われている日本語系の琉球諸島の言語は、恰も蕃語という地金の上に、日本語という金のメッキをしたものであるかのようにいいふらしているのは曲解であると断言するものである。……殊に今や国際情勢は端倪し得ざるものがあり、琉球は鷲ににらまれた雀のように打竦んでいる。たといウソでも言いがかりにならないとは限らない。かかる真実を把握していない臆説を軽々しく発表することはつつしむべきであろう。

このような、「日本人」への同化指向と形容されてもやむをえない反論を、かつて『民俗台湾』が同化政策と衝突したときのように、金関が「つまらない誤解」と感じたかどうかは、定かではない。しかしここでも皮肉なのは、金関の主張のその後である。この「沖縄人＝非日系南方人説」ともいうべき言説は、やがて沖縄の南方的要素を重視する「ヤポネシア」論や「異族」論と間接的に結びついて、沖縄側が「ヤマト」とは別個のナショナル・アイデンティティを築くさいの土台とされていったのであった。(51)

支配のために行なわれた調査が、「良心」的抵抗として評価され、調査される側のアイデンティティを形成してゆく。排除の視線と独立の指向が、意識されないまま共犯関係を築きあげる。金関丈夫と『民俗台湾』のたどった経緯は、たんに一人の優生学者が抱いた調査の欲望という忌まわしい歴史だけでなく、他者への理解と表象が行なわれるさいに発生するディスコミュニケーションの深さをも、示唆しているのである。

（篠原徹編『近代日本の他者像と自画像』柏書房、二〇〇一年、所収）

注

（1）大橋保夫編、三好郁朗・松本カヨ子・大橋寿美子訳『クロード・レヴィ＝ストロース日本講演集　構造・神話・労働』（みすず書房、一九七九年）二六—三〇頁。

（2）国分直一による『民俗台湾』関係の論考としては、「中村哲先生と『民俗台湾』の運動」（『沖縄文化研究』一六号、一九九〇年）や「金関丈夫先生と『民俗台湾』の運動」（『民俗台湾』復刻版第三巻、武陵出版社、一九八八年）などがあり、綾部恒雄編『文化人類学群像③』（アカデミア出版会、一九八八年）でも金関丈夫の解説を担当している。『沖縄文化研究』一六号は「中村哲先生記念特集号」で池田鳳姿「『民俗台湾』創刊の背景」も収録されている。また『台湾近現代史研究』四号（一九八二年）の「池田敏雄氏追悼記念特集号」では、池田による遺稿「植民地下台湾の民俗雑誌」および「敗戦日記」などが収録されており、池田麻奈による解題が付されているほか、国分や池田鳳姿も寄稿している。歴史学者による『民俗台湾』研究としては、高崎隆治『戦時下の雑誌　その光と影』（風媒社、一九七六年）、ねずまさし「皇民化政策と『民俗台湾』」（国分直一博士古稀記念論集編纂委員会編『日本民族文化とその周辺　歴史・民族編』、新日本教育図書、一九八〇年）、張美恵「金関丈夫氏と『民俗台湾』と台北帝大と」（『日本歴史』五九五号、一九九七年）などがあるが、その位置づけは国分と大きな違いはない。なお金関の主要著作は全一二巻の『金関丈夫著作集』（法政大学出版局、一九七七―八二年）にまとめられているが、本論に引用したものをはじめ未収録文献が少なくない。

（3）川村湊『「大東亜民俗学」の虚実』（講談社、一九九六年）一一八―一三九頁。この川村の位置づけに対しては、国分からの反論「『民俗台湾』の運動はなんであったか」（『しにか』一九九七年二月号）が寄せられ、川村は「柳田民俗学の見えない植民地主義を問い直す」（アエラムック三二『民俗学がわかる。』、一九九七年）で再反論を行なっている。

（4）国分前掲「中村哲先生と『民俗台湾』の運動」四〇頁。

（5）当時の植民地支配の潮流については小熊英二『〈日本人〉の境界』（新曜社、一九九八年）を参照。

（6）イギリスの植民地官僚養成システムについては浜渦哲雄『英国紳士の植民地統治』（中公新書、一九九一年）参照。

（7）伊能嘉矩の台湾調査については松田京子「領台初期の台湾先住民調査」（『台湾史研究』一四号、一九九七年）参照。

（8）この旧慣調査については春山明哲「台湾旧慣調査と立法構想」（『台湾近現代史研究』六号、一九八八年）参照。明治初期の法学者と人類学調査の関係については、坂元新之輔「穂積陳重と日本人類学の起源」（『民族学研究』六四巻四号、二〇〇〇年）がある。

（9）鳥居の台湾関係の調査記録は『鳥居龍蔵全集』（朝日新聞社、一九七五―七七年）第一一巻に収録されている。
(10) 例として中生勝美「民族研究所の組織と活動」(『民族学研究』六二巻一号、一九九七年)や中生勝美編『植民地人類学の展望』(風響社、二〇〇〇年)などを参照。
(11) 後藤の行政思想については後藤新平『衛生制度論』(忠愛社、一八八〇年)などを参照。
(12) 鶴見祐輔『後藤新平伝』(後藤新平伯伝記編纂会、一九三七年。復刻版は勁草書房、一九六五年)第二巻三九九頁。
(13) 『新渡戸稲造全集』(新渡戸稲造全集編集委員会編、教文館、一九六九—七〇年)第四巻一五四頁。前掲『後藤新平伝』第三巻二九六頁。
(14) 『矢内原忠雄全集』(岩波書店、一九六三—六五年)第一巻三一〇頁。こうした植民政策学の同化主義反対論の潮流については小熊前掲書第七巻参照。
(15) 小熊前掲書第一〇章参照。なお池田敏雄も「柳田国男と台湾」(国分直一博士古稀記念論集編纂委員会編前掲書)で柳田と安東の関係に言及している。
(16) 平野義太郎・清野謙次『太平洋の民族＝政治学』(日本評論社、一九四二年)。優生学の動向と清野謙次については小熊英二『単一民族神話の起源』(新曜社、一九九五年)第一三章参照。
(17) 後藤新平『日本植民政策一班・日本膨脹論』(日本評論社、一九四四年)付録の中村による序文一頁。
(18) 小熊前掲『〈日本人〉の境界』第一六章および『単一民族神話の起源』第一三章参照。
(19) この発刊趣意書およびそれをめぐる楊と金関の論争全文は、『民俗台湾』二号および三号に掲載されている。引用は二号四二頁より。
(20) 金関丈夫「巻頭語」(『民俗台湾』一号、一九四一年七月)。
(21) 「編輯後記」(『民俗台湾』一六号、一九四二年一〇月)四八頁。
(22) ブーゲンビルについての言及は「編輯後記」(『民俗台湾』三三号、一九四四年三月)四八頁。「金関」の署名が付されている。後者の引用は「編輯後記」(『民俗台湾』四号、一九四一年一〇月)四〇頁。
(23) 「編輯後記」(『民俗台湾』四号、一九四一年一〇月)四〇頁。ほかに池田敏雄のイニシャルである「T・I」の署名で、第三号の「編輯後記」では、「伝統を無視したゞ徒らに全ての旧慣を打破すること」を批判し、「習俗に対する深き理解」が必要だと説かれている。

(24)柳田国男・橋浦泰雄・岡田謙・中村哲・金関丈夫「柳田国男氏を囲みて――大東亜民俗学の建設と『民俗台湾』の使命」(『民俗台湾』三〇号、一九四三年一二月)九頁。
(25)「編輯後記」(『民俗台湾』一七号、一九四二年一一月)四八頁。「T・K」の署名がある。
(26)後藤新平の旧慣調査に言及した記事としては、『民俗台湾』第八号(一九四二年二月)の「編輯後記」や、第二一号(一九四三年三月)および第二八号(一九四三年一〇月)の「巻頭語」などが挙げられる。
(27)国分前掲『文化人類学群像③』二五二―二五三頁、国分前掲「中村哲先生と『民俗台湾』の運動」三八、三九頁。
(28)池田前掲「植民地下台湾の民俗雑誌」一二六、一四一頁。
(29)中村哲「文化政策としての皇民化問題」(『台湾時報』一九四一年一月号)九頁。
(30)金関丈夫「皇民化と人種の問題」(『台湾時報』一九四一年一月号)二五頁。
(31)同右論文二五頁。
(32)同右論文二六、二五頁。
(33)同右論文二六頁。
(34)同右論文二七頁。
(35)同右論文二七―二八頁。
(36)同右論文二九頁。
(37)たとえば総督府嘱託であった鷹取田一郎の「同姓結婚に関する解惑」(『台湾時報』一九二二年一月号―二月号)や、片岡巌「同姓不婚の意義」(『台湾時報』一九二二年一月号)などがある。とくに一九二〇年代前半は、田健治郎総督のもとで内地の民法と商法の台湾への施行が検討され、内地の民法上の親族規定が台湾に適合するか否かの問題が発生していたことが、家族制度が議論に上る背景となっていた。
(38)金関前掲「皇民化と人種の問題」二八―二九頁。
(39)「編輯後記」(『民俗台湾』二九号、一九四三年一一月)四八頁。この後記は無署名である。
(40)金関前掲「皇民化と人種の問題」二九頁。清野については小熊前掲『単一民族神話の起源』第一三章参照。
(41)大会報告目録は「第一〇回日本民族衛生協会学術大会記事」(『民族衛生』一〇巻三号、一九四二年六月)一八一―一八四頁。金関は報告第二七番「海南島住民の手掌紋に就いて」を報告している。当時、指紋や手掌紋は優生学および形質人類学方面において、個人の同一性や民族的特徴（特定の民族にある種の指紋型が多いなど）を示す形質として、注目されていたテーマであった。

(42) 前掲「柳田国男氏を囲みて」四、一四、一一頁。

(43) 前掲『文化人類学群像③』二五三頁。

(44) 池田前掲「植民地下台湾の民俗雑誌」一三五頁。

(45) 金関丈夫「民俗への愛」（『民俗台湾』二号、一九四一年八月）四五頁、前掲「柳田国男氏を囲みて」一四頁。

(46) 池田前掲「植民地下台湾の民俗雑誌」一二四頁より重引。なお楊雲萍は、金関が「皇民化と人種の問題」を寄稿した『台湾時報』一九四一年一月号に、「台湾文化の先覚者　伊能嘉矩」という時局的記事を書いており、金関の民族優生政策論を読んでいた可能性がある。

(47) 池田麻奈「『植民地下台湾の民俗雑誌』解題」（『台湾近現代史研究』四号、一九八二年）一二〇頁。

(48) 池田前掲「植民地下台湾の民俗雑誌」一二四頁。

(49) 金関丈夫「波照間」（『朝日新聞』西部版、一九五四年四月一四日）。谷川健一編『起源論争』（叢書『わが沖縄』第三巻、一九七一年）に収録。引用は同書四頁。

(50) 宮良当壮「琉球民族とその言語」（『民族学研究』一八巻四号、一九五四年）。引用は谷川編前掲『起源論争』一六、二五、二九頁。なお、金関は隋書の「流求」が台湾であるという説にも疑問を呈し、宮良がそれに反論している。この隋書「流求」論争については小熊前掲『〈日本人〉の境界』第二章および同章注28を参照。

(51) 「ヤポネシア」という言葉を最初に唱えた島尾敏雄は、とくに考古学的な刺激からそれを思いついたわけではないようだが、奥野健男との対談では「インドネシアあたりの踊りを見ていると、これはやっぱり沖縄はここに根っこがあるんだ」と述べている。島尾敏雄『ヤポネシア序説』（創樹社、一九七七年）二一五頁。また、一九七〇年前後の新左翼系の沖縄論に大きな影響を与えた吉本隆明の沖縄論である「異族の論理」は、金関の説を引用した石田英一郎の議論から自分の構想を説いている（吉本隆明『情況』、河出書房新社、一九七〇年）。どちらにせよ金関の直接の影響とは必ずしもいえないが、伊波普猷から発した「沖縄人＝北方渡来日本人説」が主流だったなかで、金関の主張が「沖縄人＝非日系南方人説」が戦後に流布してゆく発端をなしたことは注目されてよい。

柳田国男と「一国民俗学」

自国民自身が調査する「各国独立《ナショナル》」の学問

柳田国男とその「一国民俗学」というものを考えるとき、思い浮かべるのは、「国民」というものの二重性と、日本という国の微妙な位置である。

「国民」という言葉は、現在でも二種類の意味で用いられる。一つは、外国人にたいして「日本という国家に所属する人間」という意味であり、この場合は外国人との区別ないし排除という側面が浮かび上がる。もう一つは、特権階級にたいする「民衆」という意味であり、この場合は「国民の幸福」すなわち「経世済民」が重視される。

そして日本という国、とくに戦前のそれは、有色人種でありながら植民地をもつという、微妙な位置にあった。そのため、戦前の知識人は国際関係において、「欧米」ないし「白人」からの人種差別をいかに克服するかという問題と、アジア諸国や朝鮮・台湾との距離をどう保つかという問題の、二重の課題を背負っていた。柳田の思想もまた、こうした課題のなかで生まれてきたものである。

一九一〇年代まで山人論に熱中していた柳田が、日本の「常民」を対象とする方向へ転じたのは、一九二〇年代の半ばであった。この時期の講演類を集めた『青年と学問』で、柳田は自己の新しい方法論を語っているが、そこで彼は「フォクロアは本来各国独立（ナショナル）の学問」であると述べ、その特徴と意義を明らかにしている[1]。

まず学問的特徴としては、こんにち文化人類学とよばれる学問分野との相違が述べられている。柳田によれば、人々の風俗や習慣などを記録する学は、「異国異人種の社会を討究する学問」、とくにヨーロッパ諸国が植民地の「土人」を研究する学問として始まった。しかし彼は、これに批判的な姿勢をとっている。それは多くの場合、人種偏見を含んでいただけでなく、柳田によれば、現地文化の理解に限界をはらんだものであった。彼は、「昔は白人も甚だ乱暴で一言も土語を知らぬ者が、合の子や改宗者を通弁に雇つて、暫く滞在すればすぐ見聞記事を書いたものだ」「次には土語の習得を手段として、各段階の住民に接近するといつても、是とても限りあるものだ」と断言している。

この背景には、明治から当時にかけての日本が、「白人」のオリエンタリズムと偏見によって〝調査される側〟だったことが存在する。柳田が、ラフカディオ・ハーンから後年はルース・ベネディクトに到るまで、「白人」による日本研究に抵抗感をもっていたことはよく知られる。それにたいし彼が提示したのは、自国の学者によって自国の風俗を調査することであった。その担い手は、一方で自国の言語や風習の機微に通じ、また一方ではヨーロッパの学問的手法に精通した、「片手を世界の思想学問にかけた自国人」である。すなわち、たとえばイギリス人がインドを、日本人が満州を調査するのが「文化人類学」ないし「民族学」であるとすれば、イギリス人がイギリスを、日本人が日本を調査するのが「民俗学」であり、まさに「各国独立《ナショナル》」の学問であることになる。

ナショナリズムを再建する効果

それではこの民俗学は、どのような意義をもつか。柳田は、学問はあくまで「経世済民」の役に立つべきだという主張をもち、「高踏派の上品な娯楽」や「趣味を同じうする有閑階級に向つて、初売小売を為すべき一種の商売」であってはならないと考えていた。彼がこの時点で考えていた民俗学の社会的意義は、大きく二つ存在する。

一つは、「人類学の比較研究を盛んにして、日本人中によき学者を作り、白人等の好奇心に乗じて新しい智識を先づ彼らに供与しよう」「一歩を進めて協同して人種差別論の当不当を考へることにしよう」という、人種差別撤廃の効果である。その背景にあったものは、一九二四年のアメリカ移民法改正で日系移民がシャットアウトされたため、当時の日本で「白人」からの人種差別が強く意識されていたことであった。また柳田自身、二〇年代前半には国際連盟の委任統治委員としてジュネーブに滞在し、やはり「白人」から差別を受けたという意識を抱いて帰国したばかりであった。すなわち、「白人」による偏見に満ちた調査に身をまかせず、有色人である「日本人」自身の手で正確な自国調査と比較研究を行い、それを提示することで人種差別を是正しようというのである。

そしてもう一つの意義は、「自分たちの一団が今熱中して居る学問は、目的に於ては多くの歴史家と同じい。只方法だけが少し新しいのである」「〔歴史は〕生徒を日本の好《よ》き青年たらしめ、更に尚将来の『好《よ》き日本人』たらしむる為に、特に設けられている科目である」という表現に見られるように、ナショナリズムを再建する効果である。これにも時代背景が存在し、それは第一次大戦後の経済不況と、一九二五年の普通選挙法の施行であった。

柳田の見解では、経済不況は共同体意識を解体し、エゴイズムとアノミー（無規範と混乱）の蔓延をもたらす。すなわち「村に居ても、他人に接する態度に於て、十分に同胞同国人といふ親しみを抱く能はざる者が出来る」「淋しい感じをして自分のみ孤立して此世に現れたかの如く、思つて居る青年が多くなる」「一言でいふならば周囲の人々に対する思ひやり同情の足りなくなる」といった状況が発生するのである。

また一方で普通選挙は、「今まで全然政治生活の圏外に立つて」いた人々を「選挙場へ悉《ことごと》く連れ出」すことになり、この人々に「此国土この集団と自分々々の関係を、十分に会得」させないと衆愚政治の出現となりかねず、「国民の盲動といふことが非常に怖ろしいものになつてくる」。どちらにしても、人々に「日本人」という共同体意識と公共性を形成させないかぎり、国家に混乱が発生するのである。

こうしたナショナリズムの再建は、時代の要請に沿ったものであった。普通選挙以前、すなわち、「国民」ないし「常民」が政治生活の圏外にいたあいだは、天皇と官僚の命令にしたがう受動的な「日本人」意識で事が足りたが、彼らの票が政治を左右する段階では、それはもはや不十分となる。

そして、支配階級の書き残した文書をもとに歴史を探究する歴史学は、そうした「常民」たちの歴史をカバーしておらず、彼らに主体的な「日本人」意識を形成させる学としては機能しない。それゆえ、文字のない社会の歴史を研究する文化人類学の手法を応用し、「常民」たちの歴史を探る学問が必要となるわけである。この学問こそ、「新しい手法」による歴史研究である民俗学にほかならない。

こうした柳田の民俗学構想は、まさに〝日本人の、日本人による、日本人のための〟学問であるといってよい。この学問が、冒頭に挙げた「国民」の二重性においては「民衆」の側面を、そして日本の位置においては「有色」の側面をつよく意識したものであることは、いうまでもないだろう。

比較研究を事実上棚上げに

しかしながら、こうした柳田の初発の構想は、そのままには進展しなかった。もっとも顕著なのは、当初にあった比較研究の指向が失われていったことである。

前述のように、柳田は『青年と学問』において比較研究の必要を説いていたが、それが可能であるという前提は、人類には民族が異なっても共通の「民俗進化」の経緯があり、それゆえ「一の国に既に消失したものは次の国の同一事情の下に保存せられて居」るはずだという進化主義であった。

柳田の構想では、これは二つの狙いをもっていた。一つは「今まで怖ろしい蛮民の中にのみ、行わるゝものときめて居た……風習が、〔かつては〕白人の諸国にも実は弘く行はわれて居た」ことを

「白人」自身に知らしめ、人種偏見を中和させること。そしてもう一つは、欧米にくらべ近代化による文化の消失が進んでいない日本のほうが、「〔ヨーロッパの民俗学者が〕片田舎の貧家の老媼を捜しまはつて、漸《ようや》く僅かなものを見付けて珍重するに比べると、固《もと》より同日の談ではない」ほどに材料を容易に集めることができ、したがって輸入学問全盛の日本の学界においては珍しく、「白人」に対し学問的優位を占められるというものであった。

しかし一方で、こうした単線的な進化主義を強調しすぎると、必然的にヨーロッパがもっとも先進地域だということになってしまう。そのため柳田は同時に、「世界多くの民族には、それ〲別の人種であるが故に、即ち又別の文化の流れがあつた」「欧羅巴《ヨーロッパ》人の学問が前以てきめて置いたやうな、途筋ばかりはあるいて居なかつた」「日本独特のエスノロジーが今将に起こりつゝある」と、文化相対主義的な主張も行っている。比較研究のためには進化主義という人類普遍の基盤が必要だが、それを導入すると「各国独立《ナショナル》」という民俗学のアイデンティティーが損なわれるという、まさに根本的ジレンマが当初から胚胎していたのである。

結局、柳田は三〇年代に入ると、まずは日本において「一国民俗学」を完成すべきであり、「比較民俗学」は遠い将来の課題であるというかたちをとって、比較研究を事実上棚上げにしてしまった。もちろんその背景には、排日移民法によって一時的に盛り上がった日本の人種差別問題への関心が鎮静し、柳田にとってもジュネーブ体験が過去のものになっていったことも関係しただろう。もともと彼の考えた民俗学は「各国独立《ナショナル》」のものではあったが、さらに初発の構想から比較研究の指向が除かれ、ナショナリズムの再建という部分だけが残った時点で、彼が「一国民俗学」ないし「新国学」と形容したものが成立したといえる。

ジレンマのなか、一国内に視点を閉ざす

こうした「一国民俗学」の成立には、アジアとの関係もからんでいた。『青年と学問』の時点では、柳田は「外国の旅行をすると、東洋の沿岸では度々実に不愉快な光景を目撃する。それを見馴れて何とも感ぜぬやうになつた者が、在留日本人の中にも沢山居つて、中にはすこしづつは白人の真似をして居る」と、「日本人」による人種差別をも批判していた。しかし三〇年代になると、こうした指摘はほとんど見られなくなってくる。また『青年と学問』において、彼は中国やインドで「各国独立《ナショナル》」の学問が発生しつつあることを好意的に書いているが、芽生えつつあった朝鮮の民俗学には言及していない。

柳田の民俗学は、日本ナショナリズムの再建と「各国独立」を指向したものであったから、その方法をそのまま導入すれば、朝鮮民俗学は朝鮮ナショナリズムと植民地独立運動の発火点となるはずであり、また実際にそのように発展していった。いわば、初発における柳田の方法論は、「白人」にむけた刃であったと同時に、そのまま大日本帝国への刃ともなりうるものであった。

しかし往々にしてナショナリストというものは、自国や自民族に誇りを持つのは当然だと主張しながら、隣国の人間が同じことを唱えるのは認めないものである。世界各国の民族が、それぞれ自分た

ち「各国独立《ナショナル》」の民俗学を興し、それを比較研究の土台にのせて人種差別撤廃に貢献するという初発の構想は、柳田が朝鮮や台湾の問題から目をそらした時点で、放棄されざるを得ないものとなったはずである。

柳田民俗学とアジアの関係については、旧稿でも書いたので重複を避ける。(2) しかし柳田は『青年と学問』で、「土地に正しい学者の養成せられる迄は……住民に代わつて考えてくれる学者に感謝すべき場合が多い」という論理から、日本の調査が終われば民俗学者はアジア諸地域に進出すべきだという見解を述べていた。とはいえ下手をすれば、それが彼が口をきわめて批判した「白人」の調査と同型になることは、柳田も気づいていただろう。

もし柳田が学問的方法論と理想を何よりも重んじる人間であったなら、朝鮮や台湾に現地の人々による民俗学が台頭するのを援助し、それが独立運動に進むことも歓迎しただろう。また彼が国家目的のために思想の一貫性など平然と投げすてるタイプであれば、植民地や共栄圏の民俗学調査を統治に役立てる旗振り役を演じたかもしれない。

しかし現実には、柳田はそのどちらにも徹しえなかった。大戦中に「大東亜民俗学」を掲げた座談会にかつぎ出されれば適当に調子をあわせ、『朝鮮民俗』から寄稿を頼まれれば御座《おざ》なりの文章を差し出したが、結局どちらの方向にも積極的に動いた形跡がない。

おそらく彼は、「欧米」から差別されながら「アジア」を支配するという日本の対外的ジレンマのなかで解答が出せず、一国内に視点を閉ざしてゆく以外の姿勢をとりえなかったのではないかと思われる。

戦後左派に受容される

しかしこうした柳田民俗学のジレンマは、植民地を喪失した戦後には、自動的に解決されたかたちとなった。そして戦後の「一国平和主義」的風潮と「一国民俗学」は、調和しやすいものとなった。さらに踏まえておかなくてはならないのが、戦後の「左派」ないし「進歩派」のナショナリズム的傾向である。(3) 今日ではやや意外に思われるが、丸山眞男、大塚久雄、南原繁といった戦後知識人はいずれもナショナリストであり、五〇年代においてもっともナショナルな政党は「民主民族統一戦線」を掲げていた日本共産党であった。

ただ彼らのナショナリズムは、天皇や「軍閥」に代わって「国民」ないし「民衆」(しばしば「民族」も同義語として使われた)が政治の主人公になることを前提とし、その「国民」には公共性の獲得とエゴイズムの打破、相互の連携が必要であると説くものであった。

また反米基地闘争をつうじて欧米植民地主義批判とアジア民族自決、すなわち「各国独立《ナショナル》」の声が高まり、それは「反米愛国」のスローガンのもとで行われた六〇年安保闘争で頂点に達する。またとくに左派において、日本の文化的伝統や上記のような「民衆」ナショナリズムの基盤を、支配者側ではなく「国民」ないし「民衆」の民俗に求める動きが活発となった。こうした風潮と柳田民俗学はマッチしたものとなり、戦後はむしろ左派に受容される素地が形成される。

戦後の左派からの民俗学研究では、柳田の「常民」が階級的概念であるのか否か、すなわち「民衆」であるのか否かが問われることとなった。しかし筆者は、柳田の「常民」は特権階級は除いたものであるにしても、階級的というよりは文化的な概念であると考える。彼が文字に通じない地方民に注目したのは、人類学者が都市部や上層民よりも地方民を調査対象として選ぶように、欧米文化に侵されていない「日本人」性をより多く残存させていたからだったと思われ、その意味では天皇も日本の文化を保存していれば「常民」であった[4]。

筆者は柳田の「常民」は、英仏の「文明」との対抗上から「文化」を強調して成立したドイツ語のVolkをさらに文化よりにした概念に近いと思っているが、そのVolkに「国民」「民族」「民衆」のどの訳語を当てるか難しいように、柳田の「常民」も、「民衆」か「国家の民」かは判別が困難である[5]。

総じていえば、柳田の「一国民俗学」が残した最大の遺産は、天皇を基盤とした「上から」のナショナリズムに代わり、列島の北から南までの人々を、共通の民俗をもった一民族であると意識させる「下から」のナショナリズムを創出したことといえるだろう。柳田の著作を読むと、「日本人」の多くは、ある種の懐かしさを覚える。そこに書かれているものが、一度も行ったことのない雪国であるにもかかわらず、あるいは住んだこともない南国であるにもかかわらず、「日本人」すべてに懐かしい「故郷」と「日本」を感じさせるもの。それが柳田民俗学であり、まさに「想像の共同体」としての日本を完成させた学問であった。そうした「一国民俗学」をどう批判するか、あるいは継承するかは、ふたたび経済不況やエゴイズムの蔓延、モラルの再建などが叫ばれつつあるこの国の現在にとって、ナショナリズムがどのような意味をもつかを問うことと不可分である。

（『民俗学がわかる。』（アエラ・ムック）、朝日新聞社、一九九七年、所収）

注（小稿のため、先行研究には言及しなかった。ご容赦されたい）

（1）以下の引用は『定本　柳田国男集』（筑摩書房、一九六二～七一年）第二五巻より。

（2）小熊英二『単一民族神話の起源』（新曜社、一九九五年）第一二章参照。

（3）戦後左派のナショナリズムについては小熊英二「忘れられた民族問題——戦後日本の『革新ナショナリズム』」（『相関社会科学』五号、一九九五年）参照。

（4）この見解については前掲拙著参照。

（5）川田順造「日欧近代史の中の柳田国男」（『成城大学民俗学研究所紀要』二一集、一九九七年）では、柳田はVolkの訳として「民族」を用いているとのことだが、筆者は、柳田にとって「常民」「国民」「民族」はかなり近い言葉ではなかったかと思う。

近代日本のフィールドワーク私見

キーワード：調査対象との関係　日本における社会科学の位置　社会調査と社会運動　経済成長と民俗学　日本民俗学の危機

今回は、近代日本のフィールドワークの歴史について、「先人はフィールドワークの意義をどう論じてきたか」という角度から、話させていただきたいと思います。

なぜそんなことを振りかえる必要があるか。最近は人類学や民俗学の歴史の見直しが進み、これらの学問と植民地支配との関係が問われておりますが、問題はそれだけではない。

今回のご依頼を受けたときに聞いた話では、最近は若い大学院生などが、フィールドで現地の人とどういう態度で接触したらよいのか、何を書いたらよいのかについて悩んでしまって、なかなかフィールドに行けないことが多いそうです。そして、資料漁りが専門の私になぜこのようなテーマを依頼したかというと、私が書いた『インド日記』（新曜社、二〇〇〇年）にフィールドワークに似た興奮、素直な感動みたいなものがあって面白かった、そこで若い人に刺激を与えるようなことを話してもらえないか、ということでした。

フィールドワークが専門でない私に、こんな依頼が来るというのは、それじたいが人類学や民俗学の危機の深さを示しているような気もしましたが、私も日本でフィールドワークについてどんな議論があったかは多少は知っています。そこで、そのようなお話をして、議論のきっかけになればと思った次第です。

最初に申し述べておきますが、以下のお話で出てくる人々は、必ずしも人類学者や民俗学者ばかりではありません。社会学者とか、歴史学者とか、とにかくフィールドワークについて、これはなかなか考えさせられると私が思ったことを言った人々のことを述べます。あまり人類学や民俗学という枠にこだわらないで、聞いていただければと思います。

1　近代日本のフィールドワークの背景

一番大きな主題は、これは私のようなフィールドワークをしていない人間が皆様方に申し上げるのは「釈迦に説法」ですけれども、「何のためにフィールドワークに行くのか」ということです。そこでまず、日本でフィールドワークの目的とされてきたものは何だったのか、というところから始めてみたいと思います。

近代日本の人類学者や民俗学者にとって、フィールドワークの目的は、好事家や探検家としての興味という部分は別としますと、「日本人」のアイデンティティ探しでした。柳田国男しかり、坪井正五郎しかり、鳥居龍蔵しかり、みんなそうだったといってよいと思います。「日本人」のアイデンティティをつくるという行為は、他者をどう表象するかという問題と一体ですから、ここで最近悪名が高い植民地支配との関係が出てきます。

とはいえ私は、この暗黒の歴史を直視するのは大切だと思いますけれど、最近の議論では植民地支配と人類学の関係が過大評価されていると思います。これは別に人類学をかばって言っているのではなくて、たしかに調査はしているし、差別的な他者表象も多いけれど、統治の役にはほとんど立っておりません。統治のための慣習調査は、人類学者よりは法学者のほうが綿密にやっておりますし、それさえ総督府から無視されて、あまり役立てられなかったくらいです。

むしろ日本の人類学や民俗学にとって、最大の他者はアジア諸民族ではなくて、欧米の存在でした。これは日本の知識人や為政者など、全般にいえることです。いわゆる「日本人論」というのも、欧米に対して日本はどうであるかを論じているのが大半で、朝鮮や中国はまったく出てこないか、出てくるにしても「ことのついで」に比較するといったものが多い。柳田国男にしても、坪井正五郎にしても、欧米に対抗して「日本人」を立ち上げるのが最大のテーマで、アジア諸民族は二次的な存在だったといってよいでしょう。

この欧米への対抗意識に関連しているのが、近代日本のフィールドワークで、「理論」と「フィールド」が二項対立的に論じられてきたという問題です。「机上の理論はだめだ、フィールドに行け」

と論じられることがしばしばあったわけです。そしてこの机上の理論というのは、要するに欧米からの輸入理論です。要するに欧米への対抗意識が、フィールドワークを重視させる動機につながっていたわけで、柳田国男などはこれが強烈でした。

それからもう一つ、この部分が現在では注目される度合いが少なくなってきたと思いますけれども、フィールドワークを重視する動機として、「民衆に接する」というものがありました。もちろんこれも皆様ご存知の通り、柳田が説いたことでもあったわけです。

これまで述べたいろいろな動機は、相互に密接に関係しています。なぜかというと、「日本人」のアイデンティティをつくるためには、欧米の理論と対抗しなければならない。そして欧米の理論と対抗するいちばんの手段は、西洋化されていない日本の民衆を調べることだ。そして日本の民衆文化を表象すれば、それが「日本人」のアイデンティティをつくることになる、というわけです。

このサイクルがいちばん明確なのが、柳田国男でした。坪井や鳥居など人類学者の場合はちょっと違っていて、「日本人」のアイデンティティをつくるために、日本民族の形質的な特性や考古学的な起源を探る一方、その一環として近隣のアジア諸民族と日本民族の関係を調査するという方向に行きました。しかしどちらにしても、欧米と対抗して「日本人」を立ち上げようとしていたことは共通しています。

これは明らかにナショナリズムであるわけですが、必ずしも「保守的」な政治思想につながるとは限らない。ナショナリズムが、「革新的」な思想と結びつくこともある。

たとえばあとで紹介しますけれども、柳田の流れを汲む論者には、マルクス主義者がたくさんいました。これは「民衆に近づく」という民俗学の論理の延長です。民衆を中心とした国民的連帯の形成によって、知識人と民衆の格差、都市と農村の格差を是正する。机上の輸入理論ではなくて、民衆の土着文化から革命のエネルギーを引き出そう、というわけです。六〇年代の全共闘運動の前後に、民俗学が注目されたのは、こうした文脈からでもあったわけです。

そしてもうひとつ、高度成長以前に日本においては、現在の発展途上国がそうであるように、「西洋化された人間＝都市の上層階級」「西洋化されていない人間＝地方の下層階級」という図式が広く受け入れられていました。こうした世界では、「欧米への対抗意識」は、そのまま「下層民衆の側に立つ」という配置となります。ここに「欧米の政治的・文化的な帝国主義と戦う」という論理が加わりますと、きわめて左派的なナショナリズムと、フィールド志向が生まれます。

2　戦前日本のフィールドワーク

近代日本のフィールドワークに関する論議は、こうした背景のもとに行われてきたわけです。それではまず、戦前の議論を見てみたいと思います。

先ほども述べたように、近代日本の人類学や民俗学の最大の課題は、「日本人」のナショナル・アイデンティティ探しでした。これは東洋学などでも同じで、日本の東洋学の始祖である白鳥庫吉は、自分が東洋学をやる動機を講演で述べていますが、「日本人の本源」を知るために周辺諸国の歴史を調べているんだ、と断言しています。自己を描くためには、他者の表象が必要だというわけです。

しかしこれも先ほど述べたように、当時の日本の知識人にとって、最大の他者は欧米でした。そうだとすると、他者表象が必要なら、日本の人類学者はまずヨーロッパやアメリカにフィールドワークに行かなければいけない。わけてもパリやロンドンの上流社会とか、ケンブリッジ大学とかハーヴァード大学を調査しなければいけなかった筈であるわけです。

これは冗談で言っているのではなくて、実際にこれをやってしまったのが、ピエール・ブルデューだったと思います。あの人は南仏の小作農の孫で、幼少期にはオック語を話していたという人ですが、パリの大学に進学して、上流階級出身の同輩たちの物腰とか、標準フランス語に強い違和感をもった。そして人類学を学んで、アルジェリアの農民を調査したあと、こんどは同じ手法を使って、パリの上流社会とか大学知識人の世界を「調査」してしまったわけです。

人類学というのは、概していえば、上位の者が下位の者を調査する学問です。ブルデューのやったような「逆人類学」みたいなものを、日本の人類学者が誰かやっていれば面白かったと思いますが、残念ながらそういう人はいなかった。彼らが何をやったかというと、たとえば坪井正五郎などもそうですが、イギリス留学に行ってもほとんどイギリス人たちと接触せずに帰ってきた。その一方で、北海道のアイヌを調査しに出かけていたわけです。欧米に対して日本はどうであるかというモチベーションを、自分より下位の者を調査するというかたちで現実化していったといえます。

ある意味でこれは、相当に屈折した作業だったといえます。私はヨーロッパやアメリカの人類学については詳しくありませんが、たとえばフランスの人類学者は、自国のナショナル・アイデンティティを探しに南太平洋に出かけるのだろうか。とにかく日本の人類学者は、「日本人」のアイデンティティを探しに、台湾や朝鮮、満州などに出ていったわけです。

そこで問題は、どういう他者接触をしたかということです。これは明治時代から、すでにいろんなパターンが出ております。

まず一八八八年に、小金井良精と坪井正五郎が北海道の調査に行くわけです。この北海道調査が、日本の人類のフィールドワークの一番早い事例だと思います。ご存知の方もいると思いますが、小金井は後年に、アイヌ調査の思い出話というものを発表しております。この思い出話が、なかなか「素直」なものであります。

というのは、小金井は医学部の出身で、日本の形質人類学の元祖にあたる人ですから、まずアイヌの頭の形とか身長とかを測りたい、それからアイヌの骨を収集したいという目的で出かけていった。身体測定のほうは、彼は医者ですから、診察とか何とかいろいろ理由をつけて行なえたわけですけれども、骨の収集となるとそうもいかない。そこで、アイヌの墓をあばこうということになった。

そうしていろんなところで、墓をあばいたわけです。最初は古くて無縁そうな墓を探していたのですが、そのうちそうでもない場所を無断で掘り始めた。ところが昼間に公然とやると、アイヌの人々が集まってきて「妨害」する。そこでたとえば茂寄では、昼間に下見をしておいて、夜にこっそり行って、人をやとって星明りとマッチで墓を掘った。そのほか余市では、ついにアイヌの人たちに見つかってしまって、急いで祭壇をつくって礼拝をしている振りをしたとか、いろんな「苦労話」が書いてあるわけです。

当然の話として、小金井はアイヌにとって支配者側の人間です。墓をあばいたからといって、小金井に傷害を加えたりしますと、あとが怖いわけです。ですから、黙ってみているしかなかった。そういう権力関係について、小金井はほとんど意識していた形跡がありません。そうやって調査から帰ってきたあと小金井は、アイヌは「頽廃人種」だから、遠からず滅びるだろうと書いている。

これはもう、誰がみてもひどい形態の他者接触であるわけですが、同行した坪井正五郎の方は、もう少し「良心的」でありました。彼はアイヌの貧困ぶりに驚いて、東京に戻ってきたあと、教育基金を募る慈善活動を興したわけです。彼自身、講演を行ったり、幻灯会を催したりして、アイヌの状況を訴えております。

もちろん現在から見れば、坪井のやった慈善活動というのは、多分に限界のあるものでした。講演を見てみると、もっとアイヌを文明化すべきだとか、教育によって立派な「日本人」にしてあげなければいけないとか、そういった内容です。しかし小金井にくらべると、これでも大分ましに見えるといえます。

ここで考えてみたいのは、現在の日本の人類学者や民俗学者はどうだろうか、ということです。第三世界の村に出かけて、墓をあばくという人はさすがにいないわけですが、慈善活動ぐらいしなくてはいけないんではないかと思うことは、もちろんあるわけです。

私の『インド日記』というのも、単に日記というかたちで書いていたものをメールで妻に送っていたら本になってしまったわけですが、本にしようと思った最大の動機は、こんな日記でも印税を稼げば向こうのNGOに寄付できると思ったことでした。そう考えてみると、近代日本のフィールドワークの幕開けの時点から、小金井や坪井のようなパターンがあったということは興味深いと思います。

鳥居龍蔵や岡正雄などは、もっとフィールドワークに出た人類学者として、よく知られています。私は彼らについては、「日本人」のアイデンティティ探しというのもありますが、基本的に探検が好きな人たちであったと思っています。彼らのリアリティとしては、植民地支配に貢献しようというようなことはそれほど考えていたわけではなく、ただ探検が好きで、不便なところに行くにあたって利便を取りつけているうちに、結果として軍や総督府と関係を持ってしまったというところだったのではないでしょうか。

これは彼らが特別だったということではなくて、もともとフィールドワークというのは、ある程度宿命的にこういう側面を持っていると思います。やはり安全を確保してもらわないと、学者はフィールドに行けないわけでありますから。現地を統治している勢力の認定を得ないと調査できない。

その場合、統治勢力の威光の恩恵を、無意識のうちに背負うことにもなる場合もあります。ヨーロッパにおいても、人類学というのは、最初は探検家の本を読むだけだった。その探検家というのは、植民地官僚だったり、軍人だったり、要するに支配の尖兵であったことが多いわけです。やがて人類学者が自分で調査をするようになったわけですが、学者が現地の村でウロウロできるというのは、もちろんヨーロッパの軍事力が後ろ盾に付いていなければ、絶対にできなかったといってよいでしょう。

そうでなければ、よほど時間をかけて仲良くなるか、お金を払って了解をとりつけるかしかないだろう。実際に、現在の調査は、こうしたやり方でないと行なえなくなっているわけです。逆にいうと昔の調査が簡単にできたのは、権力関係が人類学者の味方をしていたからだ、ということがいえます。

そうした権力に、学者自身がどこまですりよる気があったかどうかは、微妙です。私は先ほど述べたように、鳥居などはとにかく探検したいというのが先で、軍と仲良くするというのはその手段だったと思います。

それと関連していえば、とくに一九三〇年代後半ぐらいの日本の人類学者などが、軍や官庁の協力をとりつけるために、いろんな文章を書いているわけです。これらは現在読むと、非常におどろおどろしいものでありまして、「大東亜共栄圏確立に貢献するため民族研究の必要性が……」みたいなことが書いてある。

私もこういうものを最初に読んだときは、これを書いたのはひどい連中だと思いました。けれどもよく考えてみると、いまの自分たちが似たようなことをやっていないか。私は面倒臭いから文科省の科学研究費の申請書などというものは書きませんが、知り合いの学者が書いているのを見ますと、「開発政策に貢献するため民族調査の必要性が……」みたいなことが書いてあるわけですね（笑）。そしてその学者さんに、あなたはこれを本気で書いているのかと聞くと、いやもちろん申請上のことだ、お金をもらってフィールドに行ければいいんだ、と答えたりするわけです。もしかしたら一九三〇年代の学者もそんなものだったかもしれないな、と考えたりもするわけです。

もちろんそうにしても、当時の軍や総督府が何をやっているかを全く知らなかったわけではないでしょうし、罪が軽減されるというわけではない。しかしこういうことを敢えて申し上げたのは、昔の人間の書いたものを読んで、こいつらはひどかったというだけで片付けてしまうと、我々はそれとは違うんだというかたちで表象してしまうことになりかねない。もしかしたら自分たちも似たようなことをやっているのかもしれないと考えないと、問題が深められないと思うわけです。

戦前の日本のフィールドワークにおける、他のパターンも申し上げましょう。たとえば、柳宗悦のような人がいます。この人が朝鮮とか台湾の民芸に関心をもった動機も、欧米に対する反発です。彼は学習院の出身で、白樺派の一員として文学をやり、ホイットマンとブレイクが専門だったわけです。そしてヨーロッパのロマン主義的なものを学んでいるうちに、ヨーロッパに対する反発とロマン主義が結びついて、アジアには西洋文明に侵されていない素晴らしいものがある、という主張に流れていった。

これは典型的なオリエンタリズムだと言ってしまえばそうであるわけですが、ところが問題は、柳はそこに止まれなかったという点です。彼は現地に何回も行っているうちに、民芸品を集めるだけではいけない、それを生み出した人々の境遇を考えないといけないと考えはじめて、総督府の文化政策に抗議したりした。

そしてもっと興味深いのは、柳が東京で民芸品の販売を始めたことです。当時の銀座のデパートなどで、民芸品の展示会をやって、現地の産業発展に寄与できないかということを試みたわけです。沖縄における標準語の押し付けに反対したときも、沖縄の民芸は素晴らしいんだ、本土に追従するよりこれを新興するべきだ、といったことを書いている。自分が行なったフィールドの人たちに対して、いったい何ができるのかという問題を、彼なりに考えようとした結果だったと思います。

そしてお気づきのように、これは現在の第三世界のNGOやなんかがやっている民芸品販売の、いわば「はしり」のような行為であったといえます。それに対して沖縄の人々の側は、「われわれを博物館の番人にしたいのか」といったふうに反発したわけですが、これもなかなか現在的な問題であったりする。一九二〇年代や三〇年代の日本で、すでにそれが起こっていたわけですね。

3　柳田国男のナショナリズム

柳田国男という人は、さらに評価がむずかしい人です。ここ三〇年間ぐらいの柳田評価の動きを見ていますと、六〇年代から七〇年代ぐらいは、先ほども述べたようにかなり評価が高かった。色川大吉さんなどをはじめとして、民衆を重視する人々が、「日本の民衆」を探求した柳田、土着の解放思想を求めた柳田、という評価を行なっていたわけです。それとは逆に、八〇年代の後半ぐらいからは、日本ナショナリズムをつくり上げた柳田、植民地支配に貢献した柳田、といった位置づけが出てきている。

しかし私は、このプラス評価とマイナス評価は、ほとんど同じことを言っていると思います。マイナス評価のうち、植民地支配に貢献したというのはちょっと大袈裟な話で、それほどの熱意もなければ実際に役にも立っていないと思いますが、「日本ナショナリズムをつくり上げた」というのは、「日本の民衆を探究した」というのと、一体であったと思うわけです。

少なくとも柳田にとっては、両者は同じものだったと思います。もっとも柳田は、民衆に根ざさない上からのナショナリズムの押しつけは批判しましたが、民衆に根ざした下からのナショナリズムをつくろうとしたのだと思います。

私は以前に、柳田というのは「想像の共同体」としての「日本」をつくった人だ、と書いたことがあります。つまり、一度も雪を見たことのない南日本の人にも、ヤシの実を見たことがない北日本の人にも、柳田の本を読むと「なつかしい」という感じを催させる。実際に柳田は、『雪国の春』の序文で、この本は北日本を知らない人たちに読んでもらって、日本全体に関心を持つ契機にしてほしいと述べています。

これは必ずしも、柳田に対する批判として言っているのではありません。私が思うに、柳田にむかって、「あなたは『想像の共同体』として日本をつくった人ですね」といったら、彼はちょっと照れながら、「いやあ、それほどでもありません」と謙遜するのじゃないか（笑）。彼にとってみると、日本のナショナリズムをつくろうとしたのは、悪いことでも何でもない。むしろ国民的連帯感ができてよいことだ、そういう連帯感がなければ地方の貧民と都市の上層民の格差が埋まらないではないか、というところだったと思います。

ご存知のとおり柳田は、学問は仲間内のディレッタンティズムではいけない、世のため人のために役立つ経世済民の学でなければと言いつづけていました。彼は一九二八年の『青年と学問』で、こんなふうに述べています。

　学問というものが、たんに塵の浮世の厭わしいゆえに、しばしこれを紛れ忘れようとするような、高踏派の上品な娯楽であるか、はたまた趣味を同じうする有閑階級に向って、切売小売をなすべき一種の商売であるならいざ知らず、断じてその二つのいずれでもないことを信じながら、なおこれほど眼前に痛切なる同胞多数の生活苦の救解と、いまだなんらの交渉をも持ちえないというのは、じつは忍びがたき我々の不安であった。

柳田がこれを述べたのは、第一次大戦後の不況期です。彼は幼少期に自分の出身農村で飢饉に会った経験があるわけですし、しばしば調査にも行っておりますから、農村が苦境に陥っているということをよく知っています。それを知っていながら、こんな昔話を集めたりしているのは単なる趣味ではないか、こんなことをやっていて私はいいのか、ということについて自問しているわけです。

これもよく知られているように、柳田は学生時代はヨーロッパ文学に憧れて、詩を書いていたのだけれど、詩など書いていても農村は救われないと考えて農商務省に入った人であるわけです。その後、政策提言してそれが無視されてしまったあと、昔話の収集にむかって、最後には官僚をやめてしまった。ところが恐慌期になって、自分がやっている昔話の収集はただの趣味ではない、経世済民の学だと主張しているわけです。

この『青年と学問』という本で、柳田が主張しているのは、民俗学がどのように役に立つのかということです。彼によると民俗学は、国民のモラルの再建と、ナショナル・アイデンティティつまり国民の一体感の形成に役立つのだという。

それでは、何でモラルの再建やナショナル・アイデンティティが必要なのかといいますと、近代化と恐慌のなかで、相互扶助の精神が薄れ、人々が不安になっているというのですね。この事態に対して、国民のモラルを再建するには、昔のモラルというのは一体どういうものだったのか、「日本人」はどういう苦労を経て村の生活をつくってきたのかを、人々に見せてあげなくてはいけないというわけです。

それから不況下において、地方と都市の格差が著しく広がっている。とくに都市の上層民は、西洋文化の輸入を享楽していて、地方の生活状況がわかっていない。この状態を打破するためには、地方の生活を調査して、多くの人に知らしめることが必要だ。それと同時に、都市民も地方民も、もとは同じ日本文化を共有していたのだということを自覚させて、同じ国民だという連帯感を芽生えさせなければ駄目だ、というわけです。

それからもう一つは、これから普通選挙の時代になる。この不況下で普通選挙になったら、投票行動の「盲動」で政治的混乱が予想されるという。いまならポピュリズムが恐しいというところでしょうが、柳田の場合は、はっきりとは言ってませんけれども、社会主義勢力が伸長することを恐れていたのだと思われます。そこには柳田の保守的な部分が現れているともいえるわけですが、そういう混乱を起こさずに軟着陸させるためには、国民全員に、この国はこういう国柄を持っているんだということを知らしめて、その国政を担っているというモラルを持たせなくてはいけない。そのために民俗学は大切だ、と言っているわけです。

そしてそういう民俗学は、方法のちがう歴史学だと言っている。つまり、これまでの歴史学がやっていたように、文字で書かれた資料からわかることは都市の上層階級のことだけで、地方の民衆生活はわからない。だから、日本のいちばん「日本」らしい部分、つまり日本のメインボディである「常民」のことを明らかにするためには、文字に頼らない歴史研究をやらなければ駄目だというわけです。

柳田がそういう研究手法の参考にしたのが、フレーザーをはじめとした、ヨーロッパの民俗学や人類学でした。ただし柳田は、欧米の文化人類学に対しては、とても反発しています。支配地域の人々についてろくな知識もないのに、通訳とかを使っていいかげんな調査をやり、勝手な表象をしていると言っている。当時においては、日本は欧米に「調査される側」でしたから、柳田はこれに反発していたわけです。彼がルース・ベネディクトの『菊と刀』などを、厳しく批判していたのは、よく知られるとおりです。

柳田によれば、文化人類学がこういうものであるのに対して、現地の人間が自分たちで調査をするのが民俗学だ、とされている。そして民俗学者は、一方でヨーロッパの学問にも通じてなくてはいけない、という。つまりヨーロッパの学問手法を我がものとして、それを逆利用するかたちで自分たちのアイデンティティをつくるのが民俗学だ、というわけです。

これはサバルタン・スタディーズとか、ポストコロニアル論の視点から見ても、なかなか面白い戦略だと思います。なんといっても一九二〇年代の日本は発展途上国ですから、現在のインドの知識人が考えるようなことをやっていたといってもよいと思います。私はインドに行って、あの貧富と地方の格差が激しい社会において、知識人というものがどういう発想をするのかということを知ってから、柳田の書いていることが私なりによくわかるようになりました。

ただし問題なのは、東京に住んでいる知識人の柳田が、地方に出かけて農民を表象するのは、ほんとうに自分たちが自分たちを描いていることになるのか、ということです。これは、ガヤトリ・スピヴァックがインドのサバルタン・スタディーズを批判したポイントでもあるわけですが、これについては柳田は多くを語っておりません。この問題は、柳田が沖縄を表象したりする場合には、もっと大きな問題になるわけです。

もう一つ、柳田は日本の植民地については、基本的に黙して語らないという姿勢をとりました。もし柳田の手法をそのまま適用するとすれば、朝鮮で民俗学が起きれば朝鮮のナショナリズムと独立運動に繋がってくるのは当然の話で、実際に朝鮮の民俗学はその方向に進んでいくわけです。柳田は朝鮮の民俗学のことを知っていましたから、その問題をわかっていたと思いますが、基本的にはそれを黙殺したわけです。そこが柳田の限界だったといえば、これはまったくそうだと思いますが、この問題については今日はあまり突っ込まないでおきます。

さらに柳田は、欧米からの輸入理論では日本のことはわからないという姿勢をとり、フィールド調査を重視しました。この輸入理論拒否というのは、単にナショナリズムで排外主義だという問題だけではありません。つまり輸入理論の権威を認めると、知識人と民衆の格差、外国語を読める人と読めない人の格差、都市と農村の格差が、開いてしまうという問題があるわけですね。だから輸入理論は駄目だ、フィールド調査で下から積みあげないと駄目だ、と主張したわけです。

ただしこれは、ヨーロッパにたいする学問的対抗心という、比較的単純なナショナリズムにもつながっていました。これも『青年と学問』の一節ですが、柳田はこのように述べております。

日本には今なお豊富なるフォクロアの資料が現存するのである。これを新教国などの、片田舎の老翁を捜しまわって、ようやく僅かなものを見つけて珍重するのに比べると、もとより同日の談ではないのである。……我々が日本人に生まれたことを仕合せとすべき学問は、そう幾らもあるわけではない。

要するに物理学とか経済学とか、そういうものをやっているとヨーロッパにいつまでも勝てない。しかし日本が田舎であるということを逆転させて、民俗学をやることによって、ヨーロッパに勝てるのだ、というわけです。今から読むと隔世の感がある言葉ですけれども、おそらく柳田は、日本がこんなに近代化したあとも民俗学が続いているとは、予想していなかったと思います。彼は一九六二年に死にましたから、ある意味でちょうどよい時期に亡くなったともいえます。

4　戦後左派とフィールドワーク

戦前でまだまだ語るべきことはあるのですが、ここで戦後に入ります。まず高度成長以前、一九五〇年代くらいまでの議論からまいります。

私が思うに、「戦前と戦後」という区切りは政治的区分としては大きいですが、社会生活の区分としては、むしろ「高度成長以前と以後」のほうがよほど重要です。フィールドワークの歴史においても、「戦後」と一括りにはできないのであって、高度成長以前の日本は、現在とは別の社会であるといってよいと思います。

この時代の特徴は、圧倒的な格差です。上層と下層、都市と地方の経済的・文化的格差が大きく、しかも後者がマジョリティでした。一九四五年の時点では、日本の都市部人口は二八パーセントにすぎません。また一九五〇年に全国から抽出調査をしたところ、新聞程度の文章を読み書きできたのは四・四パーセントだったそうです。

このような、文字を十分には読めない地方民が日本の多数派であるという状況は、柳田が直面していた戦前の社会とほぼ同様でした。こうした状況は、高度成長によって激変するわけですが、一九五〇年代までは戦前とくらべて政治制度だけ変わっても、社会のほうはそれほど変化していなかった。格差は変っていなくて、政治的弾圧は緩和されたわけですから、当然のように左派が伸張したわけです。

こういう背景のもとで、とくに左派の学者たちによって行なわれた一九五〇年代までのフィールドワークに関する議論は、非常に強い民衆志向を特徴としていました。柳田が創始した民俗学の民衆志向に、社会主義の要素が加わるかたちになったわけです。

その最たるものが、「国民的歴史学運動」というものです。これは一九五〇年代の前半に、日本共産党が武力闘争路線をとって、山村工作隊などを地方に派遣していた時代における学問的運動です。このときに民俗学と歴史学の結合というものが試みられました。

これを提唱した学者として、石母田正という中世史家がおります。この人は網野善彦さんのいわば師匠にあたる人で、彼が一九五二年に出した『歴史と民族の発見』という本は、当時の学生たちのあいだでベストセラーになりました。

ここでいう「民族」は、いわば「日本国民の連帯」という意味でした。つまり、都市と農村の格差を埋め、インテリがエリート意識を自己改造して大衆の一員となり、それによって「日本人」としての一体感をつくるという意味です。石母田はこの『歴史と民族の発見』のなかで、民衆の生活を知らなくてはいけない、エリートである学生は大衆のなかに入らなければならないと説いて、農村に調査に行くことを薦めたわけです。

「エリートである大学生」などというと、いまではリアリティがわきませんが、当時の大学進学率は一割にも達していませんでした。そして新聞を完全に読みこなせる人口が四パーセントだった社会では、こうした「自己改造」の訴えが、学生に非常にアピールしたわけです。

この農村調査にあたって奨励されたのが、文字に書かれている特権階層の記録ではなくて、民衆自身に聞き取りをする、とくに農村の婦人の話を聞くということでした。九〇年代になって、「慰安婦」問題をきっかけに、日本の歴史学が文書資料偏重で証言や聞き取りを軽視しているという批判がなされましたが、一貫して軽視していたわけではなくて、この「国民的歴史学運動」の時期にはとても重視されていたのです。

同時に、知識人は西洋思想をふりまわしてはいけない、民衆の生活に学べ、朝鮮や中国といったアジアに学べ、といったことも強調されました。当時は一九四九年の中国革命が成功したばかりで、中国にたいする評価がもっとも高い時期でした。

そういう文脈で起こったのが、歴史学と民俗学の結合の試みでした。民衆の生活文化を知ろうということで、若い歴史学者たちが民俗学を勉強したり、一揆の歴史を民話ふうの紙芝居にしたものをつくったりしたわけです。これの名残が、木下順二に代表される民話劇とか、網野善彦さんの著作にみられる歴史学と民俗学の結合とかであるわけです。

またほぼ同じ時期に、小泉文夫が日本のわらべ歌を採集したり、インドをはじめとしたアジアの音楽を調査しております。後年になりますと、小泉文夫といえばワールドミュージックの元祖という印象になってしまったわけですけれども、当時としては、西欧ではなくアジアに学べ、民衆に学べという潮流のなかで、あの仕事をやっていたわけです。

そして、当時大きな問題として出てきたのが、調査対象の民衆とどういう関係を築くかでした。学生が調査に行っても相手にされない、とくに東京大学の学生などは特権階層とみなされて反発される、ということがあいついだのです。こういう学生に対して、『歴史と民族の発見』で石母田はこのように述べております。

しかしみなさんは、調査されるものの身になって、この問題を考えたことがあるでしょうか。……人間は自分の心の内部、その苦しみや迷い、真剣に考えていることは、そうたやすく、人に話さないものであります。……「学問のための」ということが、被圧迫階級にとっては、つねに縁がないか、またはたいてい支配階級のためのものだということを人民は長い経験によって本能的に知っています。みなさんの「調査」が、ほんとうに人民のためのものだ、自分たちのためのものだという保証はどこにあるのでしょうか。そのような信頼を——それなしには人間の意識の内部にたちいることはできません――みなさんはあらかじめ行為によって人々から得ているでしょうか。……われわれは農村について学問を学ぶために農村に行くのではありません。農民に奉仕するために、農村に行くのであり、そのことがわれわれの学問を高める結果になると考えているものであります。

これと類似の運動として、並行して盛んになっていたのが、生活記録運動でした。これは、戦前からある生活綴り方運動の発展型として、農民や労働者のサークルをつくって、みんなで自分達の生活を書かせるというものです。識字率の向上にも繋がるし、民衆が自分の社会的境遇を考えるのにも役立つ。それに、知識人が民衆を代弁して表象するのではなくて、民衆自身に表象させることができるわけです。

この運動に取り組んだのが、例えば鶴見和子であり、国分一太郎であり、『思想の科学』という雑誌だったりしたわけです。『思想の科学』では、民衆の心を知ろうというわけで、流行歌の分析をやったり、映画館に出かけて大衆映画の観客にアンケートをとったりしています。こういうのは、現在のサブカルチャー研究の元祖であるわけですが、もともとは「民衆の心を知る」という試みだったわけです。

こういう生活記録運動のサークルなどで、参加する知識人が民衆とどういう関係を持ったらよいかということについては、民衆の手助けをするのだとされておりました。一方的に啓蒙をするのはよくない、彼らの一員になりながら、自身が生活を書く助手となるのだ、というわけです。

それから強調されたことは、サークルの成果を知識人が個人所有することへの戒めでした。民衆と一緒にやったサークルの成果とか、あるいはそこで得られた知識を、学者が書いてしまったということになると、それは私物化だということになるわけです。書かれてしまった民衆の側から抗議されたり、一種の搾取だという批判が出かねなかったわけです。当時は社会主義の影響も大きく、研究成果の私有財産化を批判して、グループによる共同研究が奨励されていた時代でもありましたから、その影響もあったわけです。

こういう意識は、柳田民俗学とおなじく、一種のナショナリズムも含んでいました。一九五四年に、鶴見和子は『生活記録運動のなかで』という本で、こう述べています。

わたしはこれまで、「日本では」とか、「日本人は」とかいうもののいい方をしてきたことが、はずかしくなりました。日本の国の困ったところや、日本人の悪いところを考えるときに、いつも、自分が日本の中に生きていること忘れ、自分が日本人のひとりでないみたいな態度だったのです。どんな問題でも、自己をふくむ集団の問題として感じ、考えられるようにならなければ、なにをしてもだめだと思ったのです。

鶴見和子が、柳田を尊敬していたことは、これもよく知られていることです。和子の弟である俊輔も、柳田を高く評価していましたし、一九五一年には「今まで日本のインテリの考えや言葉が日本の大衆から浮きあがっていたことを、私たちは、はずかしく思う。だから少しづつでも、自分たちの考え方のインテリくささをおとして、大衆の一人として考える仕方をとりたい」と述べています。

こういう言葉の背景にあったのは、くりかえし述べていますが、当時の社会的格差の大きさです。鶴見和子と俊輔の姉弟は、代々の政治家の子供で、アメリカ留学帰りです。本当かどうかはちょっと怪しまれますが、清水幾太郎の回想によると、和子は戦争中には「英語の発音が悪くなる」といって、自宅では英語で会話していたそうです。いまのインドには、こういう上流階級家庭が少なくないわけですが、そうした知識人が日本の民衆のことを考えようとしたときに、上記のようなことを述べていたわけです。

こういう動きは、明らかにナショナリズムであるわけですが、柳田国男型ナショナリズムの良心的発展形というべきものでもあるわけです。もちろん石母田正も鶴見俊輔も、柳田とはちがって、日本がアジアを侵略したことについては深い反省を表明しておりまして、だからこそアジアに学べと唱えていたわけです。

現在では、石母田や鶴見とは違うかたちではありますが、「柳田国男型ナショナリズムの良心的発展形」といえるのは、色川大吉さんや赤坂憲雄さんなどではないかと思います。ただしこうした方々となると、「ナショナリズム」という言葉を冠するのが適当かどうか疑問になってくるわけですが、柳田の問題意識を受け継いでいるということは、ある程度いえるかと思います。

5　高度成長後の変化

ところが、こうしたフィールドワークのあり方がだんだん変化してくるのが、高度経済成長期です。これは一言でいいまして、「日本の民衆」から「アジアの民衆」へと比重が移り変わっていく時代として考えることができます。

まず何といっても、柳田民俗学から戦後初期のフィールドワークの前提条件になっていたものが、高度経済成長によって決定的に破壊されました。民衆と知識人の格差、農村と都市の格差といった問題意識が、完全にではないにせよ、アナクロニズムに映るようになってしまったわけです。

高度経済成長が、当時のフィールドワーカーにどれほどの衝撃をもたらしたかを示す例として、社会学者の加藤秀俊さんが、『中間文化』という一九五七年の著作で書いているエピソードがあります。この本は、アメリカの大衆社会論に刺激をうけて、日本でも経済成長によって階級社会から大衆社会への変動が生じつつあることを唱えたものです。加藤さんは関西の農村で社会調査をしていたのですが、このように述べています。

むかしだったら、たとえば私たちインテリがカメラをぶら下げて農村に出向いたら、若ものたちは羨望と好奇心をもって珍しげに、カメラという不思議な贅沢品をのぞき見したにちがいない。ところが、現在、調査に出かけている奈良の村で、私はおどろくべき経験をした。私が記録写真をとるのに使っているのは、主にコニカのII型という写真機なのだが、その村のある青年は、それをチラリと見るなり、「ああ、俺の持ってるんと同しや。レンズは二・八やろ」などといい、それから、最近発売されたフジノン・レンズの明るさのことなどを話しはじめたのである。

現在の我々にとってみると、これのどこが「おどろくべき経験」なのかということになりますが、これは例えて言えば、八〇年代ぐらいに南米とかの先住民の村に調査に行った人類学者が、自分とおなじカメラを持っていたことを発見した、というのに相当するような体験だったわけです。逆にいうと、一九五七年という時期は、この体験が国内でびっくりされている時代だったわけです。そして先ほど述べたように、柳田はこの五年後に死んでしまうわけで、こうした問題が民俗学にとって深刻になるかならないかのところで、世を去ってしまいました。

そうして高度成長を迎えて、民俗学が駄目になるかと思ったら、むしろ一九六〇年代から再評価されていったわけです。これは民俗学の学問的内容が豊かになったからというよりも、多分に外因的な要因の結果だったと思います。

まず高度成長によって公害問題が発生し、近代化というものに対する疑問が出てきて、それまで「封建的」と批判されていた農村や漁村の慣習などが、再評価されてきます。さらに吉本隆明が一九六八年に『共同幻想論』を出したり、谷川雁や森崎和江、石牟礼道子などの著作によって、民俗学や土着共同体への関心が高まります。さらに一九七〇年以降の全共闘運動の挫折のあと、民衆の土着思想や沖縄の文化によって天皇制を撃つといった思想が浸透して、民俗学が再評価されていったわけです。

ですから、このときの再評価は、必ずしも民俗学の学問的内容が豊かになったから起こったわけではなかったと思います。ちょうどおなじ時期に、アメリカなどでも先住民の人権運動などが高まりまして、北米や中南米の先住民の文化がエコロジーの側面から再評価されて、ヒッピーカルチャーと結びついて人類学の本が読まれたりしました。いまからみると、これは一種のオリエンタリズムではないかと感じさせるものが少なくなかったと思いますが、こうした外因によって、民俗学と人類学は延命を遂げたわけです。

ほぼ同時期に、フランスでは例の構造主義が起こり、人類学は社会理論のいわば実験場として、学問の最先端におどりでます。これは民俗学にはあまり関係がなかったと思いますが、とにかく一九七〇年代に人類学や民俗学はブームとなったわけです。

私が思うに、ここで延命してしまったから、九〇年代に入ってからの危機がいっそう深刻になったという感じもなくはありません。民俗学と人類学のフィールドワークを成立させていた社会的条件は、一九五〇年代くらいから急速に崩壊しはじめ、その後もどんどん崩壊していたわけですけれども、こういう外因的なブームで七〇年代から八〇年代前半ぐらいを乗り切ってしまったために、それを本当に危機感をもって考えるということをせずに済んでしまって、現在を迎えたわけです。

そして、調査対象の近代化という事態は、たんに調査すべき旧来の文化が変容したというにとどまりません。調査者が書いた論文を読んで、それに異議を申し立てるということも、どんどん起こり始めました。

これもじつは、最近になって始まった現象ではありません。すでに一九三〇年に、違星北斗というアイヌの男性が、『「アイヌ研究したら金になるか」と聞く人に「金になるよ」とよく云ってやった』という和歌を残しております。また一九七二年には、アイヌの復権運動の高まりをうけて、鳩沢佐美夫が「アイヌ学者・研究者という連中は、どいつもこいつも、純粋な植物に寄り襲ってくる害虫の一種でしかないと断言したい！」と言っています。

こういう問題提起はけっこう早くからあったわけですが、それはある意味でなし崩しになってしまった。私が外野からこんなことを言うのは申し訳ないわけですが、人類学側の対応は、アイヌはうかつに調査しないで、外国に出かけようというかたちでことを済ませてしまったという部分がなかったかと思うわけです。

こういう形態とは異なるかたちで、一九七〇年代から八〇年代にフィールドワークの可能性を示したのは、例えば鶴見良行だったと思います。彼は日本ではなくアジアの民衆を調査し、しかもアジアの都市ではなくて辺境に出かけて、文化や政治経済の問題を多角的に描き出しました。鶴見は人類学者でも民俗学者でもないですけれども、彼がやろうとしていたことは明らかに自覚的なフィールドワークであって、「歩く民間学」を自称して柳田国男を大変尊敬しています。

鶴見良行に関しては、彼の朋友だった村井吉敬さんが、鶴見の遺稿を集めた岩波新書『東南アジアを知る』の解説で、こう書いています。

鶴見は中央ではなく辺境から、大民族ではなく周辺の小民族から、目に見えない社会・親族構造ではなくモノから、支配層ではなくふつうの人々から東南アジアを紐解こうとしていた。辺境性・周辺性と大理論拒否主義がナマコ研究に典型的に示されている。……鶴見はみずからをジャーナリストと言ったりレポーターと言ったりしている。社会運動家であったことも事実だ。大学アカデミズムに強烈な対抗意識のようなものを持っていた。机上の、書かれたものだけを頼りにする、あるいは西洋の大理論にだけ依拠する学問を批判していた。歩くことを重視してはいたが、読まなかったのではない。やはり鶴見は既存のアカデミズムを彼岸においた学者であった、というべきだろう。

この評価を読んでいますと、柳田の問題意識を良質なかたちで受け継いだのは、「大学アカデミズム」の民俗学者よりも、鶴見のような人ではなかったかという気がしてくるわけです。「柳田国男型ナショナリズムの良心的発展形」というものが、国際的可能性をもった事例といえると思います。柳田のつくった民俗学を形骸として受け継ぐのではなくて、その志を継ごうと思ったら、社会条件がまったくちがう現代においては、ちがう形態のものをやることになってしまったというのは、自然なことといってよいでしょう。

6　フィールドワークに未来はあるか

このような歴史を踏まえた上で、フィールドワークに現在どのような意義が考えられるでしょうか。

これは大問題ですから、簡単には答えられませんが、いくつかの考えを述べておきたいと思います。

まず私は、必ずしも村や辺境に行くということが、フィールドワークの真髄だとは思っておりません。手前味噌な言い方を許していただけるなら、私は昔の文献資料を漁っているのも、一種のフィールドワークだと思います。もし「フィールドワーク」というものが、何か大理論をもってきてわかったような気になってしまうことを避けて、自分の手足と耳目で調べてみるということを意味するのであれば、そうなると考えます。ただそうはいっても、やはり野外に出るフィールドワークのことを、ここでは考えてみたいと思います。

最初から述べていることですが、これまでのフィールドワークは、やはり暗黙の権力関係、ないしは政治的、経済的、知的格差を前提にして成立していたと思います。大抵の場合は、調査者が自分の所属地よりも劣位の土地に行って、自分よりも下位の人を対象にします。これの逆をやったのがピエール・ブルデューだと言いましたが、そういうケースはまだ多くない。

逆に言いますと、現在のフィールドワークの危機は、むしろよいことだとも言えるわけです。要するに、先進国と第三世界、知識人と民衆という権力格差が、少なくとも部分的には崩れてきたから、旧来型のフィールドワークはできなくなってきたわけです。つまり旧来型のフィールドワークができたのは、先進諸国が支配体制を確立して、現地の人々が権利に目覚めるまでの、一〇〇年間ぐらいの間のことだったと言えるかもしれません。

そしてもう一つ考えてみたいのは、なぜ昔の人類学者や民俗学者はフィールドに行けたのかというと、権力関係だけではなくて、何か大文字の「目的」があったということがあります。つまり、柳田国男が田舎の部落に出かけたときも、あるいは小泉文夫がインドに行ったときも、何らか彼らを支えていた目的意識があるわけです。「経世済民」でも、「大東亜共栄圏をつくる」でも、「革命を起こす」でも、とにかく自分は単なる趣味で来ているんじゃないぞ、という理由づけがあった。レヴィ＝ストロースだって、七〇年代の講演では、人類学は文化の記録に寄与できるとか、いろいろなことを述べています。

そういう理念をどこまで本気で信じていたか、それともフィールドに行くのが好きで理由付けはエクスキューズだったかというのは、人によってさまざまだったと思います。しかし、何やら理念とか目的とかがないと、劣位の人々と接触して調査するというのは、心理的な負担が大きいだろうと思うわけです。どうみても自分よりはるかに貧しい人々のところに行って、「何をしに来たのか」と聞かれて、「いや、ちょっと趣味で調べたいと思って」とか「博士論文を書かないといけないから」では、やっぱり自他ともに心の置き所に困るでしょう。

しかし、いまフィールドに行く大学院生は、何を目的として掲げられるだろうかと考えると、これもなかなかむずかしい。いわゆる「大きな物語」が立てにくい時代ですし、とくに冷戦終焉後はますます辛くなりました。

ここでようやく最初のお話、つまり最近の大学院生がなかなかフィールドに行けない、行っても悩んでしまうという問題になるわけですが、私はこれは「仕方ないんじゃないか」という気が、まずするわけですね。むしろ社会状況がまったく変わってしまったのに、旧来型のフィールドワークを何も悩まずにやっていたら、そちらのほうがむしろ困ったものだという気がします。

本当かどうかは知りませんが、聞くところによると、ときどき年長の先生などは「とにかく行けば何とかなる」とか言って、大学院生とかをフィールドに送り出したりすることもあるそうです。けれども、そういう論理が現在でも通用するかということになりますと、ちょっと疑問を持ちます。とりあえず行ってみても、真面目な学生なら権力関係に悩むのが当たり前です。よほど鈍い学生でも、「行けば何かあるだろう」と思ったら、「行けばコカコーラがあった」というところからまず始まって、聞き取りをしてみようと思ったらインタビュー料を要求されるとか、向こうがカメラを持ち出して人類学者の写真を撮るとか、そういうことが平気で起こりかねない。

ある人類学者の方が苦笑しながら教えてくれたエピソードですが、南米のカーニバルで、先住民の人たちの仮装行列というのが出てきた。普段はTシャツとかジーンズとかを着ている先住民たちが、「先住民の仮装」をして出てくるわけです。まずここで複雑な思いに駆られるわけですが、その行列が近づいてくると、何か一人その行列の周りを跳び回っている。それでよく見たら、人類学者の仮装をした先住民が、先住民の仮装をした先住民をカメラで撮っているという役をやっている（笑）。こういう段階まで来ていて、「行けば何とかなる」は少し辛いだろうと思うわけです。

さてそこで、フィールドに行くことを専門にしていない私が、この状況について何が言えるかということです。何度も述べているように難しい問題ですが、大したことではありませんが、一つだけ自分の体験から言えることを申し上げます。

というのは、冒頭のお話にあったように、私がインドに行ったときの日記が面白かったという評価があった。そういう依頼をうけて、なぜそう見えるのか考えてみたわけですが、私が調査のために行ったのではなかった、という部分が大きいのではないかと思ったわけです。私は客員教授として行ったのであって、向こうで「何のために来たのか」と言われれば、「客員教授で来ました」と答えられた。

そう考えて、現地に行って数ヶ月留まるという、あのフィールドワークのスタイルというのは一体どこから始まったのかと思いなおしてみた。考えてみますと、あのスタイルの元祖といえるマリノフスキーは、初めは調査がしたくてじゃなくて、戦争で帰れなくなったから島にいたわけです。だから、最初から意図的にああいう形をねらってやったのではなくて、瓢箪から駒みたいなかたちであのスタイルが出てきたと言えるのではないか。

そのように考えますと、今日お話をした歴史上の人々の多くは、必ずしも調査そのものを目的にしていた人類学者や民俗学者ではない。柳田だって、制度的にアカデミズムに所属していたわけではなく、いつのまにか民俗学者になってしまった人です。鶴見良行などは、学者だとすら自称していなかった。

そこで考えると、いま困っている大学院生とかは、まず人類学や民俗学の大学院に入ってしまった、だから一定の型にのっとってフィールドワークに行かなくちゃならない、という発想から始まっているように感じます。これは、柳田が聞いたら嘆くと思うのですね。先輩の研究者にしても、大学や学界の制度としての人類学や民俗学の形態をそのまま残したいということを目的にすると、フィールドに行くのも行かせるのも、つらくなるばかりではないでしょうか。もう少し、いつのまにかフィールドワークになってしまった、いつのまにか人類学や民俗学になってしまった、ということができないものだろうか、と思うのです。

　これは示唆にもならないような、ほんのちょっとしたお話ですが、何かを考えるきっかけにしていただければ、門外漢の私がお話した甲斐があったというものです。それではどうも、長らくお聞きいただきまして、ありがとうございました。

＊本稿は、二〇〇一年一二月八日の講演を文字化したものである。
（『比較日本文化研究』七号、二〇〇三年、所収）

「日本型」近代国家における公共性

本稿は、日本における共同性と公共性の意識形態を、国際比較を交えた近代国家形成の歴史的経緯から考察したものである。

フランスにおける近代国家形成は、中央政府主導により、地方の旧勢力を打破するかたちで進められた。そこでは、前近代的な地方共同体が否定されることによって、地域を越えた国家大の共同意識と、自立した近代的主体意識を合わせ持つ個人＝国民が析出され、地方共同体の前近代的公共性に代る近代的公共性は、国民＝国家に求められるという理念が生まれた。それにたいしアメリカでは、開拓移民による地域コミュニティの連合体として国家形成がなされた。このため、あらかじめ近代的主体意識を備えている個人＝市民が、自発的に集合して地域コミュニティをはじめとした中間集団を形成するのであり、共同性と公共性は主にそうした中間集団で実現され、国家＝中央政府はそれに介入するべきではないという理念が発生した。すなわち、前近代的共同体から解き放たれた主体意識を持つ個人が、従来の共同体に代る近代的な共同性や公共性を実現してゆく場としては、前者では国民国家が、後者では中間集団が想定されている。

しかし日本の近代国家形成では、地方や家族、あるいは学校・企業などの中間集団は、構成員にたいする前近代的ともいえる拘束機能を残したまま、国家の下部組織として中央集権制と接合されるという経緯をたどった。このため、ここでは個人の主体性確立と共同性の希求は二律背反関係であり、共同性とは主体意識を放棄した集団への埋没なのであって、近代的な公共性は中間集団にも国家にも求めえないという意識が広がりがちとなる。

キーワード：近代国家、中間集団、公共性

共同性と公共性を論じる場合、問題となるのは、個人を越えた「公」の場をどこに求めるかという点である。

近年では、国家を唯一の公共性の場とみなすべきではないという主張が少なくない。そこで相対的に、国家を越えた国際社会とともに、個人と国家の中間に位置する地方や家族、各種の中間集団などが注目される。しかし、日本における中間集団は、国家から独立した共同性や公共性の場となりうるものだろうか。

本稿で試みたいのは、日本における近代国家形成過程を素描するなかで、国家と中間集団の関係を探りつつ、共同性と公共性の「日本的」文脈を考察することである。まず比較対象として、アメリカ合州国やフランスなどにおける近代国家形成過程と公共性の理念を素描する。そののち、近代日本の国家形成過程から、地方制度や福祉など上記の主題にかかわる側面をいくつか検討する。本稿に近い先行研究としては、近代国家の成立経緯を国際比較するなかで、国家と市民社会の関係を検討したピエール・ビルンボームらのもの（Badie and Birnbaum 1979 = 1990）が挙げられよう。(1) もとより小論にすぎない本稿において、このような大きなテーマの展開がラフな図式的素描に終始するのはやむをえない。本稿の役割は、より精密な検証を準備する呼び水としての、視点の整理というべきものである。

1　国民国家形成の諸類型

ひとくちに近代国民国家といっても、現存する諸国家の公共性の理念は、必ずしも一様ではない。近代国家の形成過程で、初期条件や成立経緯が違っていたためである。ここでは、フランス・アメリカ・イギリス・プロイセンの四カ国、とくに前二者を本稿に必要な範囲で簡単に検討し、日本を分析する準備としたい。(2)

①フランス

フランスは絶対王政期から、きわめて中央集権的な国家であった。この傾向は、大革命後にも変わらなかった。むしろ地方に王党派や教会勢力が残存していたため、地方の「自治」を否定して共同体を破壊し、国家（＝革命政権）にたいし、地方を越えた愛国心を持つ個人（＝国民）を折出させなければならなかった。

革命後は共和制が採用され、中央に国民議会が設置された。注目すべきなのは、一七九一年の革命憲法で、「代議士は個々の県の代表者ではなく、全国民の代表」と規定されたことである（内田ほか編 一九七五：九七）。代議士が「県の代表」であるならば、王党派の多い地方の代表者に、革命政権に反抗する正当性を与えることになる。しかし、フランス全体の住民を一個の「国民」とみなし、その「国民」の一般意志を体現するものが革命政権であって、代議士に「国民」の意志に一致することを義務づけるならば、そうした反抗の論理は成立しなくなるのである。

そもそも「県」は、「進歩の精神である国民精神に反する地方精神」を打破すべく、革命後に全国を機械的に区分して新設したものであった。従来の地域圏が歴史的地名を付していたのにたいし、県は山河など地理的名称を冠している。王政期から地方長官は中央の任命制だったが、一九八〇年代まで県知事の任命制は存続し、地方言語は反動として圧迫された。法体系は中央作成の成文法がとられ、軍隊は中央政府による徴兵制であった。[3]

近代国民国家の理念を、革命後のフランスに求める議論は少なくない。[4] そこでは、地方の封建的中間集団が破壊されることで、人間は身分制から解放された「個人」になるとともに、地域を越えた国家大の共同性に目覚めた「国民」となり、その「国民」の代表が中央政府をつくるとされる。このように政府が「国民」の意志と一致した状態が民主主義であり、共同性と公共性は中間集団ではなく、「国家」と「国民」が一体化した国民国家に求められる。こうした理念は、上記のようなフランスの歴史的経緯と適合したものであったといえよう。

②アメリカ

アメリカ合州国の建国理念は、フランスとはかなり異なる。アメリカ独立革命は、首都から地方に波及したフランス革命とは逆に、地方の開拓民共同体が連合軍をつくるという形態をとった。そのため独立後の国家理念も、この開拓民共同体が自治を保ったまま連合する連邦国家型となっている。

そしてアメリカの公式的歴史観においては、これら地方の共同体は、身分制や前近代的因襲に満ちたものとはされていない。それは、旧大陸の身分制から逃れてゼロから開拓をはじめた人々、すなわち平等かつ自立した市民が、自発的につくった共同体なのである。いわば開拓民共同体は、「自由」でありながら「平等」であり、「個人」であると同時に「共同体」であるものとして描かれる。リバタリアニズムとコミュニタリアニズムという、一見正反対の思潮も、この開拓民コミュニティの理念が持つ二面性から派生したともいえる(5)。

共同性と公共性の理念は、第一にこうした地方のコミュニティに求められ、連邦政府はその外部にある調整役であり、地方自治に干渉するべきではないとされる。一九世紀まで連邦政府の主な任務は外交であって、内政は地方に任された。議会は「国民」の代表として人口割に選出される下院に加え、「州」の代表が集まる上院との二院制をとる。法体系は、中央政府の法だけでなく、州法や一般の判例を重視する(6)。

コミュニティの行政・治安・司法などは、できるだけ中央政府の官僚に頼らず、住民から選ばれた首長や、コミュニティ内の持ち回りによる保安官や陪審員、住民がつくる教育委員会などを中核とし、必要ならば弁護士や会計士といった専門的職業人をサポートに用いる。こうした公共活動の原理は、他の組織にも通底している。たとえば株式会社という制度は、市民が少しずつ資本を持ち寄って設立する協同組合原理による一種のコミュニティとされ、専門的職業人として管理を委任された経営者は、コミュニティの構成員会議である株主総会の意向で自由に交代させることができる(7)(ちなみに日本では株主総会の議長は社長が務め、議長のみに議案提出権があるのが通例だが、これは知事にのみ議案提出権があった大日本帝国期の県会制度とよく似ている)。

軍隊のあり方にも、こうした原理は反映する。独立革命におけるアメリカ軍は、コミュニティごとに編成された民兵部隊の連合軍であり、各部隊の指揮官は隊員の選挙で選ぶ慣習が南北戦争まで続いた(日本では西南戦争の西郷軍がこの制度を一部採用していた)。各人は地元の民兵部隊に自弁武器(政府支給ではない)を持参して集まり、中央政府による徴兵制は例外とされていた。現在でもアメリカにおいては、中央政府による銃規制は人民への干渉であり、銃によって人民が中央政府と闘う権利を剥奪するものであるとする論調が根づよい(小熊 一九九四)。

アメリカ社会の実態は、二〇世紀の二つの世界大戦と急速な現代化、新移民の大量流入といった事態によって大幅に変質し、「連邦政府への愛国心」も発生してゆくが、なおコミュニティの理念は残存している。

紙幅の制限もあるので、近代日本の分析のために必要な残りの二国は、簡単に追加するにとどめよ

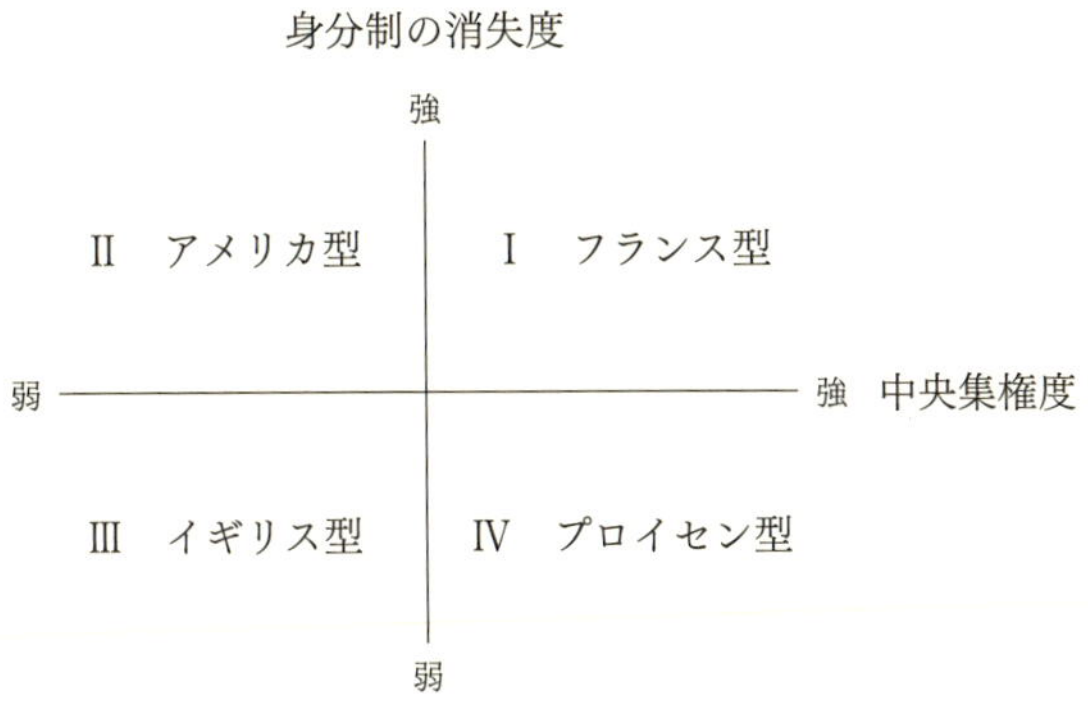

図1　近代国家の諸類型

う。

まずイギリスの場合、中央集権で身分制を打破したフランスとはいわば対極的に、身分制的な地方共同体の支配者である貴族層と中産層が中核となって、立憲君主制の連合王国を形成した。議会は二院制だが、アメリカとは異なり、上下両院は身分制の上下によって構成されたものである。法体系は地方慣習を尊重した慣習法をとり、軍隊は地方単位の民兵団（ただし貴族層が指揮をとる）を母体に発達したもので志願制が原則である（Badie and Birnbaum 1979 = 1990; Moran 1985 = 1988）。

さらにプロイセンだが、ここでは君主を頂点とした中央政府主導の近代化政策の地方貴族層が妥協し、貴族を頂点とした身分制を残存させたまま、地方共同体が中央の系列に連結された。プロイセンはイギリスとおなじく身分制を反映した上下二院制だが、法体系は中央政府による成文法で、軍隊は徴兵制であった（Badie and Birnbaum 1979 = 1990; 北住　一九九〇）。

以上の議論を踏まえて、横軸に「中央集権度」を、縦軸に「身分制の消失度」をとって、4象限図式を構成すれば、図1のようになるだろう。横軸では「徴兵制」対「民兵制」および「成文法」対「慣習法」、縦軸では「共和制」対「君主制」といった要素を重ね合わせて考察できよう。ただし、図1では議論をわかりやすくするためにあえて国名を入れておいたが、こうした図式化は、あくまで視点の整理のためのラフスケッチにすぎない。(8) 以下では、これを作業仮説としつつ、近代日本の国民国家と公共性の形成経緯を素描してみたい。

2　近代日本における国民国家形成

明治政府は、プロイセンをモデルにしたとよくいわれる。しかし実際は、そう単純ではない。教育・憲法・警察など諸分野で先進各国の制度がばらばらに輸入されたうえ、輸入過程で制度の変質や土着化が起こったり、各国制度が混淆されるなどしたため、結果として「日本型」としか名付けようのない形態ができあがっている。結論からいえば、強力な中央集権制の系列下に各種中間集団が下部組織として接続され、その中間集団内では個人が前近代的ともいえる拘束を受けるという秩序が形成されてゆくのだが、それを諸制度ごとに概観してゆこう。

①国家形態と地方自治

国家形態のモデルは、明治維新から憲法制定期までに、かなりの変遷をたどった。(9)

まず、明治元年にあたる一八六八年に政府が発令した「政体書」では、基本的にアメリカの政治体制が模倣されていた。江戸時代の幕府と諸藩の関係がアメリカの連邦政府と州政府の関係に類似していることから、アメリカ型の連邦国家がモデルとして最適であるという意見が、この時期には流布していたのである。

もっとも明治政府の「政体書」は、アメリカ憲法を模倣してはいるものの、上下両院にあたる「上局」と「下局」の構成員は、選挙で選出されるとはされていなかった。新政府への協力を諸藩からとりつけるために連邦国家を掲げたものの、これは当然に諸藩内の身分制の維持を意味するから、アメリカ型の議会制とは適合しなかったのである。こうした輸入制度のご都合主義的な土着化は、以後あらゆる領域に発生してゆく。

この後、他の有力藩の台頭を恐れた薩摩と長州を中心とする勢力が廃藩置県を抜き打ち的に行ない、連邦国家構想を消滅させてしまう。以後の明治政府は一転して極端な中央集権体制をとり、反乱の芽となりかねない旧秩序の残存勢力を破壊する方向に転ずる。

まず廃刀令や秩禄処分によって旧士族の武装解除と没落を促す一方、一八七二年に大区小区制を施行する。この制度は従来の地方共同体を全面的に否定したものであり、複数の村を合併して小区を、小区を集めて大区を編成した。各区は「第拾七大区第六小区」といったナンバー制であり、旧来の町村名称は廃止され、大区の集合体である県は旧藩の五〜一〇倍規模で設定されている。庄屋・名主など旧来の村役人も廃止となり、県令や区長は中央政府の任命制であった。この地方制度と同時期に、やはり全国をナンバー制の大学区と小学区に分けた学制が敷かれたが、これは主にフランスの制度を参考にしたといわれる。

しかし中央集権化と地方共同体の破壊が行なわれる一方で、やはり議会の開設はなかった。この時期、後藤象二郎らはフランスの議院をも参照しつつ、議会の開設によって「上下同治」、すなわち政府と国民の一体化を図ることを主張していたが、彼らは明治六年政変によって下野し、自由民権運動を担う。下野の直後に提出された民撰議院設立建白書でも、国会開設による国民意識の形成が強調された[10]。のちに丸山眞男などによって、フランス革命の場合にみられるように「ナショナリズムが人民主権の原理と結びついた」歴史が自由民権運動に見出せるという主張が行なわれたことは、よく知られる（丸山　一九六四：一六二）。

しかし地方共同体の否定は混乱を招き、一連の近代化政策への反発とあいまって農民反乱が多発、民権運動と合流する動きを見せていた。また中央では、福沢諭吉や大隈重信らが、新興中産層を中核とするイギリス型の立憲君主制国家をモデルとし、明治一四年政変を起こす。

明治政府は明治一四年政変を失敗に追い込み、民権運動を弾圧する一方、新たな地方制度として三新法を一八七八年に施行した。これは町村合併を廃止して名称を復活し、最末端の首長である戸長を公選として地方民会を設置するなど、限定的な地方分権を盛り込んだ地方有力層との妥協策であったが、公選と民会設置はかえって地方民権運動の地盤となり、六年後には戸長を任命制に戻している。地方有力者の協力は必要だが、中央集権は崩せないというジレンマに明治政府は陥っていたのである。

プロイセンの制度が導入されたのは、こうした経緯ののちである。プロイセンから学んだのは、中央に主権を持つ君主を戴く政府と成文法を設け、身分制を反映した上下両院を置き、そこに在来の有力者層が支配する地方共同体が接続されるという国家形態である。地方有力層を体制内に吸収するという日本政府の目的が、中央政府と地方貴族の妥協による国家建設をとったプロイセンの経験に合致したのである。こうして一八八八年の町村制では、「旧慣尊重」をうたいつつ、地方共同体の在来有力者（中央派遣官吏ではない）を、無給名誉職として町村長に間接選挙（制限選挙で町村会議員を選びその議員の選挙で町村長を選ぶ）で登用した。在来有力者にとっても、近代化によって身分制が動揺するなかで、政府によって村内支配を保障されるメリットがあった。

ただしこの制度の導入にも、やはり土着化が存在した。プロイセンでは、日本でいえば藩主レベルに近い地方貴族が有力で、地方自治が発展していった。しかし日本では、廃藩置県と大区小区制、そして士族層の没落によって、村落レベルより上の在来地方有力層は破壊されていた。県レベルの首長は中央からの派遣官吏であり、町村長に任命された在来の地方有力者は、決定権限を持たないまま中央の命令で公共業務を行なうだけだった。無給名誉職としての町村業務は、一定の自治権があったプロイセンでは公共意識の醸成につながったが、決定権限のない日本では政府の財政負担削減に利用された部分が大きい（北住　一九九〇：二九二―九）。

こうして、一方ではフランスなみの中央集権制がとられながら、プロイセン型の君主が主権を持ち、地方共同体内では前近代的な身分意識は残存しているという体制ができあがる。個人を拘束する村落レベルの共同性は、村落を自立した公共空間とする方向ではなく、中央の意向を伝達する地方有力者を媒介として、中央政府への同調を末端の個人レベルにまで浸透させる機能を果たす。地方有力者が共同体を代表して中央と闘った事例は、谷中村を守ろうとした田中正造のように例外とみなされる。

地方の共同体は、近代国家形成の過程でいったん否定され自立性を破壊されたうえで、中央政府の下部組織として再編されたのである。

②福祉制度

前近代社会での相互扶助は、基本的に地方共同体内部で行なわれていた。多くの近代国家も、そうした地域的相互扶助を受けついで福祉制度を形成している。たとえばイギリスの福祉法制の起源である一六〇一年の救貧法は、農村部から都市部に流入した貧窮者を、教区ごとに救済することを義務付けたものであった（池田　一九九四：四九―五一）。

ところが明治政府が政権奪取後に行なったことは、こうした地域的相互扶助である江戸の町会所救済を廃止させたことであった。政府側文書は、この制度を維持すれば「信義ハ自ラ市中豪商ノ手」に帰してしまうと述べており、住民の忠誠心を政府に集中させる目的で、地域の公共福祉機能を破壊したことがうかがえる（池田　一九九四：五六―六〇）。代って政府が施行したのが、天皇の恩恵を前面に打ち出した、国庫負担による一八七四年の恤救規則であった。

こうして国家が主導権を握ったものの、財政難のため恤救規則の救済率は〇・二パーセントという低率であった。こうした欠陥を補うため、政府が採用したのが、「家族」と「地方」の再編と活用である。

まず一八七一年、日本の古代法制を参考にした戸籍法が発布され、「戸主」が設定された。この戸主は、家督権が保障された代りに、多大の義務を負っていた。まず戸内の男子が徴兵年齢に達したさいに届け出る義務と、子どもに学校教育を受けさせる義務である。戸主を家族内の管理責任者にすることで、徴兵や義務教育の忌避は国家にたいする「不忠」であると同時に親にたいする「不孝」となり、家族の共同性を国家への忠誠に連結することが可能になった。そして福祉面では、戸内に貧窮者が発生した場合の養育義務を戸主に科し、「乞食徘徊者」を「身元へ送籍」する方針をとったのである（池田　一九九四：五七）[11]。いわば家族は、地方村落の場合と同じく、在来リーダーが国家の中間管理職に任命されることで、徴兵・教育・福祉などを担う下部組織化されたといえる。

地方については、市町村制が制定された一八九〇年代から、「国費救助ノ濫救矯正」のため救済事業の地方委任が行なわれた。救済事業の国費負担率は、一八九七年の五四パーセントから一九〇六年には三八パーセントに減少する。市町村制のモデルとなったプロイセンにおいても、救貧業務は地方の義務とされていたが、決定や審議の権限を自治体が持っていたため、その後の福祉制度の発達や地元の公共性醸成につながった（北住　一九九〇）。しかし日本では、中央政府の末端組織という性格の強い地方公共団体に、財政と業務の負担を転嫁した側面が強かった（池田　一九九四：八三）。

さらに、後年には方面委員制度が採用された。これは地方有力者を無給名誉職の福祉委員に任命したもので、相談役と「濫救防止」に活用された。戦後もこの制度は、「民生委員」という名称で受けつがれる。

この後の福祉制度は、日露戦争期に制定された下士兵卒家族救助令や廃兵院法などを皮切りに、軍関係の援護を中心に発展する。とくに、日中戦争以降の総力戦体制下における整備は著しかった。大恐慌後における貧困を背景とした体格の劣化で、徴兵検査の合格率が一九二五年の七二パーセントから一九三五年には五二パーセントまで低下したため、陸軍が福祉法制に協力的であった。一九三七年には軍事扶助法と母子保護法が制定され、一九三八年には厚生省を設立、女子の勤労動員のために託児所を設置し、さらに一九三八年の国民健康保険法と一九四四年の厚生年金保険法によって、現在の福祉法制の骨格ができあがる。こうした過程でも中間集団の活用は行なわれ、たとえば厚生年金制度は企業に積立金の半額を負担させることで、国家財政負担を軽減している（池田　一九九四）。

在来の共同体内扶助を破壊したのち、国家主導で福祉制度を展開するが、家族や地方団体、地元有力者の無給名誉職、企業などを下部組織として活用し、国家財政の負担を軽減する。こうした中間集団の再編と利用は、地方制度の場合と共通したものといえる。そして、家族・地域・ボランティアを活用するという「日本型福祉」が、近年になった出現したコンセプトというより、近代日本政府の常套的手法の延長であることがうかがえよう。

③警察

近代社会では地方共団体の自治的処罰が「私刑」として否定され、警察が処罰を独占する。この点は日本でも同じだが（安丸編　一九九五）、日本では警察が治安を担当するだけでなく、近代化の促進役となっていった。

明治政府が近代警察制度のモデルとして検討したものには、大きく二種類あったといわれる。一つはイギリスの制度で、地方自治体が管轄し、非武装が原則であり、担当は主に刑事事件である。もう一つは当時第二帝政期にあったフランスのもので、中央政府の内務省が管轄し、武装を伴い、刑事事件のみならず広範な行政事項に携わる。当初は香港の視察報告をもとにイギリス型制度が検討されたが、結局フランスを視察した幹部の意見が採用され、一八七三年に内務省が設置された。のちに明治政府はプロイセンから顧問を招くが、地方自治体が警察を管轄するプロイセンの制度は導入されず、プロイセンから学んだ政治警察の手法などがフランス型の中央集権と混淆されて、「日本型」の警察制度ができあがる（大日方　一九九二）。

内務省は治安のみならず、現在では通産省・厚生省・運輸省・自治省などに分かれている総合内務行政を担当した。そして警察は、その実動部隊として多数の「取締」業務を担ったのである（大日方　一九九三）。

たとえば一九〇二年の工場取締規則により、工場の新設や増改築を行なう者は、工場の種別、位置、設計図、機械類の構造書などを所轄の警察署へ提出して、審査と設立許可を経なければならなかった。さらに警察は工場台帳を備え、巡回警察官が工場の衛生状態や従業状態をチェックした。

初代の大警視となった川路利良は、一八七六年に執筆した「警察手眼」で、「政府ハ父母ナリ。人民ハ子ナリ。警察ハ其保伝〔守役〕ナリ」「我国ノ如キ開化未ダ洽ネカラザルノ民ハ、最モ幼者ト見ナサヾルヲ得ズ」と述べている（川路　一九九〇：二四五）。警察は明治政府が推進する近代化の指導者として、大幅な許認可権を与えられたのである。

こうして一九世紀末から二〇世紀初頭に、多数の取締規則が新設された。病人を隔離する伝染病予防規則や、ゴミ処理を義務づけた汚物掃除法などの実動部隊は警察であった。荷車取締規則や自転車取締規則では、警察が基準を設けて車体を審査し、届出所有者以外の営業を禁じている。飲食店や風俗産業は警察による免許業務となり、衛生その他の審査を受けた。条約改正交渉のため、欧米人から見て「野蛮」とみえる風俗が取締まられた延長で、道路上の出店・大道芸・裸体などを規制する道路取締規則が設けられ、外国渡航志望者は地位・素行・資産額・前科などを警察に審査された。また警察官の巡回により、地域全家庭の財産・営業・素行・思想・家庭事情などが調査され、それらは初期には戸籍に、のちには戸口調査簿に記録されている。

さらに注目すべきなのは、取締に協力する民間組織の育成が行なわれたことである。各地の衛生組合や防犯組織、後年の総力戦体制期の町内会や隣組、そして各種業界団体などがこれにあたる。たとえば一八八九年の人力車取締規制では、車夫の年齢や服装を規定したほか、管轄警察署ごとに組合をつくらせ、組合加入者以外の営業を禁止している。こうした諸団体は、許認可権を持つ警察との間に癒着関係を築きながら、団体内の支配や新規参入者の排除といった既得権と引き換えに、取締規則を末端まで浸透させる監視機能を担ってゆく。

こうした警察業務は、とくに戦後の内務省解体後には、各省庁の管轄に分散していった。しかしこのような上からの近代化は、多大の許認可権を生むとともに、近代日本における中間集団の性格にも影響したといえる。

④ 教育

日本での近代教育制度は、一八七二年の学制発布にさかのぼる[12]。これはフランスを中心に当時の各国制度を参考に考案された制度であり、全国をナンバー制の大学区・中学区・小学区に区切り、それぞれに大学・中学・小学を設立し、学校名称に在来町村名はとらないという計画であった。この結果、小学校は現在とほぼ同数が設置されている（ただし新築は二割に満たず、寺や民家を使用したものが大部分であった）。

しかし問題は、欧米教科書の直訳が多かった教育内容と、いまだ近代化とは縁遠かった一般の生活様式との著しいミスマッチだった。日常生活には実用性皆無の教育内容は嫌忌され、財政難から授業料を徴収していたこともあり、就学監督を行なっても小学校の就学率は三〇パーセント台で、卒業率も二割程度にすぎなかった。

これにたいし明治政府は、早くも四年後には学制を廃止してアメリカの制度を参考にした自由教育令を採用、地方有力者の協力をとりつけるため町村名称を復活し、公選による学務委員会を設置した。これは戦後改革で再度導入された教育委員会とほぼ同型で、コミュニティ住民の委員会で地元教育を運営する制度である。

しかし当時の日本では、村落の公選委員に近代教育制度を運営させることは困難で、就学監督を緩めたためにかえって就学率は低下した。この制度は一年で廃止となり、学務委員を任命制とする一方、学校建設や経営費などは地元有力者や村落に担わせることで財政負担を軽減した。こうした中央集権↓自治制の導入↓中央統制の復活と地方共同体の再編利用というパターンは、地方制度の変遷とほぼ並行して行なわれている。

さらに当時は民間発行だった教科書（国定化は一九〇三年）の調査と検定を開始し、教科内容の土着化を行なった。これは、直訳調の教科内容を改めることと、自由民権運動に対抗するため、国家への忠誠と共同体内の儒教的道徳を重視した内容を盛りこむことの両面を含んでいた。こうした授業内容の土着化とともに、日清戦争の賠償金を財源に利用しつつ一九〇〇年には初等教育の授業料撤廃が実現し、合わせて起こっていた産業革命によって識字や初歩的算数の能力を持つ近代的労働者の需要が高まったことで、就学率は上昇する。

こうして初等教育は軌道に乗ったが、問題は中等教育であった。欧米諸国の中等教育は、主に労働者階級とは異なる中産階級の教養を学ぶものであり、ラテン語やギリシア古典などを重視していた。一八九二年、日本で私立学校を営んでいたアメリカ人宣教師は、日本でこれに相当するものとして、漢文や古典を教育することを提言している（天野　一九九二：一〇二）。しかし政府はこうした土着化を採用せず、中学校を大学で行なわれる近代教育の予備機関とした。このため中学校は、国民に基礎知識と忠誠心を教育する小学校と、官僚や技術者などを養成する大学との間にあって、はじめから独自の存在意義を持たず、大学進学のための通過機関となっていった。

そして発生したのが、激烈な進学競争である。日本の教育制度は、身分制を反映した複線制が根強く残る西欧諸国にくらべて、より単線的であった。これは、先発諸国の最先端の制度を輸入しがちな後発国の特徴に、近代知識の教育程度では身分差が少なかったという日本の事情（非西欧圏でも植民地化された地域ではこの条件は必ずしも成立しない）が加わったため発生したものだが、結果として中間集団内部では身分意識的な束縛が残存していながら、学歴取得による社会的上昇という方向にのみ個人のエネルギーを解放することとなった。

さらに、政府主導の近代化を遂げた後発国の必然として、高い現金収入を得られる近代的産業が、当初は政府関連部門にしか存在しなかった。明治政府はプロイセンに倣い一八八七年に官僚任用試験を導入したが、近代教育を受けた人材不足を急いで補うため、官公立の中学卒業生は中級官吏任用試験を、同じく帝国大学卒業生は高級官吏任用試験を免除するという、プロイセンにはない条項を加えていた。このため位階俸給制をとる政府関連部門では、学歴差は年収差に直結した。一八八〇年代後半に、中学生の一カ月の賄費一円五〇銭にたいし、師範学校卒業の小学教員の月給が六円、帝国大学卒業の校長が六〇円、内務省派遣の県知事が二五〇円だったといわれる。学生の生活費を月額一五万円として換算すれば、県知事は月給二五〇〇万円に相当する（天野 一九九二：四八—九、二〇〇）。

こうした高収入と地位を求めて、一八八六年から一八年間に中学進学者は一〇倍に増加し、地方有力者を媒介として中学校増設要求があいついだ。もとより中学校での教育内容は、上級学校へ進学する以外の実用性は皆無であり、一九〇〇年には中学校卒業者のうち地元の家業を継ぐ者は八パーセントにすぎなくなっていた。こうして地元有力者の子弟や優秀な者は、中央の高等教育機関と政府関連部門に吸収されていった（天野 一九九二：一六一—二）。

この場合、地方や家族の共同体意識は、卒業者を地元に残留させるよりも、むしろ中央への進学者数を競う方向に表れた。すでに一九一六年の東京府の訓令は、府内の中学校が合格者数競争に走り、児童の間に受験準備による健康障害が出ていることに注意を喚起している。こうして、中間集団のリーダー層の子弟をはじめとして、社会的上昇の度合いが中央政府との近接度によって計られるという意識が浸透してゆく。

以上の素描より、家族や地方といった在来の共同体が再編され、新しく生まれた業界団体や学校などとともに、中央政府の下部組織として個人レベルの統制に活用されていった経緯がうかがえよう。

この傾向は、一九三〇年代末からの総力戦体制期に、福祉・配給・情報・流通・雇用などが統制されたことで、いっそう著しくなった。各種健康保険組合・農村産業組合・産業報国会・隣組・町内会などが組織され、企業も厚生年金や各種手当の積立ないし支給場所として位置付けられて、そうした組織に所属しなければ物資配給や保険制度が適用されないという状況が強化される（森　一九九三）。戦後改革ではアメリカの指導で各分野に地方分権制が導入されたが、教育委員会の任命制復活や警察の再中央集権化のように、揺れ戻した部分も多かった。

3　「公」のありか

以上の素描を踏まえ、日本における公共性と共同性の問題について考察してみたい。

日本の近代化は、地方や家族、あるいは業界団体など中間集団の、個人を拘束する前近代的な共同性を残存ないし再編させながら、それを中央集権制の下に接続して活用していった過程といえる。政府主導の急速な近代化を遂げた日本では、現金収入や社会的地位を獲得できる近代産業が中央に集中していたから、中間集団のリーダー層にとっても、中間集団を中央に結びつけてゆくことは、利益誘導によって地位を保全するメリットがあった。

こうしたなかで中間集団は、内部では身分意識的な有力者支配と権威主義と運営されがちであり、そのうえ国家と離れた独自の決定権を持たなかったから、二重の意味で個人が公共性の願望を託せる空間とは言い難かった。そして個人がこうした中間集団の束縛から逃れる手段は、学歴によって中間集団から抜け出して自分から中央へ近付くか、中間集団レベルでも国家レベルでも公共性や共同性から自分を遊離させることだった。

一方で中央の政府や議会は、全体としては決定権限が集中しているものの、個々の構成メンバーは出身母体や所属部局といった中間集団の束縛から十分に逃れていなかったため、地域的ないし部局的な利益誘導が持ち込まれ、これまた独立した公共性の場とならなかった。いわば、中間集団と国家は相互に癒着しているがゆえに、ともに独立した公共性の場となってゆかない。そして、権威と利益誘導によって支えられている中間集団は、内部の権威が弱まると、集団が公共空間化する前に、集団の共同性のほうが崩れていく。

このような「日本的」と形容されやすい現象は、「文化的」特性というより、非ヨーロッパ圏の後発国が植民地化を経ずに自国政府の主導のもと急速な近代化を進めたという、類似例の少ない歴史的経緯から生じたものと考えられる。もっとも、現代国家はいずれも政府を頂点としてコーポラティズム的に中間集団を組織する傾向があり、そのなかで公共性の喪失が発生することも各国共通であるから、「日本的」特徴も「程度の差」の範疇ではあろう。しかし上記のような「日本的」特徴を踏まえることも、あながち無意味でもあるまい。

ここで本稿が素描した、各国の歴史的文脈における国家と中間集団の関係と公共性の理念を図式的に比較整理してみよう（もちろんこれは各国の実態というより理念であり、国内の多様性などは捨象している）。

まずフランスを近代国民国家の典型とする議論では、前近代的な共同体の破壊によって、近代的理性と主体性を持つ個人と、国家大の公共性と愛国心が生まれるという図式をとりやすい。ここで近代的主体に支えられる愛国心を肯定する立場をとるか、それを批判して近代的主体形成の検証、ないしは前近代的共同体の賛美という姿勢をとるかは論者によって分かれるが、いずれにせよ「個人および国家」と「中間集団」が対立項をなす。

それにたいしアメリカの思想的文脈では、地方や企業、あるいはエスニック・グループといった中間集団は個人を抑圧するものではなく、平等かつ自立した市民が自発的に集合して合議で運営する公共性の場であり、こうした場でこそ人間は自己を実現してゆくのであって、中央政府は市民とコミュニティの自生的な秩序形成能力を信頼して、若干の調整を行なう以外の干渉をするべきではないという世界観が描かれやすい。すなわちここでは、「個人および中間集団」が「国家」と対立するという図式がとられる。

しかし日本では、国家と中間集団は直列に接合されており、個人はその両者に束縛されているという図式が生まれる。すなわち、「個人」が「中間集団および国家」と対立項をなすわけである。逆にいえば、ここでは「個人」が共同性と公共性を求めてゆくことは、ただちに「国家」ないしその下部組織たる「中間集団」に吸収されることを意味し、それを逃れるには「個人」の位置にとどまるしかない、と意識されやすい。

これにたいし、たとえば丸山眞男は、ヨーロッパ政治思想の知識を応用して、日本では責任ある主体意識を持つ個人の自立と、近代的愛国心の形成が不十分であると批判した。彼によれば、戦前の「愛国心」は、中間集団内部と、中間集団と中央政府の間にあった、「従順だが卑屈な」権威への従属の集積だったにすぎない。そこでは国民国家の要件たる政府と国民の一致も、国民レベルの共同性や公共性も成立しておらず、前近代的な身分意識や中間集団が強すぎる。そのために、政府側には、国民の意志に反する行動やセクショナリズム、利益誘導などが目立ち、国民側には、政治的無関心と自立性・公共性の欠如が蔓延しているというのだった。(13)

しかし、個人の自立が近代的愛国心と公共性に結びつくという丸山の主張は、まったく定着しなかった。それどころか、丸山など戦後民主主義の思想は、個人の解放によって愛国心と公共性を解体しようとしたものだと受けとめられるという土着化が起こり、現在でも戦後民主主義にたいするこうした俗説が流布している。

アメリカ系の思想についても、類似の土着化を見ることができる。コミュニタリアニズムを「近代的自我への根本的な反省」として日本に紹介した政治思想研究者が、「公共心、連帯心の欠如」の例として挙げたのが、「運動部の先輩」の命令に後輩が口答えをしたというものだったという逸話は、もはや一編の悲喜劇といえる（藤原　一九九三：一九八：二〇〇）。いわゆる規則緩和論についても、アメリカと日本では政府の規制から解放される中間集団としての企業のイメージ（あえて実態とはいわない）が相当に重なっており、日本の文脈に安易にこうした思想を輸入すれば、かえってリストラをはじめとした、個人にたいする「中間集団の専制」(14)を正当化する結果になりかねない。

以上は、日本における共同性と公共性を考察するための、前提条件を述べたものにすぎない。ではこの前提を踏まえたうえで、どのように新たな共同性と公共性を構想しうるか。この小論でそれに答えるのは難しいが、最低限いえるのは、共同性の再建が同時に国家からの独立である方向を探らねばならないことである。

例として家族についていえば、大日本帝国期には「忠孝一本」が強調された。これは、親にたいする「孝」と国家にたいする「忠」の連続を示す表現であり、同じく儒教文化圏といっても中国などでは「孝」と「忠」の対立が思想上の問題となることと対比される。この「忠孝一本」の典型例は、軍隊の虐待から脱走してきた息子を、「親不孝者」と非難して当局に通報した母親のような存在であろう（これは実話である）。

こうした「家族」の共同性が、親の権威が弱体化すれば簡単に崩壊してしまう性質のものであろうことは、いうまでもあるまい。これを過去の軍事国家の極端な事例と思うならば、現在でも国家の定めた義務教育で不登校に陥った子どもを、「親不孝者」とみなさない親がどれだけいるかを考えてみればよい。構成員にたいし、自分の存在が上部の権威よりも尊重されているという感覚を持たせられない空間は、真の共同性の場とはなりえないのである。

福祉制度での戦後改革を担当したGHQ幹部の回想に、このような一節がある。「日本人と多くの会議を開き、検討を重ねたが、面白いことにお互いの概念の相違から、しばらくの間意見の一致を見なかった。われわれは後になって知ったのだが、日本語には英語のパブリック・アシスタンス（公的扶助）にあたる語がなかったのである」[15]、もちろん、「海の向こう」に理想的な公共性が存在するわけではない。しかし、これを、近代日本が国家とその下部組織以外の「公」を持たなかったことへの形容として受けとめる地点から、議論は出発しなければならない。

（『社会学評論』第五〇巻四号、二〇〇〇年、所収）

注

（1）ビルンボームらの研究は、フランス・プロイセン・イギリス・アメリカ・スイスを比較し、主に国家から独立した市民社会の有無と、国家が一極か多極かに重点を置いて類型化している。後述するように筆者はそれにたいし、国家形成が中央政府主導か否かと、身分制の消失度によって類型化した。ビルンボームらの分析は、フランスに国家から独立した市民社会がなく、きわめて一極集中型の国家であることを強調したあと、独立した市民社会が存在する事例としてイギリスとアメリカを、多極型国家としてスイスを対比している。反面、身分制の消失度についてはさほど関心を払っておらず、イギリス評価においても国家からの独立度が高い社会が存在することに関心を集中しており、階層差が強いことには重点が置かれていない。これはおそらく、フランス人であるビルンボームが、フランスの問題点を浮き彫りにするために設定した分析軸の、長所と限界を示すものであるように思う。筆者は日本の分析を主題とするがゆえに、ビルンボームらとは異なる分析軸を設定したのである。

（2）こうした比較対象選択は、ビルンボームらだけでなく、升味準之輔（一九九〇）などでもとられているものである。

（3）Badie and Birnbaum（一九七九＝一九九〇）のほか、櫻井陽二（一九八五）、中木康夫編（一九八七）など、フランスの国家形成経緯とその政治文化を結びつける見解は多い。近代フランスの諸制度についてはJack Hayward（一九八三＝一九八六）が詳しい。さらに阪上孝（一九九九）も参照。

（4）Badie and Birnbaum（一九七九＝一九九〇）のほか、西川長夫（一九九五）などがフランスを国民国家の典型として論じている。

（5）とくに宇賀博（一九九五）は、開拓民共同体の歴史とコミュニタリアニズムの関連をあつかっている。リバタリアニズムの歴史的起源についてはDavid Boaz（一九九七＝一九九八）、建国期以来のアメリカの国家思想については名古忠行（一九九二）および金井光太朗（一九九五）などを参照。

（6）アメリカの国家制度については、鈴木康彦（一九九九）がまとまっている。国家—地方関係については、Joseph Zimmerman（一九七八＝一九八六）も参照。

（7）アメリカにおけるコミュニティ思想と株式会社理念については、宇賀（一九九五：八二—五）を参照。

（8）図式化はあくまで図式化にすぎない。フランスで実際にどこまで身分制が消失しているのか、あるいはフランスといっても地方差があるといった実態を論じはじめれば、こうした図式の象限に実際の国名をあてはめることが不適切なことは自明である。また、中央集権の進行は地方貴族層の地位低下をもたらすことなどを考えると、「中央集権度」と「身分制の消失度」は独立した変数とはいえないから、こうした図式を構成することじたい適切ともいえない。たとえば後述するように、プロイセンと大日本帝国はともに君主制だが、両者の比較でいえば、プロイセンのほうが身分制の消失度が弱いがゆえに中央集権度も弱い。しかしこうしたラフな図式化でも、視点の整理としては一定の役には立つのである。むしろ筆者は、図式化とはしょせん作業仮説以上にはなりえないものと考えているので、実態をカバーするために精緻化を施して複雑にするよりも、ラフでもわかりやすい状態にとどめたほうがよいという立場をとる。

（9）以下、日本の国家形態および地方制度については、中村哲（一九九二）、佐々木克（一九九二）、大石嘉一郎（一九九〇）などを参照。プロイセンの影響は、瀧井一弘（一九九九）などを参照。

（10）自由民権思想と国民形成の関係は、牧原憲夫（一九九八）などを参照。

（11）戸籍制度については、熊谷開作（一九八七）および井戸田博史（一九九三）を参照。

（12）近代初期の日本の初等教育制度の変遷は、日本近代教育史刊行会（一九七三）および中村紀久二（一九九二）を参照。

（13）たとえば、丸山眞男『現代政治の思想と行動』（一九六四）収録の「超国家主義の論理と心理」「軍国支配者の精神形態」「日本におけるナショナリズム」などを参照。本稿での日本社会の把握は丸山の議論に影響を受けているが、近代国民国家理念を日本に移入しようとした彼の処方には賛同できない。

(14) なお、「中間集団の専制」とは法哲学者の井上達夫の言葉である。
(15) 新藤宗幸(一九九六:五五)より重引。

文献

天野郁夫、一九九二、『学歴の社会史』新潮社。

Badie, Bertrand and Pierre Birnbaum, 1979, *Sociologie de l'etat*, Paris: Grasset et Fasquelle.(=一九九〇、小山勉訳『国家の歴史社会学』日本経済評論社。)

Boaz, David, 1997, *Libertarianism*, New York: The Free Press.(=一九九八、副島隆彦訳『リバータリアニズム入門——現代アメリカの〈民衆の保守思想〉』洋泉社。)

藤原保信、一九九三、『自由主義の再検討』岩波書店。

Hayward, Jack, 1983, *Governing France*, London: George Weidenfeld & Nicolson Ltd.(=一九八六、川崎信文ほか訳『フランス政治百科』勁草書房。)

池田敬正、一九九四、『日本における社会福祉のあゆみ』法律文化社。

井戸田博史、一九九三、『家族と法の歴史——氏・戸籍・祖先祭祀』世界思想社。

金井光太朗、一九九五、『アメリカにおける公共性・革命・国家——タウン・ミーティングと人民主権との間』木鐸社。

川路利良、一九九〇、「警察手眼」由井正臣・大日方純夫編『日本近代思想大系 19 官僚制/警察』岩波書店、二四四—六一。

北住炯一、一九九〇、『近代ドイツ官僚国家と自治——社会国家への道』成文堂。

熊谷開作、一九八七、『日本の近代化と「家」制度』法律文化社。

牧原憲夫、一九九八、『客分と国民のあいだ——近代民衆の政治意識』吉川弘文館。

丸山眞男、一九六四、『現代政治の思想と行動 増補版』未来社。

升味準之輔、一九九〇、『比較政治——西欧と日本』東京大学出版会。

Moran, Michael, 1985, *Politics and Society in Britain*, London: Macmillan.（＝一九八八、犬童一男監訳、吉瀬征輔・村田邦夫・十川宏二訳『イギリスの政治と社会』晃洋書房。）

森武麿、一九九三、『アジア・太平洋戦争』集英社。

中木康夫編、一九八七、『現代フランスの国家と政治』有斐閣。

中村紀久二、一九九二、『教科書の社会史』岩波書店。

中村哲、一九九二、『明治維新』集英社。

名古忠行、一九九二、『アメリカン・コモンウェルス』法律文化社。

日本近代教育史刊行会、一九七三、『日本近代教育史』講談社。

西川長夫、一九九五、「日本型国民国家の形成——比較史的観点から」西川長夫・松宮秀治編『幕末・明治期の国民国家形成と文化変容』新曜社、三—四二。

小熊英二、一九九四、「市民と武装——アメリカ合衆国における『武装権』試論」『相関社会科学』四：一二—三四。

大日方純夫、一九九二、『日本近代国家の成立と警察』校倉書房。

——、一九九三、『警察の社会史』岩波書店。

大石嘉一郎、一九九〇、『近代日本の地方自治』東京大学出版会。

阪上孝、一九九九、『近代的統治の誕生——人口・世論・家族』岩波書店。

櫻井陽二、一九八五、『フランス政治体制論——政治文化とゴーリズム』芦書房。

佐々木克、一九九二、『日本近代の出発』集英社。

新藤宗幸、一九九六、『福祉行政と官僚制』岩波書店。

鈴木康彦、一九九九、『アメリカの政治と社会』国際書院。

瀧井一弘、一九九九、『ドイツ国家学と明治国制』ミネルヴァ書房。

内田満ほか編、一九七五、『現代政治学の基礎知識』有斐閣。

宇賀博、一九九五、『コミュニタリアニズム——初期アメリカ社会主義の研究』晃洋書房。

安丸良夫編、一九九五、『「監獄」の誕生』朝日新聞社。

Zimmerman, Joseph, 1978, *State and Local Government*, New York: Harper & Row.（＝一九八六、神戸市地方自治研究会

訳『アメリカの地方自治――州と地方団体』勁草書房。）

丸山眞男の神話と実像

私は丸山眞男の弟子で親しく接触していた人間でもないし、丸山を専門に研究しているわけでもありません。しかし、丸山と同時代の言論をいろいろ読んだ立場から、彼の生涯を考えたいと思います。

丸山が「丸山眞男」になる前

まずは、戦時中までの丸山について述べましょう。そこで注目しておきたいことが三点あります。

一つは、彼が丸山幹治というジャーナリストの息子で、彼自身もジャーナリスティックな勘のよさを持っていたこと。次に彼には、投獄と軍隊応召の経験があったこと。そして東大法学部に二三歳で助手に採用され、三年後には助教授に昇進し、東大法学部を愛していたことです。

一点めのジャーナリスティックな勘についてはあとで触れるとして、まず二点めの投獄経験について述べましょう。丸山はまだ一九歳の一高生だった一九三三年に、唯物論研究会の創立記念講演会に出席して、逮捕された経験があります。死後に公表された彼のノート『自己内対話』（みすず書房）によると、逮捕されて留置所に送られたとき、「不覚にも一睡もできない留置所で涙を流した。そのことがまた、日頃の『知性』などというものの頼りなさを思いきり私に自覚させた」といい、「軍隊経験にまさるとも劣らぬ深い人生についての経験」だったと述べられています。

逮捕といっても講演会に出席しただけなのだから、数日留置されてもすぐ釈放されることはわかっているはずなのに、留置所で泣いてしまい一睡もできなかった。日頃は「知性」とか何とか言っていて、勇んで唯物論研究会に参加したつもりだったのに、自分はこんなに腰抜けだったのかということを思い知らされた。このことは、あとで述べるように、その後の丸山の言論活動にも影響を与えたと思います。

そして三点めの、東大法学部を愛していたことの背景を説明しましょう。丸山は東大法学部を、権威主義的に愛したわけではない。やはり『自己内対話』で、戦前に助教授に昇進したとたん自分への世間の評価ががらりと変わって、縁談が続々と持ち込まれて辟易したことや、助教授昇進に祝辞をくれた人に「東大助教授が何でそんなに有難いのかわからない」と言い放ったと書いています。

ではそういう丸山が、なぜ東大法学部を愛したのか。一言でいうと、戦前の軍国主義時代において、東大法学部が彼にとって唯一の自由な空間であり、彼の言葉を借りれば「『国内亡命』の場」だったからです。

丸山は唯物論研究会に出席して投獄されたあと、東大法学部政治学科に入って、一九三六年に東大の学生団体である緑会の懸賞論文「政治学に於ける国家の概念」を書きます。その内容は基本的に、当時の流行に乗った近代批判でした。

近代批判というテーマは、戦中の「近代の超克」論にも受けつがれますが、戦前から戦後のマルクス主義系の論者は、そろって「近代市民主義」ないし「近代資本主義」への批判を唱えていて、「近代批判」はいわば当時の知識人の常識でした。そして丸山のこの論文の近代批判が、マルクス主義に影響を受けていることは、言論弾圧が激しい時代でしたから明記はされていませんが、見る人が見ればはっきり分かるはずでした。『自己内対話』によると、丸山は当時この論文について、「これが通用するなら、研究室に残ってもいい」と友人に語っていたそうです。

丸山はもともとジャーナリスト志望で、通信社に入って海外勤務をするのが夢で、大学に残る気はなかった。たまたま助手公募の掲示をみて応募したそうです。そして彼は、逮捕歴があったのと、マルクス主義に影響を受けた論文を書いたので、特高警察や憲兵の監視を受けていた。そういう人間を助手として雇うだけの度量が東大法学部にあるのなら、研究室に残ってやってもいい、というのが二二歳の生意気盛りの学生だった当時の彼の気持ちだったのでしょう。

ところが当時の丸山の指導教授だった南原繁は、丸山の論文のそういう性格を見抜いたうえで、さらには丸山が自分の逮捕歴などを告白したのを聞いたうえで、あえて丸山を助手に採用します。このことで丸山は、南原に対して後々まで敬意と信頼を持つことになります。

さらに丸山が助手に採用されたあとは、非常勤講師の津田左右吉の歴史学講義が右翼団体から攻撃されたり、日比谷公会堂で右翼による「東京帝大法経学部撲滅国民大会」が開かれたりします。戦前の国粋主義運動は、東京帝大に象徴される「西洋文化をもてあそぶ特権階級への嫉妬と憎悪」が隠れた動機になっている部分がありましたから、東大法学部は攻撃の対象だったわけです。

また丸山は助手になっても憲兵の監視をうけ、ついには尋問までされたとき、「これほどまでと思わなかった東大法学部への『当局』の嫌疑」を思い知らされたそうです。そして丸山によれば、おなじ東大の中でも、文学部では平泉澄が神がかった国粋主義的な日本史講義をやっていたし、「経済学部はあの体たらく」で、理学部や工学部は軍から予算をもらって「軍学協同の体制に編成されていた」という状態だった。

そうしたなか、丸山によれば法学部の研究室だけが、リベラルな発言が許される場だった。日米戦争が始まったとき、南原繁は「このまま枢軸が勝ったら世界の文化はお終いです」と述べたそうですし、田中耕太郎も「日本が大東亜戦争に負けたほうが世界文化のためによい」と発言したらしい。丸山は『自己内対話』で、法学部の研究室は「別世界のようにリベラルであったし、私はこの僅かに残されたリベラルな空気を酸素吸入器をあてられたようにむさぼり吸いながら戦時をすごした」と書いています。丸山が東大法学部を愛したのは、こういう時代背景のためでした。

ただし、南原繁や田中耕太郎は、およそマルクス主義的ではありませんし、天皇に敬愛を抱いていた保守的自由主義者でした。しかし、戦時期に元マルクス主義者たちが続々と転向して、戦争協力の論文を書いていく状況の中で、南原や田中は保守的自由主義者であっても、彼らなりの筋を通した。この点も、丸山に強い印象を残したようです。

丸山は敗戦直後の一九四七年の「陸羯南――人と思想」で、こう書いています。「口先では羯南よりいさましいことを叫んでいた民権論者は少なくなかったが、そういう連中は後には、仇敵のごとく罵っていた藩閥政府と平気で手を握ってしまった。それに比べると羯南は抽象的理論で示されたかぎりの進歩性はその儘《まま》彼の現実問題に対する批判において保持された」。また戦後に平和問題談話会を結成したときの人選では、「ある種のマルキストよりは、ある種の保守派のほうがまだ信用できる」と考えていたという。彼が戦時期に転向して戦争に協力していったマルクス主義者たちと、保守的自由主義者であっても筋を通して自分をかばってくれた南原や田中をどうみていたか、わかると思います。

おそらくそこには、勇ましく唯物論研究会に参加してみたけれど、いざ逮捕されたら泣いて一睡もできなかった、情けない彼自身の経験も反映していたと思います。つまり、口先で勇ましいことを言うのは簡単だけれど、自分が主張したことを何があっても貫ける覚悟がなければだめなんだ、そういう覚悟のないことを書くべきではないんだ、ということですね。丸山の戦後の言論も、革命や天皇制打倒を叫んだ同時代のマルクス主義者たちなどよりはずっと穏健なのですが、いちど主張した線から後退するということは基本的になかったわけです。

そうして丸山は、南原から日本と中国の古典を勉強するよう勧められます。もともと丸山は、ヨーロッパ政治思想を研究したかったのであり、日本や中国の思想など関心がなかった。ところが当時は文部省が、帝国文学が西洋思想ばかり研究しているのはけしからん、東洋思想や日本思想を研究する「国体講座」を作れ、という方針を出していた。しかし当時の東大法学部に、そんなものを研究している人がいない。それで南原は、丸山に日本や中国の思想を研究することを勧め、東洋政治思想史の講座の担当にしてしまったわけです。

こうして丸山は、最初は気が進まない状態で日本思想を研究しはじめたのですが、だんだん興味を持つようになり、福沢諭吉や荻生徂徠などを自分なりに読み込んでいくことになります。そして戦後には、西洋思想を崇めたてまつることを批判して、日本の思想史のなかにも内在的な発展の芽があったんだということを強調していきます。後年の言い方をすれば、一種の内発的発展論ですね。

その後、彼は一九四四年に、助教授の身分であったにもかかわらず徴兵されてしまいます。朝鮮半島の部隊に入れられて、脚気のためいちどは除隊になるのですが、再召集されて広島で被爆して生還します。丸山にとって、軍隊での経験はよほど屈辱的なものだったらしく、軍隊にいた時期について彼はほとんど書き残していません。古参兵や上官の顔色をうかがう生活を「御殿女中」のようだったと座談会で発言したり、朝鮮出身の古兵に編上靴で殴られたとかいう話が伝聞で伝わっている程度です。この軍隊での経験が、戦後に彼が注目を集めた「超国家主義の論理と心理」に結晶していくことになります。

敗戦直後における丸山の出発点

敗戦直後の一九四六年一月、丸山は「近代的思惟」という短い文章を発表しますが、ここで彼はこう述べています。

「……近代的精神なるものがすこぶるノトーリアスで、恰《あたか》もそれが現代諸悪の究極的根源であるかのような言辞……その『超克』のみが問題であるかの様な言辞が、我が尊敬すべき学者、文学者、評論家の間でも支配的であつた茲《ここ》数年の時代的雰囲気をば、ダグラス・マッカーサー元帥から近代文明ABCの手ほどきを受けている現代日本とを引き比べて見ると、自ら悲惨さと滑稽さのうち交った感慨がこみ上げて来るのを如何ともなし難い。漱石の所謂《いわゆる》『内発的』な文化を持たぬ我が知識人たちは、時間的に後から登場し来ったものはそれ以前に現われたものよりすべて進歩的であるかの如き俗流歴史主義の幻想にとり憑かれて、ファシズムの『世界史的』意義の前に頭を垂れた。そうして今やとっくに超克された筈《はず》の民主主義理念の『世界史的』勝利を前に戸惑いしている。やがて哲学者たちは又もやその『歴史的必然性』について喧《かまびす》しく囀《さえ》ずり始めるだろう。しかしこうしたたぐいの『歴史哲学』によって嘗《かつ》て歴史が前進したためしはないのである」。

さきほど述べたように、丸山は転向して戦争に協力したマルクス主義知識人たちに反感を持っていました。「歴史哲学」と書かれてあるのは、戦時中にはやった「近代の超克」論や「世界史の哲学」はもちろんですが、教条的なマルクス主義も念頭に置かれていたでしょう。

丸山がこの「近代的思惟」という短文で書いているのは、そんなものとは一線を画していくという決意です。彼自身も、一九三六年には当時の流行に乗って、近代批判の論文を書いた。しかし戦争中のあの言論界のありさまを見たいまでは、近代は乗りこえられたとかいう安易な潮流には自分は乗らない。そして「近代的人格の確立という大業をまず3＋2＝5という判断の批判から始めたカント、乃至は厖大な資本制社会の構造理論をば一個の商品の分析より築き上げて行ったマルクスの執拗な粘着力に学びつつ、魯鈍に鞭打ってひたすらにこの道を歩んで行きたい」と宣言して、「近代的人格」の再評価にむかうわけです。

もう一つこの文章で書いているのは、日本思想の再評価です。彼によれば、「過去の日本に近代思想の自生的成長が全く見られなかったという様な見解も決して正当とは云えない。斯うした『超克』説といわば正反対のいわば『無縁』説にとって現在の様な〔敗戦で〕打ちひしがれた惨憺たる境涯は絶好の温床であるが、それは国民みずからの思想する力についての自信を喪失させ、結果に於て嘗ての近代思想即西欧思想という安易な等式化へ逆戻りする危険を包蔵している。こうした意味で、私は日本思想の近代化の解明のためには、明治時代もさることながら、徳川時代の思想史がもっと注目されて然るべきものと思う」という。

戦争中に、丸山はのちに『日本政治思想史研究』（東京大学出版会）にまとめられる江戸思想の研究論文を書いていたのですが、そこでの主張は、要するに「近代的人格」が確立する芽が江戸思想にもあったということです。こういう彼の研究は、のちには文献の読み方が強引すぎるとか、日本思想にこだわったナショナリズムだといった批判をうけることになりますが、そういう批判は時代的文脈を軽視していると思います。戦争中は、日本思想といえば西洋近代主義を超越した「やまとごころ」だと喧伝されていて、西洋近代思想に近いものが江戸思想にあったという主張をするのは、一種の抵抗だった。そして敗戦後の日本は打ちひしがれ、国民は自信を失い、経済や社会は惨憺たるありさまだった。そういうなかで丸山は、西洋の啓蒙思想にただ拝跪するのではなく、「国民みずからの思想する力」に自信を持てという、一種の内発的発展論を唱えたわけです。

ここには、当時の丸山の基本的スタンスが濃縮されていると思います。こうして、彼は戦後の出発を始めたわけです。

天皇制をめぐって

戦後に丸山を一躍有名にしたのは、『世界』一九四六年五月号の巻頭に掲載された「超国家主義の論理と心理」という論文です。当時まだ三二歳だった丸山は、論壇ではまったく無名の存在で、彼が『世界』の巻頭論文を執筆したのはまさに大抜擢だったといえます。

そのとき、『世界』編集長の吉野源三郎に丸山を紹介したのは田中耕太郎だったそうです。また丸山は、大日本帝国憲法を手直しする程度の憲法案を検討していた、法学者の宮沢俊義の憲法研究委員会にも参加していた。指導教授の南原繁は、熱烈な天皇への敬愛心の持主です。

つまり丸山は、保守的自由主義者の人脈のなかにいた人だった。そして戦時期には戦争協力の論文を書いていたのに、戦後になったら手のひらを返したように革命だの天皇制打倒だのと叫びだしたマルクス主義者たちには、強い反感と軽蔑の念を抱いていたようです。

一九六七年の鶴見俊輔とのシリーズ対談「語り継ぐ戦後」では、丸山はこう言っています。「〔敗戦直後の〕左翼に対する違和感は、強かった」「違和感なんてものじゃなくて、当時むしろ憎しみと軽蔑をもったのは、やはり戦争中に羽ぶりのよかった知識人たちに対してですね。その感情は今日自分でも追体験できないほど激しかった」と。

丸山はそういう人ですから、急進的な勇ましい左翼調の論文など、敗戦直後から書くわけがない。「超国家主義の論理と心理」でも、「天皇制打倒」などとは書いていません。

しかしこの論文で丸山は、日本社会が上からの抑圧を下にむかって爆発させる「抑圧の委譲」という特徴をもっていること、それは古参兵が新兵をいじめぬく軍隊のあり方に集約的に表われていることなどを書いた。もちろんここには、彼自身の軍隊経験が反映されています。そしてそうした構造を、「天皇を長とする権威のヒエラルヒー」と形容している。さらに論文の末尾では、「日本軍国主義に終止符が打たれた八・一五の日はまた同時に、超国家主義の全体系たる国体がその絶対性を喪失し今や始めて自由なる主体となった日本国民にその運命を委ねた日でもあったのである」と述べて、「国民」を鼓舞したわけです。

この論文では、「天皇制打倒」といった勇ましい言葉は書かれていませんが、「天皇を長とするヒエラルヒー」や「国体」が批判されているのは明らかです。そしてそれは、丸山自身にとっては重大な一歩だった。

というのも、丸山はもともと保守的自由主義の人脈にいた人であり、彼自身も天皇には敬愛を抱いていた。戦中から敗戦直後には、君主制と民主主義は矛盾しないし、戦後の日本も立憲君主制でいいのではないかと考えていたようです。しかし昭和天皇が死んだ一九八九年の「昭和天皇をめぐるきれぎれの回想」で、彼は「超国家主義の論理と心理」について、こう書いています。

「この論文は、私自身の裕仁天皇および近代天皇制への、中学生以来の『思い入れ』にピリオドを打った、という意味で——その客観的評価にかかわりなく——私の『自分史』にとっても大きな劃期となった。敗戦後、半年も思い悩んだ挙句《あげく》、私は天皇制が日本人の自由な人格形成——自分の良心に従って判断し行動し、その結果にたいして自ら責任を負う、つまり『甘え』に依存するのと反対の行動様式をもった人間類型の形成——にとって致命的な障害をなしている、という結論にようやく到達したのである。あの論文を原稿用紙に書きつけながら、私は『これは学問的論文だ。したがって天皇および皇室に触れる文字にも敬語を用いる必要はないのだ』ということをいくたびも自分の心にいいきかせた。のちの人の目には私の『思想』の当然の発露と映じるかもしれない論文の一行一行が、私にとってはつい昨日までの自分にたいする必死の説得だったのである」。

この後、丸山は「軍国支配者の精神形態」を書いて、戦中の指導者たちが「自分の良心に従って判断し行動し、その結果にたいして自ら責任を負う」人間類型とはほど遠かったことを批判して、そうした人間たちが作る日本ファシズムを「無責任の体系」と形容しました。しかし私の推測では、「自分の良心に従って判断し行動し、その結果にたいして自ら責任を負う」人間類型と対照的な存在として彼がまず念頭においていたのは、戦中の指導者もさることながら、戦中に転向して戦争協力をし、戦後にはまた転向して「天皇制打倒」とか言い始めた、マルクス主義者たちだったのではないかと思います。彼が身近で見聞したのは、雲の上にいた指導者よりも、そういう知識人たちの方だったはずですから。

米谷匡史さんは、丸山が死んだ一九九六年に、「丸山真男と戦後日本」（『丸山真男を読む』情況出版所収）という講演で、敗戦後の丸山をこう批判したことがあります。丸山は敗戦直後から天皇制を批判していたのではなく、宮沢俊義を中心とする憲法研究委員会で大日本帝国憲法を手直しする程度の議論をやっていた。彼が国民主権の民主化に思い至ったのは、一九四五年八月一五日からではなく、四六年二月にGHQの憲法草案を読んだあとで、「超国家主義の論理と心理」を書いたのもそのあとである。そしてこの論文でも、丸山は天皇制批判を明示的にやっておらず、彼が天皇制廃止を述べ始めるのは一九五〇年代になってからである。その丸山が「超国家主義の論理と心理」で、八月一五日に日本国民が「自由なる主体となった」などと書いたりしたのは、一種の「神話づくり」「戦後民主主義の〈起源〉の隠蔽と偽造」であって、「丸山は、占領軍によってあたえられた民主化を、後追いし、追認することによってしか、戦後民主主義を始動させることができなかった」のだと。

そして米谷さんはこの講演で、敗戦の日はポツダム宣言受諾を確定した八月一四日か、降伏文書に調印した九月二日とみなすのが正確なのであって、八月一五日はたんに天皇の玉音放送が流された日であり、「天皇を精神的支柱として戦後への転換と復興をとげるための『儀式空間』が演出された日だった」とも述べています。敗戦の日は八月一五日ではないという着想は、のちに佐藤卓己さんが『八月十五日の神話』(ちくま新書)でふくらませていくことになります。

これらの批判は、事実確認としては当たっている。しかし私は、この批判は同時代の文脈を十分に踏まえたものとはいえないと思うし、丸山をある意味で「過大評価」していると思います。

まず先ほどから述べているように、丸山はもともと保守的自由主義者の人脈のなかにいた人です。そういう人にむかって「敗戦直後から天皇制打倒を主張していなかった」というような批判をするのは、的外れな「過大評価」ではないでしょうか。それにそういう批判をするなら、米谷さんは丸山を批判するだけではなく、共産党を賞賛しないと筋が通らない。共産党やその周辺の知識人で、当時から天皇制打倒を叫び、占領軍以上にラディカルな改革を唱えていた人はたくさんいたわけですから。

私の推測でいえば、丸山は戦争が終わったからといって、手のひらを返したようにラディカルな言論を書くようなことは、恥ずべき行為だと考えていたと思います。さらに、勇んで唯物論研究会に参加しても、逮捕されたら泣いてしまった情けない自分の経験を覚えていて、いざとなったら責任をとれないような勇ましい主張を容易に書きたくないと考えていたのではないか。敗戦後に半年以上悩み続け、「つい昨日までの自分」と格闘しながら、なまぬるいとみられようと一歩ずつ前に進もうとした丸山の姿勢は、それなりに理解できると思います。

それから天皇制批判についていえば、たしかに丸山は一九四六年の「超国家主義の論理と心理」では、明示的に「天皇制打倒」とかは書いていません。丸山が明示的に、天皇制が「日本民族」の「精神的自立」を妨げているという「考え方がきまった」と述べているのは、一九五二年の座談会「日本人の道徳」においてです。そしてその座談会でも、そういう「考え方がきまった」のは「やっとこの二、三年」だと言っている。そういう意味では、丸山が天皇制批判を始めたのは一九五〇年代になってからだという米谷さんの指摘は、根拠のあるものです。

私の推測では、「超国家主義の論理と心理」を書いた時点では、丸山は天皇制に対しては姿勢が揺れていたと思います。一九八九年になって、この論文を書いて天皇制への思い入れにピリオドを打ったと書いているけれど、記憶の錯誤もあるかもしれないし、仮にそれが本当だったとしても、明確に打倒の対象とみなすほどには態度が決まっていなかったと思う。一九五二年の座談会では、天皇制への考えが決まったのは「やっとこの二、三年」だと述べていますしね。

これも推測でいえば、この天皇制への態度の変化には、二つの背景があったと思います。一つは、丸山が恩義を感じていた南原繁や田中耕太郎、とくに南原が熱烈な象徴天皇制支持者で、彼らに囲まれているあいだは明示的な天皇制批判を言いにくかったのではないかということです。しかし一九四八年に平和問題談話会が結成されたとき、会長の安倍能成が南原を好いていなかったという経緯もあって、南原はこの会に加わらなかった。そして平和問題談話会が一九五〇年一月の第二回声明で、全面講和を主張したとき、単独講和を支持する田中耕太郎や津田左右吉が談話会から脱退した。こうして南原や田中が丸山の周囲からいなくなったので、一九五〇年ごろから天皇制批判を言いやすくなったのではないか。

またもう一つの背景は、一九四九年ごろから始まったレッド・パージです。この時期から言論界や官公庁で「赤狩り」が始まり、安易に「天皇制打倒」とかは言いにくくなってきた。丸山は世間の動向に逆らう「あまのじゃく」を自認していた人ですから、敗戦直後に「天皇制打倒」とか「民主主義万歳」といった言論がはやっていたときは、それに便乗したくないと思っていたけれど、レッド・パージでそれが言いにくい時代になった今こそ自分は天皇制を批判してやる、と考えたのではないか。彼が自分の政治思想に反して、共産党の存在意義を擁護した「ある自由主義者への手紙」を書いたのも、一九五〇年のことです。

また丸山本人にも、小さな事件が一九五〇年八月に起こります。当時の彼は、時事通信社のシリーズ企画『二十世紀日本文化史』のうち、『社会思想五十年』という巻を担当し、これが丸山の初著作になるはずだった。ところがレッド・パージで、丸山の担当編集者が解雇されてしまう。丸山は時事通信社に抗議文を送り、「いやしくも憲法や政治を学び、かつ人に講ずる立場にある者として、眼前に基本的人権のじゅうりんと、労働基準法の違反が公然と行なわれているのをそのまま黙過したならば、己れの言説に忠実なるものとはいわれない」と述べて執筆を拒否してしまった（『東京大学学生新聞』一九五〇年九月二一日号）。

レッド・パージが始まったとき、当時の知識人たちが、あの戦前の言論弾圧の時代がまたやってくるのかと恐怖したことは、よく知られています。丸山自身もこの小さな事件で、これは他人事ではない、ここで本気で闘わなければと思ったことは、容易に推測できます。この事件の直後に丸山は、平和問題談話会のたいへん長文の第三回声明の前半部を、旅館でカンヅメ状態にされながら書くわけです。そして天皇制に対する姿勢も、この時期に腹が決まったのではないか。

ちょっと考えればわかることですが、一九四六年に天皇制批判をいうより、一九五二年にそれをいうほうが、ずっと勇気のいることですよ。だから、丸山が天皇制を明確に批判するようになったのは五〇年代になってからだというのは、事実としてはその通りかもしれないけれど、根本的な批判になっているのかは疑問だと思います。とはいえ、あの米谷さんの講演は一〇年前のものですから、現在の彼の考えを聞いてみたいですね。

丸山は「戦後民主主義のチャンピオン」か

話は変わりますが、「戦後民主主義」というと、その代表的存在として丸山の名前が挙がることが多い。しかし、それは事実なのだろうか。

たしかに丸山は『世界』四六年五月号に「超国家主義の論理と心理」を発表し、それが新聞の書評でもほめられ、おもに若い読者から圧倒的な共感を得ました。とくに軍隊で屈辱的な経験を味わった元学徒兵が、自分の経験を解明してくれたと受けとめたのが、あの論文への反響のいちばん大きな部分でした。

しかしあの論文は、このように若者、とくに学徒兵として軍隊経験を経た大学生たちの熱烈な共感を得たようですが、年長の読者がどのくらい感心したかを記した資料は、あまり見かけたことがありません。『朝日新聞』の雑誌評で「若さといふものの価値を思はせる新しいスタイルがある」といった評価があった程度です。もともと丸山は、当時はまったく無名の若手にすぎなかったわけですし、『構造と力』を出したときの浅田彰さんか、それ以下程度の位置づけだったとしても不思議ではないわけです。

そして、『世界』に載った「超国家主義の論理と心理」は若者を中心に反響を呼びましたが、その後の丸山の代表的な時事論文とされる「日本ファシズムの思想と運動」や「軍国支配者の精神形態」などは、東大東洋文化研究所の講座とか、雑誌『潮流』といった比較的マイナーな媒体に載っています。ですから私は、同時代に丸山の論文がそんなに広範に読まれていたのか、いささか疑問だと思っています。

丸山が当時から「戦後民主主義のチャンピオン」とみなされていたかについては、彼が所属した平和問題談話会が三回にわたり声明を出したときの報道が一つの傍証になります。当時の『朝日新聞』などは表裏二頁かせいぜい見開き四頁だったこともあり、談話会が声明を出したことなど載っていません。『東京大学学生新聞』が、全面講和を打ちだした第二回声明のことを小さい記事で報道していますが、談話会のメンバー紹介は「安倍〔能成〕、大内〔兵衛〕両氏のほか天野貞祐、恒藤恭、和辻哲郎、羽仁五郎、末川博、蝋山政道、清水幾太郎、吉野源三郎、脇村義太郎氏らが加わっている」となっている。つまり戦前戦中からあるていど有名だった人が紹介されているだけで、丸山の名前など出ていません（『東京大学学生新聞』一九五〇年一月一九日号）。一九五〇年当時の東大新聞は敗戦時に一五歳くらいだった小国民世代が編集していたはずですから、「超国家主義の論理と心理」に感動した学徒兵世代とは感覚もちがい、世間の知識層の平均的評価に近かったのではないかと思います。

平和問題談話会の実態は、安倍や末川といった当時五〇代くらいの大御所が看板役をやり、比較的若手の清水幾太郎や丸山眞男、都留重人などが声明文を書いたり、意見調整をしたりする実働部隊だったといわれます。つまり丸山は、ちょっと名前が出ていたとはいっても、せいぜい「若手のホープ」、悪くすれば新聞に名前も出ない「下働きの若造」あつかいだったといえるわけで、同時代に「戦後民主主義のチャンピオン」とみなされていたとは私には思えないのです。だいいち、あとで述べるように、当時は「戦後民主主義」という言葉じたい存在しなかったわけですから。

そして先ほど述べたように、一九五〇年に丸山はたいへん長文の談話会の第三回声明の前半部を担当し、旅館にカンヅメにされて原稿を書きますが、無理がたたって肺結核になり一九五一年には入院してしまう。その後は一九五六年まで、入退院をくりかえす状態になります。

そしてじつは、丸山が代表的な時事論文を書いたのは、一九四六年から結核で入院する一九五一年初めまでの、たった五年間くらいなのです。その時期は、戦争体験の直後であり、レッド・パージや朝鮮戦争、講和問題などが続くなかで、自分なりに社会的な役割を果たさねば、という使命感から時事論文を書いたのでしょう。一九五三年の「『進歩派』の政治感覚」は、病気の合間に書いた軽めの随筆ですが、「何かというと学者は政治問題にタッチしないという公式論で押切る人は一体、過去のファシズム体験からして何を学び、日本のこれまでの学問の在り方に対してどれだけ深刻な反省をしているか疑うね」と書いています。

そうした使命感が「超国家主義の論理と心理」を始めとした時事論文を生んだわけですが、丸山がそういう論文を書いた時期はとても短い。結核が治った五〇年代後半から、また論文を書きはじめますが、その多くは江戸や明治の思想を論じたアカデミックな論文でした。

こういう変化があったのには、さまざまな理由があったと思います。病気が治ったあとの五八年の座談会「戦争と同時代」では、丸山は次のように述べています。病気もしたし、四〇歳をすぎて体力も落ちたし、最近とても精神的にスランプを感じる。「天皇制の精神構造」とマルクス主義という二つの巨大な権威に闘いを挑むのが自分のエネルギーの源泉だったが、その手ごたえがなくなってしまったと。時代背景としても、高度経済成長期に入って激動の時代が終わり、戦前型のファシズムが復権威が落ちてきていた時期でもある。

そして、その後の丸山は時事的な論文をほとんど書いていない。それでも五六年には「戦争責任論の盲点」や「『スターリン批判』の批判」を書いたり、五七年の「日本の思想」の後半部で敗戦直後に書いた超国家主義論の焼き直しみたいなことを述べていたりしますが、そうしたものもだんだん減ってくる。

そして丸山は、前述した鶴見俊輔との六七年の対談では、「アカデミーに存在理由があるとしたら、徹底して学問の型を習練することですよ」と言っています。そしてかつては自分も所属した『思想の科学』研究会を批判し、「現代のように、型の意味、シツケの意味が忘れられちゃってる現代ではね、『思想の科学』主義ってのは、全く時流に乗っていると思うんだ。……だから、せっかく新人を育てても、〝思想の科学〟をふみ台にしてすぐマスコミに出ちゃう」と述べている。

つまりこの時期の丸山によれば、『思想の科学』は既存のアカデミズム知識人とは一線を画した民衆の書き手を育てると言っているが、それは高度成長を経た大衆社会ではマスコミ志願者を甘やかすことにしかならない。「あまのじゃく」の自分としては、誰でもものが書けるこの大衆社会においてこそアカデミズムに徹するべきだと思っているし、学生の指導もそのようにやる、というわけです。つまり使命感から時事論文を書いていた敗戦直後の丸山と、六〇年代半ばの彼では、完全にスタンスが変わっている。

ただし六〇年安保のときには、丸山はもういちど敗戦直後の社会的使命感をとりもどしたように、講演やインタビューで時事的な問題を盛んに語ります。「復初の説」という講演で「八月十五日にさかのぼれ」という発言をして評判になったのもこのときです。

しかし前述の鶴見との対談では、丸山はこう言っています。「〔自分は〕世間では、どうかすると、戦後ずっとインテリゲンチャに号令をかけてきた思想家の一つの型みたいなイメージで見られている。ところが私を知っているひとからは、およそどんな意味でも先頭に立ったことをやるのは嫌いな、むしろ隠遁家だと思っていたのが、安保のときにはね、馬鹿に新聞などに名前が出てきたんで、びっくり仰天したひとがずいぶんいるんですよ。だから私の心理では、あれは例外なんです」。つまり六〇年代には、彼の自意識と世間の評価の間にずれが生まれていたわけです。

「戦後民主主義」という言葉

さっきも述べたように、敗戦直後から丸山が「戦後民主主義のチャンピオン」とみなされていたかは、疑問だと私は思っています。それでは丸山は、いつからそうみなされるようになったのか。

私が一つの画期だと思うのは、『現代政治の思想と行動』（未來社）の初版が上下巻で出た一九五七年です。この本が出たことで、「超国家主義の論理と心理」や「軍国支配者の精神形態」などの、敗戦後五年ほどのあいだに書かれ、マイナーな媒体などに載っていた丸山の主要な時事論文が、まとめて読めるようになった。そしてこの本が六四年に増補版として一巻本になって出たときには、大学生の必読図書にされていった。おそらく人々が丸山の時事論文をまとめて読んだのは、この本が出たあとであり、「戦後民主主義のチャンピオン」＝丸山眞男という図式ができたのもそれ以降ではないかと私は考えています。

これには、もう一つ理由が絡んでいると思います。「超国家主義の論理と心理」は元学徒兵などの若い読者から熱烈な反響があったと言いましたが、敗戦時に二〇代前半だった人は、一九六〇年には三〇代後半になっている。つまり六〇年ごろには、彼らがマスコミでベテラン編集者になるような時期にさしかかっていて、「若き日に感動したあの丸山先生に出てもらおう」と考えたのではないか。

丸山にはいかめしいイメージがありますが、実物の彼はとてもおしゃべり好きな人だったそうです。病気から回復した五六年以降は、丸山は書く方ではもっぱらアカデミズムの論文しか書かなくなっていったのですが、座談とか対談ではけっこう時事放談的なことをしゃべっている。そして、全九巻の『丸山眞男座談』（岩波書店）のうち、約六割が五七年から六八年のものなんです。

つまり、かつて若き読者だった編集者たちが五〇年代末から六〇年代に丸山に依頼をしても、もう丸山は論文として時事的なことを書く気はない。しかたがないから、座談会や対談で出てくれということになったのではないか。それでおしゃべり好きの丸山は、方々の座談や対談にひっぱりだされた。そして前述のように、六〇年安保のときは講演やインタビューでさかんに時事的な発言をした。こうして五〇年代末から六〇年以降に、「戦後民主主義のチャンピオン」というイメージができていったのではないかと思います。

そして、もう一つ問い直すべきことがある。そもそも「戦後民主主義」という言葉は、いったいいつできたのか。

私が『〈民主〉と〈愛国〉』（新曜社）にも書いたように、敗戦から一〇年ほどの段階では、当時の知識人や活動家たちは、自分たちのやっていることを総称する言葉をまだ持っていない。共産党に忠誠をつくす人もいれば保守リベラリストもいる。丸山のようにその両方と距離をとる人もいるし、鶴見俊輔のようにプラグマティズムの紹介から民衆重視に行く人もいる。それらを一枚岩のものとして、総称する言葉はなかったんです。

私の見た範囲で、「戦後民主主義」という言葉を使ったいちばん早い事例は、一九五八年に政治学者の松下圭一が書いたものです（「忘れられた抵抗権」『中央公論』五八年一一月号）。当時の松下はまだ二〇代の若手で、敗戦時に一五歳ですから、敗戦直後の思想状況の多様性などよく知らなかったでしょう。そういう世代の人間が、敗戦後の状況を一枚岩に総称する言葉として「戦後民主主義」という言葉を使ったわけです。

ただし松下が「戦後民主主義」という言葉を使ったそのときは、戦後の民主化や革新的運動を総称しただけであって、とくに揶揄的な意味はなかった。揶揄的ないし否定的な意味でこの言葉が使われるようになるのは六〇年代、とくにその後半からです。

とすると、一九五八年前後に登場し、六〇年代半ばあたりから揶揄的な意味で使われるようになった「戦後民主主義」という言葉と、五六年から五七年に上下巻で刊行され、六四年に増補版が出て必読文献にされてしまった『現代政治の思想と行動』という本の歩みは、ほぼぴったり重なるわけです。

そして先に述べたように、五七年から六八年までが、丸山がいちばん座談や対談にひっぱりだされていた時期でもあった。

こうしたことから、「戦後民主主義のチャンピオン」＝丸山眞男という図式が、五〇年代末から六〇年代以降にできあがったのではないか。しかし現実の丸山は同じ時期にアカデミズムに沈潜しつつあったわけで、そこで「神話」と「実像」にギャップが生じていったわけです。

全共闘と丸山

全共闘運動への評価は、ここではしないでおきます。しかしとにかく、彼らは「戦後民主主義」を否定した。

しかし彼らは、「戦後民主主義」の具体的内容を、ほとんど理解していなかったと思います。それは無理のないことで、四八年か四九年生まれの二〇歳前後の人間が、敗戦後一〇年くらいの思想や運動の多様性を知っていたわけがない。しかし彼らは「戦後民主主義」への批判を唱え、その象徴として攻撃対象にされたのが共産党と丸山眞男でした。

共産党が攻撃対象に選ばれたのは新左翼と対抗関係にあったことや民青の勢力が強かったからでしょうが、丸山が選ばれたのはなぜなのか。それは丸山の著書が大学生の必読図書あつかいされ、「戦後民主主義」＝丸山というイメージが定式化されていたからだと思います。

さらに、六〇年代以降の丸山はアカデミズムに沈潜し、そのうえ東大法学部を愛していた人でもあった。「戦後民主主義のチャンピオン」が東大法学部を愛し、アカデミズムの重要性を説いている——全共闘の学生たちの目に丸山が打倒すべき対象として映ったのは、仕方のないことだったかもしれません。

丸山のほうも、全共闘の学生たちに、徹底して批判的でした。彼のメモノートである『自己内対話』を読むと、いかに彼が全共闘運動を軽蔑していたかがよくわかります。「自己否定などとカッコいいことをいうならば、まず否定するに足るだけの学問的な蓄積につとめるがよい」とか、「既成の形式を破壊し、それから自由になるつもりの彼等の行動様式（ヘルメット・角材・口手拭）のおどろくほどのコンフォーミズム」とか、授業妨害にきた全共闘の学生たちにむかって「何故君たちは一対一で話ができないのか。何故衆を頼まないと来られないのか」「私は君達を甘えさせるのは、君達のためによくないと思っている」と言ったとか、そういうメモが残っています。また丸山の戦争体験からいって、「革命」だの「自己否定」だのと勇ましいことを言っている学生たちのうち、二〇年後も三〇年後もそれを貫けるだけの覚悟がある者は、ほとんどいないだろうと考えていたのではないかと思います。

全共闘の学生たちも、丸山を吊しあげながら、「そろそろなぐっちゃおうか」「ヘン、ベートーヴェンなんかききながら、学問をしやがって！」などと言っていたようです。研究室を占拠されたときには、丸山は「君たちを憎んだりしない。軽べつするだけだ」と述べたといわれますが、悲劇としかいいようがない関係ですね。そういう姿勢で全共闘の学生に臨んでいたからよけい憎まれてしまい、授業妨害や吊しあげにあって、身体を壊し東大を中途退官することになる。

それからあと、丸山はマスコミからも「落ちた偶像」という扱いをされますが、彼はなかば自嘲的にメモにこう書いています。「『使命が、あるいは役割が、おわった知識人』に何用があるのか。自分が必要なときには忙しい時間に割りこんで……私がいやがっている事をあれほど知っているくせに、ジャーナリズムにひき出そうとし、まるでジャーナリズムに書いたり発言しないことが責任を果していないような口ぶりを示しながら、今度は一転して、知識人あるいは大学教授が市民運動をリードする時代は終ったなどとぬけぬけと書くその無神経さ！　私はそういう連中のつき合いをするのはもう沢山だ。今度こそ私は、ひとのためのサービスは一切ごめん蒙って『研究エゴイズム』に帰る」。そして丸山は、六八年以降は対談なども七二年と七六年にそれぞれ一回出ただけで、その後一〇年ほどジャーナリズムと縁を切ってしまう。

そして七二年に、彼は「歴史意識の『古層』」という論文を公表します。『自己内対話』での丸山のメモを読んでいて思うのは、この「古層」論文は、全共闘運動への深い絶望が生んだものではないかということです。ろくに勉強もしていない学生が情緒的に騒ぎ、自分で責任をとる気もないまま大学の施設を勝手に壊し、一対一で議論を挑む度胸のある人間は一人もおらず、必ず衆を頼んで腕力でやってくる。あんなものは江戸時代の情緒的攘夷主義や、戦時期の情緒的右翼とほとんど変わらない。自分は敗戦直後には、日本に責任意識のある近代的人格を形成しようと呼びかける論文を書いたけれど、日本社会にそんなことを期待するのはそもそも無理だったのではないか。日本社会には結局、昔から脈々と流れ続けている古層のようなものがあり、その上で文明開化やファシズムや民主主義が踊っているだけなのではないか。おそらく彼はそんなふうに考えていたのではと思います。そして彼はメモに、「祭祀行事と文学（的）情念の日本における政治的なるものとの関連」こそが「古代天皇制から三派全学連にまで共通する特質である」と書いています。

こういうメモを書いたうえで、丸山は「古層」論文を書くわけで、これは彼が絶望のあげくに書いたものだとしか私には思えません。読むのがつらい論文です。日本社会に「超歴史」的な「深層」があるのではないかというアイデアは、『現代政治の思想と行動』の「追記および補注」にも書かれていますし、六〇年代の講義でも述べられていますから、全共闘以前から萌芽はあったのですが、全共闘への絶望も執筆の一つの引金になっただろうと思います。

九〇年代以降の丸山批判について

丸山に対する批判は、全共闘運動からだけでなく、六〇年代の民衆史からの批判や、九〇年代以降のポストモダンの立場からの批判もありました。後者のものは、例えば「古層」論文が日本を本質主義化している。あるいは、丸山には朝鮮・台湾をはじめ植民地支配に対する視点がない、といったものです。その中にはもっともな批判もありますが、私は二つの点でこの種の批判には共鳴できません。

まず一点め。これは丸山だったか他の人が書いていたか忘れましたが、「書評の類でいちばんくだらないのは、『これこれの問題が書かれていない』という書評である」という言葉があったと記憶しています。つまりそういう書評は、著者がどういう問題にどう取りくもうとしたかを正面から受けとめて、それに応答しようとしたものではなく、単に自分の関心のある問題や、自分の専門領域について書いていないじゃないか、と文句をつけているだけだというわけです。

それを敷衍していえば、たしかに丸山は植民地や在日の問題についてほとんど書いていませんが、それは彼が取りくもうとしたメインテーマではなかったからで、そのことを後から批判するのはジャンケンの後出しみたいなものです。例えば上野千鶴子さんを五〇年後の論者がとりあげて、「彼女は多くの著作を書いたが、地球環境問題にほとんど触れていない。彼女自身がクーラーを使い、自動車を運転していた『加害者』だったにもかかわらずである」とか批判するのは、きわめて容易なことでしょう。しかしそういう批判は、批判というに値するでしょうか。

そういう丸山批判をする人が、「自分はマイノリティや植民地主義の問題の重要性を訴える戦略として、有名人である丸山を題材に使ったのであり、丸山批判そのものが目的ではない」というのなら、意図はわからなくはない。しかし前述のような「批判」をして、丸山を批判できたと本気で思っている人がいたとしたら、私はその人の考えを理解しかねますね。

ついでにいえば、そういう論法で批判する対象として、なぜ丸山が選ばれなければならないのか。例えば六八年に東大全共闘が出したビラ類をみても、植民地支配や在日のことなどほとんど書いてありません。全共闘の残党や新左翼が植民地支配や在日の問題をまともに論ずるようになるのは、早くて六九年の入管法闘争、本格的には七〇年七月の華青闘の在日中国人たちによる新左翼批判以後のことです。にもかかわらず、「六八年革命」によって植民地支配や在日の問題が提起され、丸山に代表される「戦後民主主義」の限界が乗りこえられたなどと主張する人がいたら、それは米谷さんの言葉を借りれば「神話づくり」であり「〈起源〉の隠蔽と偽造」です。

その他の例も挙げれば、吉本隆明さんも植民地支配や在日のことなどほとんど書いていません。また、彼の共同幻想論や南島論は本質主義ではないのでしょうか。それなのにもっぱら丸山に対してだけ前述のような批判をするのは、アンフェアだと思います。

それから二点め。見田宗介さんが八五年から八六年にかけて朝日新聞に書いた論壇時評が『白いお城と花咲く野原』（朝日新聞社）という本にまとめられていますが、そこで見田さんはこう述べています。「強い父親に反抗する少年の姿には美しさがあるが、その少年が二〇年後も年老いた父を打ちつづける姿は醜い。〈戦後民主主義〉は今論壇の老父である。威勢のいい若者たちが、右から左から、まわしげりにする」。

全共闘の学生たちが、六八年に丸山を批判したのは、まだ青少年の反抗として、それなりに勇気が必要な「美しい」行為だったかもしれない。しかしそれから二〇年たった八〇年代になっても、三〇代や四〇代のいい大人になった人たちが、「老父」をよってたかってまわしげりにするのは「醜い」というわけです。

ましてやこの見田さんの言葉が書かれてから、一〇年も二〇年もたった九〇年代や二〇〇〇年代になって丸山を批判するのは、赤子の手をひねるより簡単で安全な行為です。いまの論壇でもっと権威のある現役の知識人を正面から批判して論争を挑むのなら、意義があるかどうかは別問題として、それなりに勇気があるなとは認めますけどね。しかしいま丸山の批判をして、それで権威に挑んだつもりになっている、あるいは日本の支配的な知的空間への批判になりえていると考えている人がいるとしたら、「醜い」だけでなく時代錯誤だと思います。

僥倖としての五年間

終わりに結論めいたことを述べましょう。丸山眞男という人は、ある意味で自分の資質と志向、そして時代との関係のなかで、引き裂かれてしまった人だと思います。

丸山の志向というか自画像は、少なくとも六〇年代以降は、自分はアカデミシャンであり、例えば清水幾太郎のように時事評論を書きまくるような人間ではないというものだったでしょう。その志向に沿って、彼は江戸や明治の思想を論じ、「古層」論文を書いた。しかし彼の論文を読んでみると、やっぱり「古層」論文よりも「超国家主義の論理と心理」や「軍国支配者の精神形態」の方が私はおもしろいんです。

最初に述べたように、丸山はジャーナリストの息子であり、彼自身も元来はジャーナリスト志望で、ジャーナリスティックな勘がある人でした。『〈民主〉と〈愛国〉』を書いたとき、私は丸山については一章の半分程度しか割いてないのですが、本のその他の部分にもしょっちゅう丸山の文章を引用することになった。しかしそれは、意識して引用したわけではない。丸山の断片的な発言が、その時々の時代状況への非常に的確な批評になっていたからなんです。

これは丸山が、同時代の潮流や社会構造を明確につかむ勘に優れていたことの証左だと思います。

そしてだからこそ、一九四六年から五一年までというほんの一時期に書いた時事論文が、非常に優れたものになり、丸山の代表作として現在でも読み継がれている。『現代政治の思想と行動』はもう一五九刷になっていますが、私がゼミの学部学生などにこの本を読ませてみると、丸山のことも戦後の歴史も何も知らない若い学生が、「おもしろい」と言うんです。これはすごいことですよ。

しかし私は、丸山の人生は一種の悲劇だったと思います。五〇年代は病気でつぶれ、六〇年代以降は自分はアカデミシャンだという自画像と、彼本来のジャーナリスティックな資質のあいだで股裂きになっていく。そして無責任なマスコミと読者に「戦後民主主義のチャンピオン」という偶像に祭りあげられ、数年後には「戦後民主主義の象徴」として叩かれて「落ちた偶像」扱いされていく。その後の丸山は開き直って、敗戦直後に書いた時事論文は「夜店」だった、自分の本来の仕事はアカデミックな論文を書くことだ、と言い続けたわけです。

もちろん、丸山はアカデミシャンとして無能だったわけではない。論理的な構成能力も整理能力もある。ただ整理能力がありすぎるために、彼の書く思想史の論文は図式が見えすぎる感があるんですね。先まで読まなくても、結論がわかってしまうようなところがある。アカデミシャンとしての能力は、Aクラスではあるけれども、スペシャルAだとは思いません。彼のスペシャルAの部分は、時代の潮流と構造をつかむ勘の方であったと私は思います。それは『日本政治思想史研究』と『現代政治の思想と行動』のどちらが売れているか、そして現代の読者が読んでどちらに感動するかをみれば、評価が下ってしまうわけです。

でも少なくとも六〇年代以降の丸山自身は、それに不満だったでしょう。彼に言わせれば「夜店」

の時事論文ばかり持ちあげられ、苦労して書いた「古層」論文などが読まれないことに、彼自身は内心忸怩たるものがあったと思います。コナン・ドイルが、自分はシャーロック・ホームズものみたいな大衆小説なんか書きたくない、本格的な小説を書きたいんだと言い続けていたのに、後世にはホームズの作者として名が残ってしまった、というのとちょっと似ていますね。

丸山が敗戦直後に名論文を残せたのは、彼自身の資質と志向、そして時代状況が偶然の一致をみた、一種の僥倖だったと思います。戦争体験、レッド・パージ、朝鮮戦争、講和問題などが続いた敗戦直後の五年ほどは、丸山自身も使命感を持って時事論文を書いた。もしかしたら当時から彼は、本来の自分は隠遁家のアカデミシャンであり、論壇で派手に旗を振るようなことはやりたくないと半ば思っていたかもしれない。しかし使命感から自分の志向をあえて社会的な方向にむけ、懸命に時事論文やファシズム分析を書き、体を壊してまで平和問題談話会の声明文を書いた。このたった五年か六年が、時代の潮流や構造をつかむジャーナリスティックな彼の資質と、彼の志向が幸運な一致をみた期間だった。その時期の論文が、現代でも名作として読み継がれているわけです。

その後の丸山の人生は、先ほども述べたように一種の悲劇だったと思います。でも、丸山が天才だったかはともかくとして、天才とよばれるほどの人の人生は、たいてい悲劇ですよ。バート・バカラックが彼の代表作といわれる名曲群を書いたのは、たった三年ほどのあいだだったといわれます。その後は、いくら努力しても駄作しか書けなかった。そのたった三年以外の彼の人生は、悲劇でしかなかったわけです。一瞬の輝きと長い闇、そして一瞬の輝きが美しいほどその後の闇が深くて暗い。それが天才の人生だと思いますね。

最後に、いま丸山眞男を読み直す意味について述べましょう。やはり丸山が残した最もすぐれた作品は、『現代政治の思想と行動』に入っている文章だと私は思います。本当に不思議なことに、それは四〇年代後半から五〇年代初めの同時代的な文脈で書かれた論文なのに、日本社会、民主主義、近代、自由主義などを考えるうえで、また民主主義や近代や自由主義を日本社会にいかに適用できるかを考えるうえで、現代の読者の心をも刺激し揺さぶるものを持っている。同時代に即した文章であるにもかかわらず、同時代を超える深さや普遍性があるといえます。

世に星の数ほど物書きや学者はいるけれど、そんなものが書ける人はほんのわずかしかいない。しかもそのわずかの人でも、そんなものが書ける時期はほんの短い期間でしかない。丸山眞男という稀有な能力を持った人間が、まさに僥倖としかいいようがない五年か六年の間に、すぐれた文章を残した。彼自身はある意味で悲劇の人生をたどったと思いますが、日本語で書かれた文章の貴重な遺産を残したといえるでしょう。

——二〇〇六年二月二三日

（『KAWADE 道の手帖　丸山眞男』河出書房新社、二〇〇六年、所収）

清水幾太郎

――ある戦後知識人の軌跡

「清水さんは、上から、あるいは外から人々を啓蒙するのでなく、人々が各々心の内に漠然と感じているものを、自らの内にはっきりと感じとり、それを的確にあらわす得難い才能にめぐまれている」。社会学者の南博は、一九五〇年代に平和論の旗手だった清水幾太郎を「庶民の思想家」と形容し、右記のように述べている(1)。

社会学者の清水幾太郎は、一九五〇年代には平和論を唱える「進歩的文化人」として丸山眞男などと並び称されただけでなく、庶民的感覚を備えた知識人として賞賛されていた。しかし清水は、六〇年安保闘争では全学連主流派を支持して丸山らと対立し、一九七〇年代以降は改憲や核武装の提起を行なう右派論者となった。

また清水は、一九三〇年代にマルクス主義系の思想団体「唯物論研究会」の幹事を務めたあと、戦中には「新体制」支持に転換した経緯もあった。このように、戦前から戦後にかけて清水の変遷は著しく、彼が生涯にどれだけ「転向」したのか、数えあげることすら不可能だとさえ言われている。

しかし一方で、清水は時代の変化や「庶民」の動向を嗅ぎとり、それにあわせて変化する才覚を持ちあわせていた。こうした才覚は、南が賞賛した「庶民の思想家」という形容とも、矛盾していなかった。その意味においては、清水の変遷は、戦後日本の変化を示す、一つの指標たりうるものであった。

本稿では以上のような視点から、清水幾太郎の思想を検証する。清水の変遷は、一九五〇年代から七〇年代にかけて、戦後日本のナショナリズムがどのように変遷したのかを、検証する指標となるものともいえるのである。

なお引用にあたっては、現代では不適切な表現もそのまま記してあることを、ご了承いただきたい。

1 スラム街の少年

清水幾太郎は、一九〇七年に東京の下町である日本橋で生まれた。この出自は、二重の意味で、他の戦後知識人たちと異なった特徴を、彼にもたらすことになる。

その一つは、敗戦時に三八歳という年齢である。戦後知識人の中核となったのは、丸山眞男・竹内好・荒正人など敗戦時に三〇歳前後だった者、ないしは鶴見俊輔・日高六郎・加藤周一など敗戦時に二〇代だった者など、清水よりも年少の世代であった。

こうした戦後知識人たちの思想的原点は、徴兵を始めとした戦時動員の体験であった。しかし清水は、一九二六年に徴兵検査を受けているものの、体格不良で丙種合格（実質的な不合格）となり、さらに日中戦争開戦時には三〇歳を過ぎていたため、徴兵の恐怖に脅かされる経験を持たないまま敗戦を迎えている。

また清水は、戦前からすでに評論家として活躍しており、結果として戦争を支持する言論も数多く残した。この点は、丸山や竹内、鶴見などが戦前戦中は無名の若手であり、したがって戦争協力の汚点が少なかったこととは、やや異なっている。

さらに、二〇代で戦争に直面した丸山や鶴見といった年少の世代と異なり、すでに一定の年齢を過ぎていた清水は、戦争によって人格形成に影響をうける度合いが少なかった。彼は一九六八年のインタビューでは、三〇代で迎えた戦争よりも、一六歳で直面した関東大震災のほうが、はるかに重い体験だったと述べている(2)。

そして清水の第二の特徴は、彼の出身階層である。東京下町の下層階級出身だった彼は、終生にわたって「庶民」に好感を示す一方、「官立大学」の「インテリ」に対抗意識を持ちつづけた。こうした庶民志向は、彼の平和論にも顕著だった一方、後年に丸山を始めとした戦後知識人たちと対立する背景をなすことになる。

さてそれでは、こうした特徴をもつ清水は、どのような思想を抱いていたのか。ここではまず、彼の生立ちと戦前の思想形成をみてゆこう。

清水の一家は、日本橋で竹竿小売店を営んでいた。しかし一九一九年、新たに進出してきた鹿児島のライバル業者との競争に敗れた清水一家は、竹屋を廃業して本所に移転し、雑貨屋に転業することを余儀なくされた。しかも心身の無理がたたった父親は、病気になってしまう。清水は一九五四年から五五年にかけて『婦人公論』に連載した回想記『私の心の遍歴』で、こう述べている。(3)

父の恢復が容易に望めぬと判つてから、鹿児島の競争者に負けたと判つてから、毎晩、父と母とは隣の部屋で遅くまで相談していました。私は、寝たふりをして、その話を残らず聞いていました。私に判らぬ話も沢山ありましたが、私は、一つ残らず、私自身の問題だと思いました。私自身が解決せねばならぬ事柄だと考えました。

移転先の本所は、当時は地方出身の労働者が集まる、清水の表現によれば「スラム」であった。朝鮮人や沖縄人の住民も多く、戦前に唯一の朝鮮人衆議院議員が当選した場所でもあった。清水が中学時代にもっとも親しくつきあった友人も、同年輩の朝鮮人たちだったという。(4)

清水にとってこの移転は、スラム街に零落してゆく経験であった。彼は回想記『私の心の遍歴』で、竹屋を廃業した一家が家財を積んだ馬車とともに両国橋を渡るとき、幼い妹が「いつ両国へ帰るの」としきりに尋ねたというエピソードを書いている。(5) 一家の没落とともに、一二歳の少年だった清水も家業を手伝い必死に働いた。

清水は自分の幼少期を回想して、「私が呼吸していたのは、没落の空気でした」と述べている。もともと彼の実家は没落した江戸幕府の旗本の家系で、彼が住んでいた日本橋近辺は「徳川様」を慕う佐幕派の老人たちが多く、清水によれば「老人たちの眼には、明治維新以後の日本は没落の過程にあるものと映っていた」。清水自身も『私の心の遍歴』で、「そう不自然な思いをせずに、「徳川様」ということが出来ます」と述べている(6)。

スラムへの没落体験は、清水に富める者への憎悪と、その裏返しとしての劣等感をもたらした。彼は本所の様子を、こう回想している(7)。

……本所という土地には容易に慣れませんでした。〔自分が生まれた〕日本橋では、川向こうのことを一口に本所深川と呼んで、下等な特殊地帯と見る傾向がありました。確かに、江戸時代以来の繁栄と趣味とをとどめている日本橋から見れば、本所は汚いのです。沢山の工場が立ち並び、空が煤煙で曇り、空気が臭いのです。工場から流れ出る汚水のために、下水はムカムカするような臭気を放っています。そういう汚水が方々に泥沼を作っていて、そこが塵芥の捨て場になっています。……私たちの新しい家は、こういうスラムを背負った細い通りにあって、スラムに住む人々が私たちのお客なのです。……両国では江戸っ子が大部分であったのに反し、本所では、どこを向いても、地方の出身者ばかりで、その人たちが無遠慮に方言を話すのです。……夕食の仕度で忙しい頃になると、長屋の全体が昂奮して、その昂奮の真中で、赤ん坊が火のついたように泣き、大人たちは狂気のように喚き立てます。

清水は『わが人生の遍歴』では、「私は本所に馴れませんでした」と回想している。一九五〇年代に、清水は平和論の旗手として各地の講演に招かれたが、待遇が気に入らなかったさいには、「不潔」「田舎者」「無作法」といった言葉を日記に書きつけている。(8)

しかし同時に、清水は生活のためにスラムに適応し、「お客」であるスラムの「田舎者」たちに頭を下げなければならなかった。一九三七年の『流言蜚語』では、清水は社会に生きる「人間」の一般論として、「人間は生きるためには常に自己の生活を取り囲む環境に適応して行くことが必要である」と述べている。(9)この「生きるため」に「環境に適応」するという行動様式は、彼の著作における基本的人間観を、また彼自身の生涯を規定するものとなった。

こうした生活のなかで、清水はスラムから脱出を志向した。その手段として彼が選んだのは、「インテリ」になることだった。「インテリ」を志望した動機は、彼が読書好きであったことと、竹屋の廃業のさいに「厭というほど見せつけられた金の力に対する反感からだった。もっともその「インテリ」に具体的なイメージがあったわけではなく、「何でもよいから学問と縁のある人間になりたい、それだけでした」という。(10)

とはいえ清水は、当時の多くの知識人のような、富裕な階層の出身ではなかった。それゆえ彼は、自宅に多数の書籍がある環境にもいなかった。少年時代の彼が「読書好き」だったといっても、親しんでいたのはカントやトルストイではなく、通俗的な講談本だった。彼は後年、人生で忘れがたい「一冊の本」を挙げるという企画原稿を依頼されたさい、『猿飛佐助』を選んでいる。(11)

もともと生活のために働かなければならなかった清水は、成績のよい生徒ではなかった。小学生だった彼に、進学を薦めた教師は一人もいなかった。にもかかわらず彼は中学進学を志望し、一度は入学した商業学校を一学期だけで中退したあと、まず高等小学校に行き、つぎに私立中学に入学した。しかも本所が嫌いだったため、日本橋の高等小学校や目白台の中学校まで、わざわざ電車で通ったという。

進学した清水は、学校と家業の合間をぬって、本所を抜けだして両国の図書館に通い、本を読み漁った。とりあえずモーパッサンやベルグソン、クロポトキンや大杉栄などを手当りしだいに読んだが、当初はまったく理解できなかったという。

しかし、「訳も判らず読んでいるうちに、自分も何か書いてみたく」なった。それは、「書くべき内容が予めハッキリあるのではありません。ただ何かが書きたい」という欲求であり、「書くべき内容ではなくて、使いたい言葉が先に立っていた」。もっとも、当時使った言葉そのものに愛着があったわけではなく、「どんな言葉であったか、それは忘れてしまいました」という。内容は二の次で、流行の知的なキーワードを使うために書くという「この癖は、その後も永く続きました」と彼は回想している。(12)

しかし、こうした「インテリ」志向は、多分にアンビバレントなものであった。清水はスラムからの脱出のために「インテリ」に憧れたものの、富強者である「インテリ」が抽象的な概念によってスラムの庶民を裁断すると、激しい反発を示した。

こうした反発が爆発した最初の機会が、清水一家が本所に移転して四年後に起こった、一九二三年の関東大震災だった。火災は本所のスラム街をなめつくし、ようやく経済的に小康状態となっていた清水の家も焼けた。清水たちは、塵芥が浮いた工場排水の泥沼をくぐりぬけて、命からがら避難したものの、バラック住まいの状態に追いこまれた。栄養失調で清水と父親は鳥目になり、貧困の中で家族にはいさかいが日常化した。

二学期が始まったとき、ボロボロの服装で目白台の中学校に登校した彼は、級友たちに服装を笑われた。被害が集中したのは本所を中心とした下層階級の住宅街で、山の手の子弟たちに被害はなかったのである。

二学期第一日目の第一時限は、修身の授業だった。現れた教師は、黒板に「天譴」という言葉を大書した。そして教師は、震災は近年の人間が、大正デモクラシーのもとで贅沢にふけっていた天罰だと説明した。こうした天罰説は、当時の保守的な政治家や教育者たちに流布していたものであり、貧しい農村の出身だった柳田国男が、これに激怒して抗議したエピソードはよく知られる。

清水もまた、「この説明を黙って聞いているだけの余裕」を失った。教室で彼は立ち上がって、贅沢生活に縁のない下町が被害にあい、山の手が無事だったのはどういう理由かと教師に質問した。しかも、「天譴」を説いた「先生の家は、潰れもせず、焼けもしなかつた」のである。[13]

自己を高みにおいて抽象的な理念を説き、庶民の姿勢を批判する。そうした知識人に対しては、清水は戦後も一貫して怒りを爆発させた。後述するように、清水は一九五一年位に「日本人」という論考を書き、「職業的インテリは日本人の生活をひとごとのやうに眺める高地に立つ」と批判した。その事例として清水は、一部の知識人が、空襲で焼け野原になった今こそ西洋風のしっかりした街並みに整備できる好機であるにもかかわらず、「また性懲りもなく、相変らずのバラックを作るとは、日本人は何といふ馬鹿でせう」と主張していると述べ、「方々に立ち並んだバラック、その一つ一つが出来るまでに、吾々愚かな日本人は、幾度か煩悶し、夫婦喧嘩をし、無理な才覚を重ねてゐる」と抗議している。[14]

「日本の大衆」や「生活者」を掲げて、西洋から輸入した教養をふりかざす知識人を撃つという姿勢は、福田恆存や吉本隆明などとも共通したものであった。そして清水・福田・吉本の三人は、東京下町の庶民階層出身という点で共通していた。実際に清水と福田は戦前から友人であり、清水の回想によれば、「彼が神田の生れ、私が日本橋の生れということもあって、よく気持が通じた」という。[15] そして六〇年安保闘争においては、清水と吉本が、全学連主流派を支持する知識人として、丸山眞男などを批判することになるのである。

しかし清水と福田恆存のあいだには、大きな相違もあった。それは、福田が戦後の「進歩的文化人」や「インテリ」を一方的に揶揄するだけだったのに対し、清水は「インテリ」への反発だけでなく、劣等感と憧憬を抱き続けたことである。彼は回想記で、震災のエピソードに続けて、こう述べている。[16]

下町の人間として、以前から、私は、山の手に対して反感を持つていました。……一口に下町といつても、日本橋と本所は違います。日本橋から見れば、山の手は田舎風の野暮なものということになります。それは軽蔑すれば済みます。ところが、本所から見れば、特に、あの泥沼を渡つた後から見れば、山の手は乙に澄ました支配者です。それは憎いものです。……けれども、これだけなら、問題は簡単なのです。それが複雑なのは、私がインテリになりたいという、もう一つの、願望を抱いているためなのです。私はインテリになりたい。しかし、インテリは山の手のものです。……私がインテリへの憧れを捨てない以上、私は、野暮で傲慢な山の手へ頭を下げなければならない。どうか、お仲間に入れて下さい、と頼まなければならない。こんな馬鹿らしいことがあるでしょうか。

こうしたアンビバレンスは、その後も清水につきまとうものとなった。彼は一九五四年に、自分の性格を描写するにあたり、ホスト社会に同化しようと願いつつ、同時にそれになじめない「アメリカの二世」になぞらえている。(17) 日本橋の故郷を失い、スラムの「田舎者」にも、山の手の「インテリ」にもなじめない清水は、一種の故郷喪失者となったのである。

こうしたアンビバレントな姿勢は、戦後の清水を、福田恆存とは異なる軌跡に導くことになった。下町の職人の息子だった福田は、戦後の進歩的知識人たちを「野暮」なものとして揶揄し、職人の手工芸に「伝統」を見出す保守論者となった。しかし清水は、いったん進歩的知識人のサークルに加わりながら、最終的には愛憎いりまじった罵倒を放って離脱してゆくことになる。

こうした清水の「インテリ」への上昇志向は、見栄を重視する性格をつくりだした。彼は戦後に著名になってからも、マスコミの評判に気を配り、知識人のなかでは「お洒落」という評判をとっていた。そして関東大震災のあと、ボロボロの服装を笑われた彼は、イギリスからの救援衣料を拒否し、乏しい家計のなかから「意地になつて、サージの制服を新調しました」という。(18) しかし、彼が新調したその制服は、彼を嘲笑した級友たちが身につけていたものにほかならなかったのである。

またこうした志向は、清水の思想に、「近代」や「主体」という概念への懐疑をもたらすことになった。彼は一九七三年に、自分の人間観を要約して、「人間の意味というものは、人間の内部を探して見つかるものではない。人間の内部に意味があるように思うのは、近代思想の錯覚である。人間の意味は、外部にある。少くとも、外部との関係にある」と述べている。[19]

もともと清水は、自己の内部に「書きたい内容」があったからではなく、外部への憧憬から文章を書き始めた人間だった。そしてこれも後述するように、彼は戦後思想のメインテーマの一つだった「主体性」の問題に、まったく関心を示さなかったのである。

こうして「インテリ」を志向した清水は、成績を上昇させて高校に入学し、家庭教師で金銭を稼ぎながら、ひたすらドイツ語などの文献を耽読した。スラムの「ぬかるみ」に生きている彼にとって、西洋の言葉で書かれた文献は、異世界に連れていってくれるものだった。一九五四年に、彼は高校時代の読書体験をこう回想している。[20]

> 読書に疲れた眼を天空に放てば、そこには天才たちの行列が見えます。私は、一冊一冊と読み進んで行く文献を梯子にして、やがては天空へ上り、あの行列に加わるのでしょう。……私は、まず、生活のぬかるみを、私の境遇を抜け出さなければなりません。恐らく、学問は私を本所のバラックの生活から連れ出してくれるでしょう。しかし、その期待と裏腹して、私は、自分の気持ちの外部に、自分の生活の外部に学問の課題を探し出そうと試みます。言い換えれば、実感の乏しいもの、よそゆきのものを大切と考え、真実と受け取る態度が固定し、これを憧れる衝動が募ってきます。

とにかく、私の場合、足もとのぬかるみに気がつけば気がつくほど、反射的に、学問に対する私の態度は高踏的なものになつて行きました。……

……私は、一途に、一般的で抽象的な、つまり、哲学的な問題へ進んで行きました。どんな苦労をしても、高い地点に辿りついて、そこから一切の事柄を見下して、何人も文句の言えぬような包括的な解答を、しかも、一挙に与えてやろう、と秘かに考えていたのでしょう。……こうして、私は、足は日本のぬかるみの中に立ちながら、頭は凡そこのぬかるみとは縁のない西洋の学問へ向けられて行つたのです。

「高い地点」から抽象的な概念を説く「インテリ」に、反発しながらも憧憬する。こうしたアンビバレントな姿勢は、清水のなかで〈西洋的な知識人〉と〈日本の庶民大衆〉という対立図式をつくり、やがて彼のナショナリズムの根底をなしてゆくことになる。

2　マルクス主義から翼賛へ

こうした清水がとくに読みふけったのは、社会学の文献だった。彼はすでに高校生の時点から、日本社会学会の会員となっていた。社会の構造を、一挙に解説してくれる社会学の理論は、彼の「インテリ」志向を満たしてくれるものだったのである。

同時に社会学は、『猿飛佐助』を始めとする講談本を好んだ清水の「庶民」への共感や、勧善懲悪の正義感を満たしてくれるものでもあった。清水はもともと医者を志望していたのだが、それを変更して社会学を志したきっかけとして、以下のようなエピソードを挙げている。

清水が中学生だったとき、亀戸で紡績工場が火事となった。そのとき、女工たちが避難しようとしたが、門衛は鉄門を閉めて、彼女たちを逃そうとしなかった。その様子を、火事場見物人の一人は、「買ってきた女工を会社が逃がすものか」と形容した。

この場面を目撃した清水少年は、「黙つていてはいけない」と決意し、この事件を中学校の弁論大会で講演した。社会問題をとりあげた清水は、生徒監の軍人からにらまれたが、担任の教師が彼を弁護してくれた。そしてその教師は、清水にむかって、「君などは社会学をやつた方がよい」と勧めたのである。[21]

こうして清水は、社会学を志した。いわば清水は、「庶民」の境遇を救済する知識人となることに、自己のアンビバレンスを解決する道を見出したのである。この点は、福田恆存が平和論や社会変革の理想にひたすら嘲笑と揶揄を投げかけるばかりだったこととは、大きく異なっていた。

しかし一方で、清水にとって「インテリ」志向は、スラムから脱出するための手段でもあった。高校を卒業した清水は、一九二八年に東京帝大文学部の社会学科に入学した。ところが開講第一日目に、主任教授の戸田貞三は、「この社会学科には、時々、とんでもない馬鹿な学生がやつて来る、馬鹿な学生というのは、社会学を勉強して、それで現代の社会問題を解決しようとか、世の中を良くしようとか考えている学生である」と一喝した。[22]

清水が大学に入学した前月の一九二八年三月には、共産党の大量弾圧事件である三・一五事件が起きており、また四月には東大新人会が解散を命じられていた。そうした状況のなかで、戸田は社会学とマルクス主義を切断しようとしていたのである。

清水は戸田の言葉を聞いて失望し、一時は教授の意向に逆らってマルクス主義を学ぼうかと考えたが、それは断念した。その理由を、彼はこう述べている(23)。

私は社会学の研究を通じて現状からの脱出を企てていました。現状からの脱出、とはいかにも体裁のよい言葉ですが、簡単に言つてしまえば、出世したいということになるでしょう。世の中を良くしたいのも嘘ではありませんが、その世の中で立派な地位に就きたいというのも本音です。……マルクス主義は、出世とは逆の方向と言わねばなりません。

こうした二重性もまた、当初から清水の言論活動につきまとったものであった。彼は中学校の弁論大会で、工場の火災を講演の題材にしたさいも、「私はかなり尾鰭をつけました」と自認している(24)。清水にとって弱者への同情も「嘘」ではなかったろうが、それを誇張して語ることで評判をとりたいという願望も「本音」だったろう。

もともと講談本を愛読していた清水は、涙もろい感激癖がある一方、熱しやすく冷めやすい「お調子者」の傾向があった。戦後に書いた平和論においても、彼は「庶民」への共感や強者への抗議を、勧善懲悪のヒロイズムや若干の誇張を交えて書くことで、人気を獲得することになるのである。

東京帝大の卒業論文では、清水はフランスの社会学者であるコントを論じた。それに続けて、彼はデューイを始めとしたアメリカのプラグマティズム哲学や、マルクス主義を学んでいる。

清水がコントを研究した理由の一つは、コントが実証主義の立場からフランス革命を批判し、革命は抽象的理念によって民衆に災厄をもたらしたにすぎないと位置づけていたことだった。こうしたフランス革命観が、明治維新を没落ととらえる下町の佐幕派老人に囲まれて育った清水の生い立ちに適合するものがあったのである。[25] しかしそれ以上に大きな理由は、コントやプラグマティズム、そしてマルクス主義が、いずれも近代的理念に懐疑を唱え、知識人が説く抽象的な形而上学を批判し、社会科学を生活の向上に活用するという主張を含んでいたことだった。

もともと前述したように、清水は抽象的理念を説く知識人という存在にアンビバレントな感情を抱いており、かつまた近代的な主体や「内面」というものに懐疑的であった。そして彼は、知識を「出世」の手段にするというかたちで、社会科学を「活用」した人物だった。彼は後年、「我流のプラグマティズムを密かに信条としている」と述べており、知識人というものを「思想的な問題を書いたり喋ったりして妻子を養っている人々」と定義している。[26] もちろんこうした知識人観が、丸山眞男などとは相当に異質なものだったことはいうまでもない。

いずれにせよ、近代的主体への懐疑と、社会科学を生活の向上に活用するという志向は、その後の清水の思想でも一貫したものになった。戦前の清水の作品で評価が高いのは、大衆社会論とマスコミ研究の先駆的著作とされる一九三七年の『流言蜚語』だが、これは関東大震災のさいに人びとが無根拠な噂に左右された経験をふまえ、主体性や合理的判断能力を失った大衆心理をあつかったものである。[27]

一九三一年、清水は大学を卒業した。コントをあつかった卒論が評価され、清水は社会学科の副手として二年ほど教室に残ったものの、その後は大学を離れることとなり、アカデミックな職に就くことはできなかった。

清水が大学に残れなかった一因は、下層階級出身の清水と、当時の帝大教授たちの気風があわなかったことだったようである。清水は後年、「私のような生れ方や育ち方をして来た人間から見ると、先生たちは、人間であり、学者であるより前に、先ず官僚であるように思われた」と回想している。また大学副手の座を離れざるをえなかった一九三三年には、彼はコントをはじめとした社会学を批判したデビュー著作『社会学序説』を発刊したが、その冒頭の言葉は、「大学で社会学を講ずる社会学者達が学生の提出する卒業論文を見て、それが社会学的でないことの故に、これを通過せしめぬというふ事態は、吾吾の屡屡経験するところである」というものであった。[28]

そして、清水が大学に残れなかったもう一つの理由は、研究テーマが見つからなかったことだった。卒論を書いたあとはコントに興味を失ってしまい、戸田貞三が専攻していた家族研究や、当時流行の人文地理学などに手を出したがうまく行かず、「テーマを探して見苦しくウロウロしていたのが、私の研究室生活の全部であった」と清水は回想している。[29] もともと「書くべき内容が予めハッキリあるのではありません。ただ何かが書きたい」という状態から学問を始めた清水には、内在的なテーマがなかったのである。

一九三一年、清水のコントに関する卒論の一部が雑誌『思想』の八月号に掲載された。この論文は一定の評判をとり、それがもとで清水は、戸坂潤や三枝博音などが一九三二年一〇月に結成した唯物論研究会に誘われて入会した。こうして一九三〇年代の清水は、戦闘的なマルクス主義批評家として執筆を行ない、一九四一年に読売新聞の論説委員になるまで定職に就かず、もっぱら原稿料で生活を支えた。

もともと清水は、大学入学時からマルクス主義に惹かれており、東京帝大社会学科と縁が切れてからはアカデミズムの束縛もなくなっていた。また前述したように、マルクス主義が「近代」批判の思想だったことや、社会科学を生活の向上に役立てるという志向を含んでいたことも、清水がマルクス主義に共鳴した背景になっていたようである。

そのためこの時期に清水が書いた著作には、当時のマルクス主義の論調に沿って「近代」や「市民社会」——「ブルジョア社会」の同義語——への懐疑をうたい、「自由主義」の終焉を宣告するようなものが少なくない[30]。思想を現実に活用するという志向から、「理論の実践性」を説いて知識人の行動不足を批判するという主張も、彼がしばしば唱えたものだった。

とはいえ清水は、後年に自分がマルクス主義をとりいれた文章を書いた理由の一つとして、当時の論壇のスターだった「三木清のスタイル」に憧れたことを挙げている。清水は、「日本文の向側に欧文が透けて見えるような」三木の文章に魅惑され、「彼のスタイルを真似していた」のだった[31]。

また清水は、唯物論研究会の活動を貫きはしなかった。この研究会は一九三八年二月には解散に追いこまれ、同年一一月には旧幹部が検挙されているが、清水はその前年のうちに「義理で心中する結果になるのは愚かなことだ」と考えて退会している[32]。しかも退会のさい、清水は検挙を逃れるため、事務局に対して前代未聞の「退会証明書」の発行を依頼した。清水にとって思想は何よりもまず生活の手段であり、思想のために生活を犠牲にするという志向は薄かったといえる。

こうしてマルクス主義から身をひいた清水は、一九三八年には昭和研究会に参加した。この昭和研究会は、近衛文麿首相のブレーン組織であり、清水が憧れていた三木清が中核となっていた。これ以後の清水は、東亜協同体論や統制経済論など、翼賛的色彩の強い文章を書いてゆく。

ただし、こうした変転を遂げてはいたものの、清水の論調にはある種の一貫性があった。マルクス主義的な評論を書いても、「新体制」を論じても、つねに「庶民の生活」という立場から、知識人の理念や近代市民社会を批判し、社会科学を生活の向上に活用することを唱え、そこに時代の危機を訴える熱っぽさが加えられていたのである。

戦後に清水が平和論の旗手となった一九五〇年代には、清水の戦中の論考は、合理的な「新体制」を作れと説く一種の偽装転向によって、非合理なファシズム体制に抵抗し、庶民生活と科学精神を擁護しようとしたのだと位置づけられることもあった。たしかに戦時期の清水の評論には、同時代の他の論者たちの戦争賛美と比較してファナティックな要素は少なく、国民の日常生活を合理化する方向で「新秩序」を建設せよといった、時局批判ともいえる内容が含まれていたことは事実である(33)。とはいえ、社会科学を活用する統制経済論によって、自由主義経済と「近代」を批判するという姿勢は、戦中のマルクス主義者の転向形態として散見されたものでもあった。ただし清水の特徴は、他の転向者のような罪責感や悔恨が、さほど感じられなかったことだった。清水は一九六九年のインタビューで、知識人と庶民を対比して、こう述べている(34)。

前者〔知識人〕にとっては、思想というものが、純粋というか、孤立というか、そういう類のものでしょうが、後者〔庶民〕にとっては、思想が問題になるとしても、暮し方という大きな濁ったもののうちに含まれている。前者では、考え方が、まるで節操のように、変らないのが美徳になっていますが、後者では、社会や経済の変化に伴う暮し方の変化の中で考え方も変るのが自然の話でしょう。

前述したように、清水は一九三七年の『流言蜚語』で、「人間は生きるためには常に自己の生を取り囲む環境に適応して行くことが必要である」と書いた。この一九三七年は、日中戦争が始まり、彼が唯物論研究会から退会した年にあたる。また戦後の一九五四年の対談で、清水はマルクス主義から転向した経緯について、「ぼくは初めに積極的な観念のシステムをもっていなかったため」「凡てがナシクズシであった」と回想している。[35] 特定の思想に固執しない「我流のプラグマティズム」が、こうした形態で現れていたとも考えられよう。

また清水が転向した背景には、定職を持たない「フリーのジャーナリスト」だった彼が、大学に所属している学者にくらべ、生活基盤が弱かったことも関係していたようである。彼は一九七五年に単行本となった回想記『わが人生の断片』で、戦時期についてこう述べている。[36]「昭和八年に東大の研究室を離れてからの八年間、私はフリーのジャーナリストとして暮して来た。その生活の脆さが身体に滲み込んでいた」。「フリーのジャーナリストというと、何か颯爽とした感じがするけれども、要するに、文章を売って生計を樹てる弱い貧しい人間のことである。芸人の一種である」。

清水はベストセラーとなった一九五九年の岩波新書『論文の書き方』では、戦時期には弾圧を逃れながら部分的に時局批判を織りまぜるため、難解で意味のとおりにくい学術用語を意図的に使用するなど、文章上の苦労を重ねたことを回想している。しかし、それと同時に述べられていたのは、原稿料で家族を養わなければならなかったこと、「私は文章を書いて生きてゆかねばならない」ということであった。(37)

そしてもともと前述のように、清水には積極的なテーマはなかった。彼が書いた文章は、戦前も戦後も、外部からの依頼でテーマを与えられて書いたものが多かった。原稿料を稼ぐために書いた時評類はもちろんのこと、ほとんどすべての単行本も、唯物論研究会時代に書いたマルクス主義の立場からの近代市民社会批判も、依頼で書いたものだと回想している。そうした清水がいちばん苦手だったのは、「お好きなテーマで書いて下さい」と依頼されることだったという。(38)

とはいえ清水の文章は、熱のないものではなかった。もともと彼は、誇張的な演出や勧善懲悪のヒロイズムを交えて文章を書くのは得意だった。庶民感覚と熱っぽい演出、そして図式的な分りやすさを備えた清水の文章は、ジャーナリズムからの依頼を集めるのにうってつけのものだった。

さらにいえば、演出家であった清水は、自分が工夫をこらした原稿が、依頼した編集者などから、すぐ評価されることを望んでいた。森本哲郎の回想によると、清水は「どんな時でも、自分の原稿を記者や編集者に渡すときには、相手がそれをゆっくり読み終わるまで、じっと待っていてくれる」のが常だったという。(39)

そのうえ清水は、「何によらず、新しいテーマを示されると、忽ちそれが面白くなってしまう癖」があった。大学でテーマが見つからなかったことに関しても、「先生が軽くヒントでも与えてくださったら、私は直ぐ夢中になって突進したのだと思う」と述べている。[40] マルクス主義時代も、その後の翼賛時代にしても、彼は与えられた「新しいテーマ」に、「夢中になって突進」したともいえる。

こうした直情径行な性格もまた、清水に転向の悔恨を感じさせない理由となっていた。一九八八年に清水が死去したとき、敗戦直後に清水と親交があった渡辺慧が、葬儀の弔辞を読んだ。渡辺は一九五〇年以降はアメリカに渡ってしまったが、一九五〇年代と一九七〇年代にそれぞれ一時帰国して清水に出会った経験を、こう述べている。[41]

その時〔一九五〇年代〕のあなたは、最左翼で、アメリカなんかに行く奴は人でないという風にきこえました。私はあなたの誇張癖、ドラマ癖を知っていますから何とも思いませんでした。それがどうでしょう、そのまた二十年後に来た時には、最右翼になっておられました。私はちょっとは驚きましたが、ちっともケシカランとか、非道徳だとも感じませんでした。私は、あなたに誇張癖があり、カツコイイことが好きなことは知っています。しかしもっと確実に知っていることは、決して自分の本心にないことは言わないことです。

「新しいテーマ」に熱中しやすく、方向はしばしば変わるが、その時々の主張には「誇張」はあっても「嘘」はない。渡辺はこの弔辞で、清水を「内容的にも外形的にも、意図的にスマートであり、非常に――時には自己陶酔的とさえ言える程――雄弁である」と形容している。清水自身としては、戦前戦後の文章の変転についても、若干の「誇張」や「自己陶酔」はあったにせよ、悔恨を抱くような対象とは位置づけなかったと思われる。

このような性格をもつ清水の文章には、ある種の熱っぽさとラディカルさが存在した。唯物論研究会時代に書いた市民社会批判、そして翼賛時代に書いた時事論などは、依頼で書いたとは思えないほど、アジテーションに近い激しさを含んでいるものが散見した。

こうした清水の文章のラディカルさは、一つには「江戸っ子」を自称する彼の気質から派生していた。苦労人であり与えられたテーマに熱中しやすい清水は、喜怒哀楽の豊かな感激癖があり、彼の回想録を読んでいると、弱者に同情して泣いたり、孤独感や悲壮感にひたって涙をこぼす箇所が頻出する。また、他者を敵と味方に二分する傾向が強く、自分の「敵」とみなした者への一方的な攻撃や、「仲間」とみなした者への肩入れも顕著だった。

また清水には、「火事と喧嘩は江戸の花」と通称される、下町的な野次馬根性とラディカリズムがあった。前述した紡績工場の火事のエピソードでも、彼が現場にかけつけたのは、「火事と聞くと、身体中がムズムズして来て、どんなに遠い火事でも、自転車を飛ばして見に行った」という性癖からだった。(42) こうした下町ラディカリズムが、庶民への感傷的同情や誇張癖を交えた勧善懲悪の講談調と同居して、彼の文章の特徴をなしていたのである。

そしてもう一つ、清水のラディカルさの背景になっていたものがあった。それは、彼がいったんは憧憬の対象とみなし、やがて反発するにいたったものに対する、強烈な反感であった。

たとえば清水のデビュー作である一九三三年の『社会学批判序説』は、前述のように彼が東京帝大の社会学科に残ることができず、唯物論研究会に参加した時期に書かれた。その内容は、コントを始めとした社会学を、マルクス主義の立場から、ブルジョア市民社会のイデオロギーとして激しく批判するものだった。

ところが、唯物論研究会を退会した一九三七年に出版された『人間の世界』では、マルクス主義とコントが、ともにプラグマティズムの立場から批判されていた[43]。そして一九四〇年ごろの著作になると、近代市民社会と資本主義の弊害を「新体制」によって克服することが説かれ、コントは社会科学を駆使して秩序を形成する実証主義の先駆者として再評価されていたのである[44]。

このような清水の変転に対して、唯物論研究会のリーダーだった戸坂潤は、清水がマルクス主義を批判するあまり、かつては清水自身が批判していた「「社会学」」的な、或るものへと自分自身行きついて了つた」と評している[45]。このように、自分が憧憬する集団にいったん加入しながら、やがてそこに激越な批判を投げかけて去って行き、結果としてそれ以前に否定したものに接近してしまうというパターンは、戦後の清水の行動においてもくりかえされることになる。

清水は回想記『わが人生の断片』のあとがきで、こう述べている[46]。

……〔回想を〕書き続けているうちに、自分の行動パターンというものがあって、それが繰返されているのに気づくようになった。何か小さな刺激が与えられると、咄嗟に大きく反応し、その場で決心して、或る方向へ無我夢中で駆け出して行く。自慢にもならないが、駆け出して行くスピードは相当に速い。しかし、そのうち、必ず壁のようなものにぶつかってしまう。壁に身体を叩きつけてみたり、ワーワー喚いてみたり、大いに反省してみたりした末、思い切りよく、今度こそは、と新しい方向に駆け出して行って……というパターンの繰返しで、そのたびに新しい友人を得る代りに古い友人を失っている。

清水の思想を研究した天野恵一は、戦時期の清水をこう形容している。唯物論研究会時代から翼賛時代まで、「庶民の生活」や「理論の実践性」から知識人を批判し、「時代の危機」を強調するという「スタイルは一貫している」。ただし、「スタイル以外のすべては変っている」[47]。こうした「スタイル」や行動パターンの一貫性と、内容の目まぐるしい変転は、戦後の清水においても共通してゆくことになるのである。

3　進歩派への参加と反発

一九四五年八月、戦争は終った。清水は大戦中に徴用宣伝班員としてビルマに行き、帰国後は海軍の嘱託などをしていたが、最終的には読売新聞社の論説委員として敗戦をむかえる。敗戦を告げる天皇の放送を聞いた彼は、涙が出てしかたがなかったという。

戦争に協力するかたちで大手新聞の社説を書いていた清水は、組合から戦犯指定をうけることはなかったものの、自主的に退社してフリーの身となった。戦前から原稿料で生計を立てていた彼は「フリーのジャーナリスト」ないし「売文業者」を自認しており、退社に未練はなかったようである。

前述したように、清水は戦争よりも関東大震災のほうが重い体験だったと述べており、転向や戦争協力に一定の反省はあったものの、鶴見俊輔や丸山眞男のような戦後知識人たちほどには重い悔恨を持っていなかった。その理由は前述したとおりだが、さらに追加していえば、「庶民的」な意識の持主だった彼が、丸山眞男が重視した「治者」の責任意識などとは無縁だったことがあったようである。

清水は高校進学にあたって、当時のエリートコースだった第一高等学校を避けたが、その理由として、国立系の旧制高校にあった「天下を背負つて立つたような、浮世を見下したような態度」が嫌いだったことを挙げている。戦後知識人が自己の戦争責任の問題にこだわった理由の一つは、自分が国家の運命を多少とも左右できたはずだという責任感からであった。しかし清水が回想記『わが人生の断片』で、日米開戦にあたり「責任を感じた」と述べた清沢洌に「滑稽味を感じた」という、正宗白鳥の手記に共感を示している。[48]「庶民」であり「売文業者」である自分は、「治者の責任」とも無縁であるという感覚が、そこにあったといえよう。

敗戦後の論壇では、アメリカ思想への関心が高まった。しかしドイツ哲学の影響が強かった戦前の知識人には、アメリカ思想に通じていた者は少なかった。そうしたなか、プラグマティズムに詳しかった清水は、「民主主義」についての執筆や講演、顧問などの依頼を受けるようになる。また一九四六年一月から一九四八年一一月までは、丸山眞男・福田恆存・川島武宜・渡辺慧・林健太郎などを擁した「二十世紀研究所」という財団法人形式の研究者グループの所長にも就任している。

こうして敗戦直後から、清水は活発な言論活動を開始し、大量の時評や解説記事を書き、それらを単行本としてまとめていった。もともと戦前から原稿料で生活していた彼は、すでに一九三三年から一九四二年までに、一六冊の単行本を出版していた。敗戦直後においても、一九四七年から四九年の三年間で一一冊の単行本を出したほか、海外文献の翻訳も多数行なった。清水は一九四九年からは学習院大学の教授にも就任したが、彼の回想によれば、月給が「四百字詰原稿用紙二枚分の原稿料ぐらい」だったため、原稿料はあいかわらず彼の生活の糧だった。(49)

こうした執筆姿勢は、丸山眞男とは対照的であった。戦前にはまったく無名だった丸山は、一九四六年の「超国家主義の論理と心理」という一本の論文で一気に脚光を集めたが、その後に書いた時事評論はごく少なく、敗戦後一〇年あまりのあいだに『日本政治思想史研究』と『現代政治の思想と行動』の二冊の単行本しか出版していない。それでも、丸山がまれに発表する論文は密度の濃いものであり、粗製濫造ぎみだった清水の単行本よりも、ずっと大きな反響を呼んでいたのである。

回想記『わが人生の断片』で、清水はおそらくは丸山などを意識して、こう述べている。「私などは、何処から見ても、芸人の部類であった」「フリーのジャーナリストの立場から考えて、羨ましく見える、というより、憎らしく見えるのは、大学の、特に官立大学の研究室の奥に住んでいる人たちであった」「大学の厚い壁によって守られ、安定した俸給を貰っているという点では、私たちと全く違う。むしろ、彼らは、私たち芸人が最も恐れる軍部や警察の仲間なのである」。(50)そして戦後の清水は、「羨ましい」と同時に「憎らしい」対象である進歩的知識人たちと、複雑な関係を結ぶことになった。

とはいうものの、敗戦直後から一九五〇年までの清水が丸山ほどの注目を集めなかったのは、別の理由もあった。清水の文章の内容が、時代とマッチしなかったのである。

敗戦直後の論壇では、「近代」の再評価と「主体性」の問題が注目を集めていた。その背景にあったのは、弾圧の恐怖に屈して心ならずも転向し、あるいは戦争に抗議できなかったという知識人たちの悔恨であった。

ところが清水の文章からは、丸山眞男や荒正人の文章にみられたような、戦時期の悔恨にたちむかう主体性といったものが、さほど感じとれなかった。清水はプラグマティズムの知識をもとに、民主主義の啓蒙記事を量産していたが、その程度の書き手ならば、敗戦直後の論壇には数多くいたのである。

強いてこの時期における清水の特徴を挙げるなら、近代的主体性への懐疑が、民主主義やヒューマニズムの解説記事からも染み出していることだった。清水はすでに一九四九年から、占領軍の指導でつくられた教育基本法を、もはや時代遅れとなった「一八世紀的」な近代市民社会の理念の産物だと評していた。また当時の清水の文章には、「近代人間観の甘さ」や「古いリベラル・デモクラシーに付きまとふオプティミズム」に批判を投げかけているものが少なくない[51]。しかしこうした論調は、敗戦直後の雰囲気とは、調和しえないものであった。

もともと丸山などにくらべ、年長で苦労人だった清水にしてみれば、挫折経験やエゴイズムの問題にこだわる主体性論などは、ひどく青臭いものと映ったろう。清水は一九四七年には、丸山や梅本克巳などが参加した座談会「唯物史観と主体性」にも出席しているが、彼の対応は冷ややかなものだった[52]。

清水は一九四八年の評論では、「主体性」について「私にとって最も興味のないこの問題」と評し、生活の再建が急務である敗戦直後の状況において、「悲劇の好きな一部の人々が作り出したこの観念は、果して一般の青年たちにとって実際的な意義を有しているのであろうか」「エネルギーの恐るべき浪費である」と述べている[53]。また『わが人生の断片』では、丸山や梅本を始めとした「戦後に知り合った友人たち」を「官立大学の奥深く住んでいて、敗戦の後に初めて発言するようになった清純な人たち」と形容し、「その人たちの言葉は、何時も少し大袈裟に聞こえた」ので、「万事を斜めに見て」「好んで冗談を言っていた」と回想していた[54]。

このような揶揄的な姿勢は、福田恆存などと共通したものだった。しかし清水は、福田のように進歩派の揶揄に徹底することもなく、一方では民主主義の啓蒙的解説も行なっていた。こうした清水の姿勢が、中途半端なものと映ったのは無理もない。敗戦直後の時期は、清水の論考は評判が芳しくなく、のちに日高六郎から「あの時期の清水さんは生彩を欠いていた」と評されたという[55]。

しかし一九五〇年ごろから、こうした状況は変化した。占領政策の逆コースや朝鮮戦争の勃発によって、国内および国際情勢はにわかに緊迫化した。論壇の主要テーマも、主体性や近代的人間類型といった内面的なものから、平和や民族独立といった政治的な問題に移っていった。

ほぼ同時に、一九四九年の中国革命の成功を画期として、西洋近代を理想化した啓蒙主義や「近代主義」が批判され、アジアと日本の庶民感情や伝統文化、そして「民族」の再評価が唱えられた。こうした状況の変化のなか、清水は岩波書店の吉野源三郎が組織した知識人グループ「平和問題談話会」の主要メンバーとなり、「庶民の生活」の立場から「時代の危機」を訴える論者として、論壇の脚光を浴びてゆくことになる。

とはいえ清水が平和問題にコミットした契機も、当初は依頼であった。一九四八年九月、雑誌『世界』の編集長だった吉野源三郎が清水のもとを訪れ、七月にユネスコ本部から発表された、平和問題にかんするヨーロッパ諸国の社会科学者たちの声明文を示した。吉野は、この声明に呼応する日本の社会科学者たちの声明が出せないかと考え、清水に相談したのである。吉野は並行して安倍能成や小泉信三などにも相談に赴き、ここから平和問題談話会（当初の名称は平和問題討議会）が結成される。

この平和問題談話会は、丸山眞男や清水のような非共産党系の進歩派知識人のほか、羽仁五郎のような共産主義者や、安倍能成や和辻哲郎といった反共主義者のオールド・リベラリストも参加した知識人集団であった。そして清水は、吉野の依頼を受けて、談話会の討議をまとめて声明の原文を起草する役目を担うことになる。

吉野が起草役として清水を選んだのは、オールド・リベラリストから共産主義者までを含む談話会のなかで、清水がもっとも調整能力と文章表現に優れた能力を持っていたからだったと思われる。清水は当時を回想して、「内部の要求と外部の要求とを文章の上で調和させるテクニックというか、それが大道芸人の処世法であるが、それを身につけていたので、いろいろな立場の人たちから成る平和問題談話会の声明の起草には、そのテクニックが少しは役に立ったのであろう」と述べている[56]。

とはいえこうした作業は、清水にとってストレスの多い仕事であった。清水が書いた最初の声明原案は、一九四八年末に開かれた討議会にかけられたが、清水はメンバーから不満の眼で見られていると感じた。原案の内容は、社会を科学的に把握する社会科学者の責任を表明し、その立場から平和を説いたもので、清水の社会科学志向が反映されてはいるものの、おおよそバランス感覚が感じられるニュートラルな内容だった。しかし参加者たちにしてみれば、それがバランスのとれたものであればあるほど、自分の意見が十分に反映されていない折衷案と映ったと思われる。(57)

しかし、全体を配慮して原案を書ける人物は、清水しかいなかった。平和問題談話会は、一九四九年から五〇年にかけて三回にわたり声明を出し、丸山眞男なども声明文の執筆に参加したが、清水が原案や序文をつくり、声明がまとめられるという手法はその後も踏襲された。

清水にとってみれば、これは労多くして不満のたまる仕事であった。彼は回想記『わが人生の断片』で、「先ずボールがなければフットボールが始まらないように、これからも、先ず私の書いた文書があって、それがみんなに蹴られなければ、調整や声明の作業は進まないであろう。私は、もうボールになるのは沢山であった」と述べている。当時の清水の日記には、「判り切つたことを一々議論せねばならぬ馬鹿らしさ。つくづく厭になる。早く軽薄な journalist に戻らう。田舎者は嫌ひだ」とか、「田舎者多く、イライラするのみ」といった記述が頻出している。(58)

ついに清水は、一九五〇年八月には談話会の解散提起までを行なった。しかし彼は、談話会から手をひこうとはしなかった。冷戦の高まりと朝鮮戦争の勃発という状況のなかで、清水を含む知識人たちが戦争の危機を本気で感じていたという背景もあったが、もう一つの理由は、依頼で始めたテーマに熱中してしまうという清水の性癖だった。

しかも清水は、フリーライターとして、「芸人にとって大切なのは、意地と技術」だというプライドを持っていた。談話会名義の声明文とはいえ、自分が「意地と技術」でまとめあげた文章に〈ケチをつけられる〉ことには、清水は我慢ならなかった。談話会の最初の総会で、参会者から原案に批判が出たさい、清水は「こん畜生、自分の書いた十項目だけは何が何でも守ってやろう」という負けん気を働かせた。依頼で書いた声明であっても、「それを自分で書き、それを自分で擁護したことによって、何時か、私という人間の一部分になった」というのである。[59]

さらに清水を平和問題に熱中させた動機は、皮肉なことに、談話会のメンバーたちへの反感だった。声明をまとめるため談話会の各部会に参加した清水は、学者たちの態度を批判して、「みんなobjectivistsとでもいふのか、シニックな口調ばかり。ガッカリする」と日記に書いた。[60] 清水にとって、敗戦直後の貧困な庶民生活を高みから眺める「インテリ」たちの態度は、許しがたいものに映った。これ以後、彼はオールド・リベラリストを交えた談話会の穏健な声明にあきたらず、より戦闘的で社会主義色の強い平和論に傾斜することになる。

そして、こうした知識人への反感は、清水のナショナリズムという形態で現れた。

4 「世界の庶民」としての「日本人」

朝鮮戦争下、清水は『中央公論』の一九五一年一月号に、「日本人」と題した論考を発表した。[61]
先に引用したように、清水はこの論考で「インテリは日本人の生活をひとごとのやうに眺める高地に立つ」と述べ、日本の庶民生活を「封建的」と批判する知識人たちを「ガラクタの古道具を骨董品として西洋人に売りつける商人」のようだと批判した。そして日本がアジアの一員であることを強調し、社会主義による生活改善と平和を説いたのである。

この論考においても、清水は従来からの志向に沿って、「近代の民主主義が前提とする完全に合理的且つ自主的な人間の観念」を批判していた。彼によれば、西洋を模範とする知識人たちの前提にあるのは、人種や民族を超えた「人間」が存在するという「古い自由主義に固有な考え方」であり、「因襲の錆を除去すれば、その下に潜んでゐる無垢の健全なものが流れ出して来るといふ信仰」である。

しかしそうした幻想を持つことは、「吾々がただ抽象的な民主主義一般の温和しい生徒になつて行く過程」である。それは実質的には、「アメリカの温和しい生徒でありさへあれば、何時か、あの「アメリカ的生活様式」に辿りつくことが出来るであらうといふ意味にほかならない」。

清水によれば、近代日本の歩みは、そうした西洋への劣等感に満ちた、同化の努力にほかならなかった。そして近代日本は、「アジアの諸民族を出し抜いて、それを踏台としながら」西洋に近づこうとした。そして、「劣等感が強ければ強いほど、これを免れるために、自分の仲間であるアジアの諸民族を眼下に見てそこで優越感を満足させていた」のである。

しかし、敗戦によってそうした西洋同化志向が挫折した現在、「日本人は、もう一度、アジア人である」。人種偏見の根強いアメリカは、明らかに「日本人をアジア人としかみなしておらず、「吾が四等国もまた固より国として一個の庶民にほかならぬ」。しかも、不況をもたらした「ドッジ・ライン以来、「アメリカ的生活様式」は無限の彼方へ引き退いてしまった」というのである。

そして清水は、大塚久雄に代表されるような、主体的精神の育成によって経済を復興しようという議論を批判する。人間の意識は、主体性といった内面から決められるものではなく、生活状況や社会体制といった外部環境に規定されている。それゆえ、平和のスローガンだけでは無力であり、平和を保障する経済体制を築かねばならない。

そのための手段は、社会科学を活用して生活を向上する、「社会主義化の方向」である。すなわち「貧しい家計こそ計画化を必要とする」のであり、ロシアが社会主義化したのも「最も貧しい国であればこそ」だった。このような社会主義による復興と経済的自立によって、アメリカの戦争に協力する保守政権の政策と縁を切り、平和を勝ちとるべきだというのだった。

ここで注目すべきなのは、「庶民」志向や「インテリ」への反感、そして生活改善志向といった清水の従来からの志向が、反米意識と社会主義を要素とするナショナリズムとして表現されていたことだった。清水は同じく一九五〇年には、「民主主義と愛国心の結合」を説く岩波新書『愛国心』を出版しており、並行して庶民の知恵を賞賛した「匿名の思想」や「庶民」といった論考でも注目を集めはじめていた。(62)

もともと、清水は戦後においていちはやく「民族」の問題に注目した論者の一人でもあった。『中央公論』一九四八年一月号の巻頭言に彼が書いた「誰が民族を得るか」という論考は、「民族」それじたいは善でも悪でもなく、戦前も戦後も一貫して存在しているのであり、左右どちらの勢力が「民族」を味方につけることができるかという問題を投げかけたものだった。共産党が「民主民族統一戦線」を公式に採用するのは一九四八年二月であり、清水の巻頭言はそれを先取りしていたともいえた。
そして一九五一年の論壇では、清水の論考「日本人」は、大きな反響をよんだ。おりしも当時の論壇では、西洋近代を模範とする啓蒙主義の行詰りとともに、アジアの植民地独立運動のナショナリズムと「民衆」の再評価が唱えられていた。また共産党が「民族独立」をより前面に掲げて武装闘争に入ろうとする時期であり、朝鮮戦争のなかで在日米軍の活動と日本再軍備の動きが活発となっていた。そうしたなか、反米意識と社会主義をおりまぜた清水のナショナリズムは、時代にマッチすることになったのである。

これ以後、清水の人気は急速に高まった。人気の秘密は、わかりやすい勧善懲悪の図式、人生相談の原稿なども巧みにこなす庶民志向、そして熱っぽいラディカリズムだった。一九五〇年代初頭の清水は、「朝から晩まで再軍備反対を叫ばねば駄目であります」「現在、民主主義と資本主義とが両立すると思つてゐるのは、少し頭が変な人たちだけかも知れません」などと訴える一方、平和憲法を「八千万の日本人がこれに縋って漸く混乱と汚辱との底から立ち上がることの出来た貴重な精神である」と賞賛した(63)。

丸山を始めとした平和問題談話会のメンバーたちの多くが、共産党やマルクス主義に一定の距離を置くリベラリストだったのにたいし、この時期の清水は一気に社会主義に傾倒した。一九五二年の論考では、平和問題談話会の活動で「ユネスコのために努力を重ねているうち……精神だけで平和を確立することは出来ない、それと同時に、平和の肉体が作り出されるのでなければ、万事は無駄になる。そう気がついた」と主張し、「どんなに戦争を呪っても、自分たちの作っている社会それ自身が「戦争への衝動」を有している限り、即ち、資本主義社会である限り、平和を手に入れることは出来ない」「ロシアの平和への熱意は極めて自然の事柄である」と唱えた。[64]そして講和条約の締結にあたっては、単独講和が「祖国を屈辱と半植民地の状態に追いやつた」と形容し、「平和を守る政治的権力を国内に作り上げること」なしには「私にとつて、日本にとつて、明日といふ日は存在しない」と述べている。[65]

当時の清水の主張で、後年に彼が核武装の問題を提起する伏線として見逃せないのは、反米ナショナリズムと核兵器問題が結びついていたことである。一九五四年、ビキニ諸島でアメリカが水爆実験を行ない、日本漁船が被爆した事件は、日本での核兵器反対運動の発火点となった。清水はこの事件にさいして、アメリカの人種差別意識を批判しつつ、広島や長崎の原爆投下について、「薄汚い黄色人種であったから、気軽に投下出来たのであろう」「日本人という実験動物を使って、ロシアを威嚇しただけのことに過ぎない」と唱えたのである。[66]

こうしたなか、清水は原稿をひたすら書き続け、一九五〇年から五四年に二二冊の単行本を出版し、「毎日五つも六つも講演の依頼を受け」る状態が続いた。『展望』一九五一年七月号の「日本を動かす一〇〇人」と銘打った座談会では「一九五一年の日本の代表的人物を求めれば清水幾太郎だ」と評され、大宅壮一は一九五二年に清水を「教祖的傾向をおびてきた」と形容した。一九五二年の『図書新聞』に掲載された読者アンケートでは、南原繁や小林秀雄などをしのいで、清水は「書いてほしい人」の第一位にランキングされている。[67]

しかし清水の活動は、あくまで収入につながる執筆や講演が中心だった。原稿依頼を受けるにあたっては「原稿料はいくらですか」と尋ねる方針をとっており、日記に原稿料や講演の謝礼金額を記入していた。一九五五年に九州の教職員組合の講演に招かれたさいには、ホテルの質と謝礼の少なさに激怒し、東京の日教組本部に抗議して追加金を払わせた。[68]各地の講演に招かれて、機嫌が悪くなったさいに日記に書きつけている決り文句は、「不潔」「無作法」「田舎者」などである。

おなじく「庶民」志向とはいっても、こうした姿勢は、石母田正や鶴見和子などとは対照的であった。石母田正や鶴見は、自分が特権的な「インテリ」であるという自意識に悩み、そうであるがゆえに民衆への賞賛を語り、労働者や主婦のサークルに無償で参加していた。[69]しかし元来がスラム出身である清水には、そうした民衆への憧憬や、モラリスティックな苦悩が希薄だった。平和を訴えながら金銭を得るという清水の姿勢も、彼の社会主義観とおなじく、きわめて「庶民的」であったといえる。

こうした姿勢は、大組織や「官立大学」の権威を憎む、清水のフリーランス意識ともかかわっていた。前述したように、彼は教職員組合に講演料の少なさを抗議したことがあったが、そのエピソードを回想するにあたり「依頼や交渉の相手は何かの組織に属して、そこから然るべき給与を得ているのである」と述べている。[70]

感激屋で人情家だった清水は、後述するように内灘問題や安保闘争などでは、自分が「仲間」とみなした運動に高額の寄付も惜しまなかった。彼は守銭奴だったわけではなく、日教組のような大組織が小額の謝礼しか渡さなかったことにたいしては、「芸人」としての自分が〈軽く見られた〉と感じて激怒したのだと思われる。

もともと清水は、人間の意味は自己の内部にではなく、外部との関係にあるという信条を持っていた。彼が原稿料や待遇を気にしたのも、それが彼にとって収入源だったというだけでなく、他者から彼に下される評価の指標とみなしていたためだったとも考えられる。

清水が有名になるにしたがい、論評や似顔絵などがマスコミに掲載されるようになった。当時のマスコミでの清水の評価は、彼自身の要約によれば、「秀才である」「雄弁である」「長身である」「お酒落である」「苦労人である」「名文家である」「江戸っ子である」「庶民的である」といったものが多かった。だが一方で、「偽者である」「信用するのは危険である」「下心は見えている」といったものも少なくなかった。(71)

作家の三好十郎は、「清水幾太郎さんへの手紙」を『群像』一九五三年三月号に発表し、清水を「デマゴーグ」「チンドン屋」「あなたの批判の言葉は、たいがいの場合に本気過ぎ熱烈過ぎる」などと評している。(72) 清水は回想録で、こういったメディア上での評価を「見るのも厭であった」と述べているが、しかし同時に、そうした記事の収集を秘書に命じ、スクラップ・ブックに整理させていたという。(73)

この時期の清水が「偽者」の平和論者、すなわち収入と功名心のために原稿を書く「デマゴーグ」だったのかは、判断がむずかしい。おそらく、先に引用した「世の中をよくしたいというのも嘘ではありませんが、その世の中で出世したいというのも本音です」という回想記の言葉が、実情に近かっただろう。

そうしたアンビバレントな姿勢は、清水の日本観にも反映していた。彼は前述した一九五一年の論考「日本人」で、近代日本は「世界の庶民」であるアジアの地位を抜け出すために西洋に憧れ、太平洋戦争ではアジアを踏台にして一時的に西洋に勝利し、「アジアの出身を忘れかけていた」と述べていた。[74]しかしそれは同時に、「アジアの世界を足下に踏みつけていた時、日本はアジア人のためのアジアを作るのだ、と言はねばならなかった」という時期でもあった。そして当時の清水は、スラムから脱出し知識人として名声を勝ちえていたその時に、「民衆のために」と主張する原稿を書いていたのである。

だが同時に、清水は論考「日本人」で、自分が戦争中に報道班員として徴用されビルマに送られたさい、「市場とかバザーとかの人ごみに融け込んでゐるのが一番楽しかつた」と述べている。ビルマの市場には、清水が少年時代を過ごしたスラムの喧騒に似たもの、嫌悪の対象であると同時に懐かしいものが存在したのである。

おそらく清水にとって、「アジア」の一部でありながら「西洋」に憧れる「日本人」としての地位を忘れ、「インテリ」への憧憬と劣等感にさいなまれる「自己」を捨てて、「人ごみに融け込んでゐる」状態は、ある種の安心感を与えるものであったろう。しかし同時に、彼の回想録によれば、清水がラングーンやバンコックの市場で日本兵たちと一緒に買いあさっていたものは、支配者だったイギリス人が残していった西洋の品々だったのである。[75]

5　平和運動での孤立

しかし、こうした清水の活躍は、長くは続かなかった。清水は五〇年代前半には、戦争の危機を唱えながら、アメリカからの自立と社会主義化なしには、平和も経済復興も達成できないと主張していた。しかし一九五〇年代半ばには、日本経済は急速に復興し、「時代の危機」という気運は急速に退潮したのである。

時代の変化に敏感な清水は、朝鮮戦争が終わった一九五三年ごろから、こうした変化を嗅ぎとっていた。この年の『世界』七月号に、清水は「にも拘らず」という論考を発表している。[76] この論考は、変革と革命が必要だと述べながらも、「この変更は、経済過程に支えられてでなく、反対に、経済過程に抗して手に入れねばならない」と位置づけるものだった。「経済過程に抗して」革命を起こすなどということは、「科学」であるはずのマルクス主義の立場からは、明らかに逸脱であった。

さらに清水は、この論考で、「経済の論理を頼みに出来ぬというのは、実は、暢気な態度で、平和を愛する民衆というものを頼みに出来ぬという意味なのである」とも述べている。これではもはや、清水の考える「革命」は多数派の民衆ではなく、経済的利害を超えて動く少数者のラディカリズムに期待するほかなくなってしまう。そして実際に、一九五〇年代後半から安保闘争の時期の彼は、そうした姿勢をとってゆくことになった。

そうした清水の変化が現れ始めたのが、当時の平和運動の焦点だった内灘闘争との関わりである。

一九五二年、石川県の漁村だった内灘村に、米軍の試射場が設置され、土地接収をめぐる反対闘争が行なわれた。当時の基地反対闘争は、日本のナショナリズムや反米意識とも結びついており、清水の現地レポート「内灘」が掲載された『世界』一九五三年九月号のグラビアにも、内灘の住民が「日の丸」を掲げて米軍の土地接収に抗議している模様が掲載されている。

清水と内灘の関係も、当初は外部からの依頼で発生したものだった。一九五二年一一月、岩波書店主催の文化講演会のため金沢にやってきた清水は、地元の新聞記者から「内灘問題をどう思うか」と聞かれた。じつは当時、清水は内灘についてほとんど知らなかったのだが、相手の依頼に応じて「何とか話を繋いでいる間に、話すことを通じて、自分の意見らしいものが生れて来た」のである。(77)

このときに清水が話した内容は、アメリカに従属した講和条約および安保条約の弊害と、平和運動を大衆化する必要性であった。知識人の理念過剰を批判し、「理論の実践性」を説くことは、戦前からの清水の主張であった。

しかし講和や安保の問題は、民衆生活から遠い外交問題であり、運動は知識人や組織が中心になりがちであった。だが基地問題は、地元民の利害と直結しており、平和運動が庶民とつながる可能性を秘めていた。清水は記者を相手に話をしているうちに、「心中秘かに、これだ、と叫」び、「やがて、これは私の確信となった」。(78)新しいテーマに熱中しやすい彼は、この後は内灘問題に傾倒してゆく。

しかし一方で、清水はこのように説きながら、なかなか内灘を訪問しなかった。彼は後年で、「真暗な泥濘のような土地へ足を踏み込んで」いくような気がして、「行くのが怖かった」と述べている。(79)

平和問題談話会などでは、清水は知識人として、抽象的に平和や反米を論じていればよかった。しかし、軍事基地周辺の「貧しい人間にとって、アメリカ軍は単なる軍事力ではなく、その土地に金を落としてくれる大切なお客様であった」。そして基地周辺においては、「彼ら〔アメリカ兵〕がどんなに威張っていても、暴行や犯罪を働いても、それは当り前であったし……大きくなったらパンパンになりたいと願う少女が現れるのも、すべては当り前であった」[80]。

もともと清水は、泥沼に囲まれたスラムで、「大切なお客様」を相手に商売をしてきた人間だった。そうした彼にとって、アメリカという強者に反発しつつ、生活のため迎合せざるをえない状態にある基地周辺の人びとと対面することは、「真暗な泥濘のような土地へ足を踏み込んで」いくこととして意識されたのである。

こうした清水が初めて内灘を訪れたのは、一九五三年五月に、総評の依頼で視察団に加わったことによってだった。しかし清水は、雑誌『世界』に書いたレポート「内灘」で、現地に到着したさい、そこが「火事場」であり、「火事場は、見学や視察のために存在するのではない」ことを悟ったと記した。このレポート「内灘」によれば、保守系の内灘村長は一行を迷惑そうに迎え、以下のように語った[81]。

私は、勿論、接収には反対です。それはハッキリしています。しかし、これは内灘村の問題で、あなた方の問題ではありません。……あなた方は自分の郷里へ帰って基地反対の運動をなさったらよろしい。抑々、私は、あなた方のように、日本中の米軍基地の撤廃などということを考えているのではないんです。そうではなくて、ただ内灘は困る、何としても、内灘だけは困るという考えなのです。いけないのは労働者ですよ。労働者が砲弾を作るから、その砲弾の試射場として内灘が接収されるんです。平気で砲弾を作って、それで月給を貰って、その上、その暇があるからでしょう、こんな土地へノコノコやって来て、やれ、接収反対だ、やれ、内灘を守れ、やれ、しっかりしろ、などと喚く。余り勝手ですよ。

この村長の言葉を聞いて、「私に何が言えたであろう」と清水は書いている。当時の日本社会における都市と農村の格差は大きく、農漁村側は都市部の知識人や労働者に、不信と反感を抱くケースが少なくなかったのである。

かつて火事場見物を好んだ清水だったが、もはや見物ではすまないと彼は感じた。清水はレポート「内灘」で、「内灘だけは困る」という村長の意見を肯定し、「エゴイズム以外に反対する原理がないとしたら、エゴイズムで良いではないか」と述べ、「問題は、外部の人間がどうして村のエゴイズムに奉仕するかということだ」「奉仕を黙々と続けて行けば、エゴイズムの底で、村民たちは、誰が真実の味方であるかを知るであろう。そして、きっと、エゴイズムを乗り越えた広い見地に抜け出るであろう」と唱えている。(82)

清水は前年の四月に雑誌『群像』の座談会企画で横須賀を訪問しており、基地経済への依存が周辺住民にもたらす悪影響を知っていた。また一九五三年には、基地周辺の児童たちの作文集『基地の子』の編纂にも加わり、生活の貧しさからアメリカ兵に迎合せざるをえない児童たちの様子を「ほとんど涙を禁ずることができませんでした」と形容していた。(83) こうした基地経済の影響は、農漁村の平和な生活が、かつて清水が生活した泥沼のスラムに変貌してゆく光景を連想させるものだった。

内灘の試射場周辺を見学した清水は、横須賀に見られたような状況がまだ出現していない様子に安堵した。清水はこれを「まだ内灘は清潔な処女である」と形容し、横須賀のような「アメリカ軍に寄生するアバズレ女」にしてはならないと訴えた。(84) 後年の『わが人生の断片』では、「平和なことなど、もうどうでもよかった。ただ、この美しい自然の中に静かに貧しく生きている村が騒がしい基地社会になることだけが恐ろしく感じられた」と回想している。(85)

これ以後、清水は内灘をくりかえし訪れ、講演やカンパを行なった。とくに彼が肩入れしたのが、反対派の漁民たちと、内灘に住みこんでいた共産党員たちだった。当時の共産党の武装闘争方針に従い、山村工作隊などで地方に派遣された青年党員たちは、民衆への奉仕という理想を抱き、現地の農作業を無償で手伝うなどの努力をしていた。地方の農民や漁民も、彼らのあり方にとまどいながらも、好感を寄せることがあった。内灘にも、こうした若い党員が住みこんでいたのである。

もともと勧善懲悪の講談本を好んでいた清水は、利害を超えた純真な姿勢を見ると泣いてしまう傾向があった。そして清水には、内灘の青年共産党員たちが、エゴイズムを超えて住民に奉仕する存在にみえた。アメリカの物質的誘惑に抗する内灘のあり方も、「民族独立」を唱えて反米闘争を戦う青年共産党員たちも、清水にとって魅力的な存在と映った。一九五四年一月の論考では、清水は内灘の闘いを見て泣いたと述べながら、「日本中に、内灘が生んだのと同じ新しい日本人」が増加し、社会主義の展望が生まれれば、「日本人は、日本人であることを誇りとするようになる」と述べている。(86)

内灘周辺の強固な反対運動を前に、日本政府は当初、射撃場の土地接収は一時的なものだと約束した。しかし一九五三年六月、政府は接収の半永久化をはかり、他府県から警察隊を送りこんで反対を押し切り、試射を再開した。

いったん肩入れした「仲間」に対する、清水の義侠心は強かった。過密スケジュールに疲れ、病床にあった清水は、試射再開のニュースを聞いてベッドで泣いた。内灘に急行した彼は、試射場前で座り込みをしている人びとに多額の寄付を行ない、「小さな革命だ」とつぶやき、ふたたび泣いた。接収の警官隊と対峙した日の模様を村民や青年党員たちから聞かされ、「あの日に、どうして、先生は来てくれなかったのです」と問われた清水は、「肝腎の瞬間に仲間を裏切ったように感じていた」[87]。

こうした「仲間」に対する義侠心は、ともに闘わない者への批判となって噴出した。一九五三年七月、清水は金沢で聞かれた日教組主催の「軍事基地反対国民大会」に出席し、ひどい失望を感じた。中央の労働組合と左派社会党から派遣されてきた代表たちは、清水の表現にしたがえば、「抽象的で、退屈で、自家宣伝的な、紋切型の挨拶」をくりかえすだけだった。そして「国民大会」が儀式的なものに終わったあと、混乱を避けようとする指導方針のもと、参加した「一万人は、やがて、五十人位ずつの小グループに分割され、三十分感覚の電車で試射場に運ばれ、次第に、罪のないピクニックの群に変えられて行つた。一万人という大量も、そこに燃えていたエネルギーも、空しく北陸の空へ消えてしまった」[88]。

もともと左派社会党は、武装闘争路線や民族独立戦線をうたう共産党と距離をとるため、議会での勢力伸張と労組を中心とした階級闘争に重点を置いていた。そのため内灘をはじめとした基地の現場で活動していたのはもっぱら共産党の青年党員たちであり、左派社会党の地元活動は活発とはいえなかった。そしてこうした左派社会党の方針は、一九五四年の新綱領で確定される。
清水にとって、左派社会党は、五〇年代前半の「仲間」だった。平和問題談話会は一九五〇年に三回めの声明を出したあと自然消滅同然の状態になり、清水の回想によると、「自分だけがポツンと取残されたように感じ、孤独になり悲壮になっていた」。そのとき、「その私に声をかけてくれたのは、総評および左派社会党」であり、清水は「俄かに味方を得たように」思っていた。ところが、内灘で左派社会党に反発を感じるにしたがい、清水のなかで「孤独で悲壮な気持が再び戻ってきた」のである。[89]
このあと、清水は『中央公論』一九五四年二月号に「わが愛する左派社会党について」という文章を公表し、左派社会党の新綱領を批判した。そこで彼は、議会進出重視路線では「現地の問題や闘争は、要するに、票を稼ぐための道具になる。住民大衆は、一種のモルモットになる」と批判し、階級闘争重視の新綱領にはアメリカとの民族的な闘争の視点が弱く、「小さな革命を平気で見殺しにする社会主義政党というものがあるなら、その政党は、断じて、大きな革命を成就することは出来ない」と主張したのである。[90]
この左派社会党への批判で、その後に清水が右派論者となる伏線として興味深いのは、彼が左派社会党新綱領の「戦後の民主主義への評価」を「甘い」と評していることである。新綱領草案は、戦後の日本社会が民主化されたという前提のもとに、議会制度のなかでの平和革命を唱えていた。しかし清水によれば、新綱領草案の戦後改革評価は「アメリカ政府の手に成る日本占領報告書の引用であると思った」ほどに「甘い」。日本社会はもっと根本的な変革を必要としているのであり、「若し草案の述べる通りなら、厄介な革命などは最初から要らぬであろう。それとも、社会主義革命というのは、この現状に少し色をつけただけのものなのであろうか」というのである[91]。

占領改革がアメリカによる欺瞞的な政策にすぎないと批判することは、民族独立戦線による武装闘争路線を採用していた一九五〇年代前半までの共産党の見解でもあった。清水は共産党と一体であったわけではなかったが、内灘で「小さな革命」に献身する青年共産党員たちに共感してゆくなかで、「戦後の民主主義」を批判する急進主義に傾斜し、それが反米ナショナリズムと一体化しつつあったのである。

しかし左派社会党の側は、『中央公論』の翌号で、ただちにこれに反論した。その冒頭の言葉は、以下のような手厳しいものだった[92]。「清水幾太郎氏にとっては、かつての「メーデー事件」による混乱も革命であれば、内灘の闘いも「小革命」である。一等寝台車の温かい毛布の中で「革命」的大演説の構想にふける高級で「進歩的」インテリにとっては、一切が革命に見える。清水氏が可愛いい沢山のミイちゃんハアちゃんを前にロマンティックな「進歩的」な大演説をされる時には、氏の姿が氏自身にとつて「革命家」に見える」。

さらにこの左派社会党の反論文は、「われわれは、明日にでも革命が行われるとは考えていない」と主張した。そして、「あせらず、ヒステリックにならず、火焔ビンなどという火遊びはよして、内灘の闘いを小さな革命などとうぬぼれずに」「日常闘争を通じて情勢を整えて行くほかに途はない」。そして「綱領は、一貫して組織の拡大に最大の関心を示している」と述べ、清水に反論するとともに、武装闘争路線をとる共産党を批判したのである。

こうした応酬は、一九六〇年代以降に、急進的な闘争を主張する新左翼と、組織拡大を重視する共産党のあいだでくりかえされた論争と、構図的には類似したものであった。こうした批判をうけた清水は、社会党と総評が、論壇のスターだった「私に利用価値を見出していた」にすぎなかったという見解をとりはじめる。[93]

同時に清水は、内灘村からの反発にも出会うことになった。一九五三年九月号の『世界』に清水の内灘レポートが公表されたあと、清水に発言を要約されて「エゴイズム」と形容された村長は、『世界』に反論文を寄稿した。もともと保守系であり、政府に対しても妥協的となっていたこの村長は、「革新連中のいわれる米軍追払い主義」に村が混乱させられるのは迷惑だと述べ、「「小さな革命」と見られましたが、内灘村民は革命と言われるような、どんなことをしましたか」「清水氏のエゴイズムを内灘村に押付けられても困る」と主張したのである。[94]

清水の困惑は、少なくなかった。清水としては、左派社会党をはじめとした村外の革新陣営からの批判は予想されても、村民のエゴイズムに奉仕せよとうたった文章が、地元からこのような批判を受けることは予想外だった。清水はこの批判に応答した文章で、「正直なところ、あなたからの非難だけは予想していませんでした」「及ばずながら、あなたに奉仕することができると信じていたのです」「最近、私にとって、これほど不本意なことはありません」と述べている。[95]

さらに共産党も、清水の意向に沿わなかった。一九五五年七月の六全協（第六回全国協議会）で、共産党はそれまでの武装闘争路線を放棄し、山村工作隊など一連の地方工作は「極左冒険主義」「小ブルジョア的なあせり」だったと総括された。地方に派遣されていた青年党員たちは失望に追いこまれ、清水が一九五七年に内灘を再訪したときには、村の共産党員も過去の闘争を「極左冒険主義」だったと自己批判するようになっていた。[96]

清水が内灘問題でゆきづまりつつあった時期は、「もはや「戦後」ではない」という言葉が出現し、日本社会そのものが大きく変わろうとしていた時期でもあった。共産党の方針転換と同じ一九五五年七月に、清水が親しくしていた総評左派の高野實が総評事務局長の座を追われ、その後には、春闘による賃上げ路線を築いた太田薫と岩井章が総評のトップを占めた。一〇月には、左派社会党と右派社会党が合同し、左派社会党よりも穏健化した社会党となった。

社会そのものが安定し、再編されてゆくなかで、清水の居場所はなくなりつつあった。清水は一九五四年一月になっても、「資本主義日本の経済、政治、社会が最後のドタン場へ来ている」と主張し、内灘の闘争を日本の希望として語っていた。[97] しかしいまや、彼のアジテーションは、宙に浮いてしまうようになったのである。

こうした状況のなか、清水の論壇での活躍にも、かげりが生じはじめた。一九五一年には九冊が発刊されていた清水の単行本も、一九五六年と五七年には年に一冊のペースに減少した。

一九五七年七月、清水は心臓発作で倒れた。それでも原稿料収入に頼る彼は、この年もなお、四百字詰め原稿用紙で九百数十枚の文章を書いた。しかしその大部分は時事的な評論であり、一時的に雑誌の誌面を飾ったあとは消えてしまった。彼の単行本も事情はおなじであり、過去に書いた本は大部分がすでに絶版となっていた。

この一九五七年には、清水は五〇歳になった。論壇のスターだった時期は、四〇代の働き盛りとともに過ぎ去ろうとしていた。この時期の彼の日記には、「仕事、完全な行き詰りなり。全くの絶望状態。過去数年の努力は、意味のなかつたものらしい」「つくづく、金がないことを考へる。この数年、金持気どりで生きて来た結果なり」「とにかく、働かねばならぬ」といった言葉が書かれ、「一体、私は何者なのか」という問いが発せられている。[98]

社会主義への信頼も、清水のなかで崩壊しようとしていた。日本社会の変貌だけでなく、同時代の西欧思想の動向もそれに拍車をかけた。平和運動の一環として、一九五六年にヨーロッパの視察旅行に参加した清水は、ハンガリー事件に揺れる東欧諸国で、人びとがソ連を批判するのを聞いた。一九五七年には、イギリスの若手学者だったスチュアート・ホールたちが編集していた雑誌『ニューレフト・レビュー』を読み、資本主義が恐慌によって崩壊するという従来の社会主義の予測はナンセンスになったという言葉にゆきあたって、清水はひどい衝撃を受けた。[99]

一種の危機にあった清水にとって、唯一の「仲間」と思えた存在は、共産党の方針転換を批判していた学生党員たちだった。一九五五年から始まった立川基地拡張反対をめぐる砂川闘争において、穏健化した共産党中央の方針にあきたらない全学連の学生たちは、地元農民と提携して果敢に戦っていた。この砂川闘争を指導した全学連委員長の香山健一は、やがて共産党の姿勢を批判して除名され、清水と交友を結ぶこととなる。

すでに社会主義への信頼を失いはじめていた清水は、こうした学生たちを始めとした少数者のヒロイズムと、直接行動に期待を託すようになりつつあった。清水は一九五四年に、自分が少年時代に講談本を愛読したこと、そして講談本の特徴は感傷的なヒロイズムと勧善懲悪のハッピー・エンドであ

ることを述べたあと、こう記している。(100)

しかし、インテリと呼ばれる人々は、甘いハッピー・エンドは通俗本の特徴に過ぎない、と言うでしょう。現実の逃避にすぎない、と言うでしょう……私にしても、講談本が優れた文学であると言うつもりは毛頭ありません。本当の文学なら、現実の苦悩や問題を正面から取り上げ、それを底の底まで究明するにきまつています。……けれども、私は密かに思うのですが……読者の方が或る程度まで現状を打開する方法や力について自信を持つていてこそ、ともすれば暗い内容の作品を読み進むことが出来るのではありますまいか。読む方と限らず、作る方にしても、現状打開の理論や方法について或る種の自覚があつてこそ、重苦しい作品が書けるのでしょう。右のような自信がない場合は、どうしても、現実はそのままにしておいて、一足飛びに、非現実的な講談の世界に逃げ込んでしまうことになるのです。

そして、社会主義という「現状打開の理論」を失った清水が、「講談の世界」を思わせるヒロイズムに傾倒する時期が、訪れようとしていた。六〇年安保闘争である。

6 「喧嘩」としての六〇年安保

一九六〇年の日米安保条約改定を控え、一九五九年三月には社会党や共産党を含む安保条約改定阻止国民会議が結成された。しかし一九五九年の時点では、運動は盛りあがっていたとは言いがたかった。

そもそも安保は日常生活から縁遠い外交問題であり、一般の関心を喚起するのは難しいとみなされていた。また国民会議は、共産党から右派労組まで含んだ寄合所帯であり、争点を明確にした先鋭な活動をすれば、空中分解しかねない状態であった。共産党や社会党にとって、安保の通過はなかば折込済みであり、運動の波及効果によって選挙が有利になればよいという考えだったようである。

こうした事情のため、社会党や共産党は、ともすれば穏健な活動に流れがちであった。清水の回想によると、当時のある活動家は、生活密着型の運動であることをアピールするため、「安保が改定されると、お豆腐が五円高くなる」というスローガンを提案したという。内灘での経験を根底にもつ清水は、党派の形式的統一行動を優先する無難な穏健路線に、「不潔なもの、不誠実なもの」を感じとっていた。[101]

さらに清水はもともと、「火事と喧嘩は江戸の花」といった下町ラディカリズムを抱いていた。清水によれば、「運動と呼ばれるものの多くは喧嘩」であり、「喧嘩であるからには、猫撫で声の声明文などナンセンス」であった。やがて清水は、おなじく下町出身の吉本隆明とならんで、全学連主流派のラディカリズムを、「正しいものであるよりは、美しいもの」として支持してゆくことになる。[102]

全学連主流派は、共産党の傘下にある全学連非主流派と対立関係にあり、共産党の指導を離れた学生党員たちが一九五八年一二月に結成した新左翼集団のブント（共産主義者同盟）が指導部を掌握していた。そして一九五九年一一月には、全学連主流派の学生たちが、国会に突入した。自民党と新聞がそれを批判すると、社会党と共産党は批判の波及を恐れ、全学連への批判に回った。一九六〇年一月には、渡米のため羽田空港にむかった岸信介首相に抗議するため、全学連主流派は空港に突入したが、国民会議は空港周辺のデモを見送り、孤立した全学連幹部が検挙される結果となった。

清水は一一月の国会突入の時点から、全学連主流派の直接行動を支持していた。羽田事件のあと、清水は二月に入って「諸組織への要請」という文章を執筆した。その要旨は、全学連主流派の直接行動によって示された「全国民的エネルギー」を、既存の諸組織が汲みあげることができず、大衆行動の抑圧になっているというものだった。[103] 内灘支援の「国民大会」での「エネルギー」が、既成政党の穏健路線によって分散させられたと考えていた清水にとって、その再現は避けなければならない事態であった。

この「諸組織への要請」には、竹内好や久野収、家永三郎、石川達三など、多くの知識人が賛成の署名を行なった。しかし共産党はこれに反発し、機関紙の『アカハタ』で批判を行なった。

こうしたなか、一九六〇年三月に、平和問題談話会いらい清水の執筆媒体であった雑誌『世界』が、清水に原稿を依頼した。依頼の内容は、国民に潜在している安保改定阻止の気運を表現する手段として、憲法第一六条で規定されている請願権の行使をよびかけることだった。この論文が、『世界』一九六〇年五月号に掲載された「いまこそ国会へ」である。

この論文は、表面上は請願のよびかけであったものの、実際には清水のラディカリズムが反映されたものであった。[104] 清水はここで、「エネルギーが諸組織の運動上のマンネリズムに妨げられて、フルに生かされるに至っていない」「反対者が何百万いようが、何千万いようが、それが社会党議員によって代表されている限りは、少しも恐ろしくない」と述べ、「形骸と化した日本の議会政治に新しい野性的な生命を吹き込む」「国民的方法」として、国会を請願団で包囲することを訴えたのである。論文の表向きの内容は請願権概念の解説とその行使の呼びかけだったものの、「今こそ国会へ」という扇動的なタイトルとあいまって、これは実質的には直接行動の訴えにほかならなかった。

じつは『世界』編集長の吉野源三郎は、請願権の行使というアイデアを、当初は丸山眞男に相談しており、そのあと清水に執筆を依頼した。また清水への原稿依頼に同行した『世界』編集部の安江良介の回想によると、清水は請願権の行使という依頼内容を聞いて、「そんな生ぬるいことで、君いいのかい」と述べたという。[105] いわば清水は、依頼原稿にかこつけて、全学連主流派を支援する直接行動のアジテーションを書いたのである。

しかしこの論文は大きな反響をよび、全国から請願団が続々と国会を訪れ、国会周辺のデモも活性化する結果をもたらした。混乱を恐れた国民会議は、請願団を小グループに分割して平穏に請願させたが、清水は当然ながらこれに激しい不満を抱いた。とはいえ請願がそうした形態になったにせよ、清水の文章が、多くの人びとを行動に駆り立てる触媒となったことは事実だった。

清水が安保闘争後に書いた論文「大衆社会論の勝利」の表現にしたがえば、既存の革新団体は大衆に迎合するつもりで穏健で身近なスローガンを唱えがちだが、「皮肉なことに、静かな方法というものは、なかなか大衆の気持に合わないものである」。下町育ちの清水の嗅覚は、長期的な計算にもとづいた戦略的運動よりも、素朴な正義感に訴える単純明快な直接行動のほうが、庶民にアピールすることを嗅ぎとっていた。これも清水の形容にしたがえば、「今こそ国会へ」というスローガンは、「適切な捌け口を与えられていないエネルギー」に、「文句のない捌け口を与える結果になった」のである。[106]

この論文が掲載された『世界』五月号の発売翌日から、「まるで日本中の大学から講演の依頼ある如く」に、各地から清水に講演依頼が殺到した。しかし共産党の学生組織が強い大学では、「プチブル急進主義者清水を葬れ」といったビラが彼を出迎えた。[107] それと反比例するかのように全学連主流派を掌握するブントの幹部たちとの接触が、しだいに多くなっていった。

五月一九日の昼、清水をはじめとした知識人による請願が行なわれた。岸首相はこの日の夜に安保改定の強行採決を予定していたが、それを予期していなかった知識人たちは、慎重な審議を求める文書を官房長官に手渡した。清水は知識人たちの丁重な対応に不満を感じ、「なぜニコニコしているのだ。喧嘩に来たのではないか」と思った。その夜、強行採決のニュースを聞いて清水は泣いたが、「私にとっては、民主主義などは、どうでもよかった。ただ喧嘩に負けた口惜しさだけであった」という。[108]

五月二六日、清水が共産党に、決定的な敵意を抱く瞬間がやってきた。五月一九日の強行採決以後、運動は一気に高揚を迎え、連日にわたり巨大なデモ隊が国会を包囲したが、共産党はしばしば「反米愛国」のスローガンのもとにデモ隊をアメリカ大使館の方向へ誘導した。五月二六日にそれが行なわれた様子を、清水は『中央公論』一九六〇年九月号に掲載された「安保戦争の「不幸な主役」」で、こう回想している[109]。

当日、国会を取巻いた人間は十七万と言われていますが、私は、数のことよりも顔のことが大切だと思います。どの顔も腹の底から怒っている顔です。憤りに燃えた十七万の人間がギッシリと国会を取囲んでおりました。そして、岸首相は国会の大臣室にいるのです。誰でも直ぐに思いつくのは、このまま静かに国会を包囲して、われわれの間から何人かの国民代表を選出して、新安保の取消、岸内閣の総辞職、国会の解散などの要求をつきつけて、この要求が容れられるまで坐り込みを続ける、という方法でしょう。……あの時、われわれは勝利の最も近くにいた、きめ手の一つを掴みかけた、と私は信じます。ところが、午後七時半頃でしょうか、国会の南門前の方から首相官邸前の方へ、安保改定阻止国民会議と共産党の宣伝カーが身動きも出来ぬ人間の大海へ乗り入れて来て、強力なマイクを通じて、これからアメリカ大使館へ抗議に行け、新橋で流れ解散をしろ、という号令をかけ始めたのです。……人間の大海の中からは宣伝カーに向って一度に罵声が上ります。……宣伝カーは夥しい罵声を小石のように無視し圧倒して、威勢のよい行進曲のレコードをかけ始めました。私はこの時ほど音楽というものの魔力を思い知らされたことはありません。……人間の大海は次第に動き始め、口々に自棄的な罵声を放ちながらも、指導者の指示に従って、官邸前の坂をアメリカ大使館の方へ下りて行くのです。一時間ばかり経つうちに、潮は完全に引いて、国会の附近は全学連の学生だけになってしまいました。

この五月二六日は、清水にとって、『世界』との訣別の日ともなった。この日の昼、彼は大学の授業を休み、『世界』に寄稿する短い文章を書き上げた。清水の回想によれば、「本気で頑張っているのは全学連ぐらいなものである、という趣旨の文章」だった。

しかし原稿を受けとった吉野源三郎は、掲載しない旨を伝えてきた。清水にとってみれば、自分の主張が容れられなかっただけでなく、「売文業者」としてのプライドが傷つけられる事件だった。彼は「この没書以来、『世界』は私にとって最も遠い雑誌となった」と回想しており、この日の日記では「何度も涙が出さうになる」と記している(110)。

並行して、清水は『世界』を中心とする進歩的知識人たちにも、反発を感じ始めた。五月一九日の強行採決のあと、竹内好の「四つの提案」を始めとして、安保への賛否よりも民主主義の擁護を掲げて、幅広い勢力を糾合すべきだという意見が台頭した。清水はこれに対し、「不潔な方針の完成である」「これではもう喧嘩は出来ない」という印象をもち、安保改定での勝敗にこだわるべきだと主張した。五月二四日、教育会館での集会に「民主主義擁護」のスローガンが掲げてある様子を見た清水は、「運動はもう滅茶苦茶になってしまった」と感じた(111)。

その二四日の夕方、清水や丸山を始めとした知識人たちが、首相に抗議の面会を求めて官邸を訪れた。清水は官邸の小門に体当たりして「大学教授のお通りだ」と啖呵を切り、秘書官に「お茶でも出せ」と怒鳴った。首相は多忙で面会できないという返答を聞くと、清水は秘書官と押問答を行ない、ついには知識人たちに「坐り込もう」と主張した。自分の提案に賛同者がいないことがわかると、「一人ぐらい、私の味方をしてくれてもよいではないか」「ふん、何だ、みんな民主主義野郎じゃないか」と反発を感じた[112]。

この時期から、清水のなかに、孤立感と悲壮感が膨らんでいった。五月二四日の集会で「民主主義擁護」のスローガンを見た彼は、「また、共産党が糸を引いているな」と思いこんだ[113]。五月二六日の事件のあと、清水はふたたび「要望書」を作成し、全学連主流派を中心とした直接行動を訴えたが、これがさほどの賛同を得られないとわかると、清水は代表世話人を務めていた安保問題研究会を辞任してしまった。やがて清水は、彼の思い通りにならない知識人たちが、共産党を神格化して盲従しているという認識を抱くようになる。

こうした清水の認識には、彼の思いこみが多分に混じっていた。安保闘争のさなか、全学連主流派に同情するメディアが、「清水幾太郎氏の闘い」と題する文章を掲載した。その内容は、丸山眞男が清水の「諸組織への要請」を批判したという噂をもとに、「無党派だと考えられている文化人が、いかに組織、ことに共産党にローマ法皇の不可謬性に近い信仰を持っていたことか」と評するものだった。清水も同様のエピソードを回想記に書いているが、丸山によれば、そうした批判を行なった事実は存在しなかったという[114]。

いずれにせよ、こうして知識人のなかで孤立感を深めた清水は、ますます全学連主流派に肩入れしていった。清水の形容によれば、全学連主流派は彼にとって、「大切な味方であった。仲間であった」。もちろん、「彼らが私をどう思っていたか知らない」としても、清水にとって「仲間」は、もはやほかに存在しなかった(115)。

知識人と「民主主義」にたいする清水の反感は、闘争が大詰めになるにしたがい、強まる一方だった。六月一八日夜、新安保条約の自然承認を前に国会周辺に集まった群衆の印象を、清水は日記にこう書いている(116)。

共産党員が赤旗を売つて歩いてゐる。馬鹿な奴らだ。社会党員は「請願して下さい」と叫んでゐる。馬鹿な奴らだ。共産党員某曰く、「先生、これで日本も漸くフランス革命の辺りまで来たのでせうか。」ああ、こいつは、コミンテルンのテーゼを信じ、日本がまだ絶対主義の時代にあるものと思ひ込んでゐるらしい。馬鹿な奴だ。共産党系インテリ某、ウットリした表情にて、余に向つて曰く、「あの人民戦線といふのは、かういふものだったのでせうね。」人民戦線が、何でそんなに有難いのか。ハイカラな感じがするからか。馬鹿な奴だ。

深夜零時に、安保の自然承認を迎えたときの清水と丸山の反応は、対照的だった。自然承認の瞬間、清水は「喧嘩」に負けた口惜しさで泣いた。対照的に丸山は、安保闘争直後のインタビュー「八・一五と五・一九」において、「チラッと腕時計を見て、「ああ、過ぎたな」と思っただけ」で、安保闘争の盛りあがりによって、民主主義の定着の兆しが見えたという長期的な視点に立てば、条約の通過など小さいものでしかないと主張した(117)。

闘争の評価についても、両者は対照的であった。丸山は、安保闘争は長期にわたる民主主義の定着と「精神の独立性のためのたたかい」の一過程であり、「何時何分のこれこれの事実が「決定的」だというような滑稽な論議」を批判した。それに対し清水は、安保闘争は局地的な戦闘ではない「戦争」だったのであり、五月二六日の国会包囲が共産党の誘導によって解かれた瞬間に、それが決定的な敗北に終わったと位置づけた[118]。

とはいえ清水が、共産党の「裏切り」がなければ安保闘争に「勝利」できたと本当に信じていたかどうかは、疑問であった[119]。丸山の回想によると、清水が一九六〇年二月に「諸組織への要請」を安保問題研究会の場で配布したさい、丸山は清水にむかって、「各組織の指導部がなっていないというのは清水さんのいう通りかもしれないが、さりとてそれをひっくり返すことは急にはできない。少くも安保には間に合わない」と主張した。そのとき清水は、「いや、どっちみち間に合わない」と発言したという。

丸山はこれを聞いて、「「いずれにしても安保は通るんだから指導部をひっくりかえすことが第一だ」という意味に受けとれました」と評している。この丸山の回想が正確ならば、清水ははじめから「敗北」を予想しており、現実的な成果を獲得することよりも、運動を「美しい」ものとするために「不潔なもの」を叩きつぶすことを優先していたといえる。

清水は後年の回想で、安保闘争の時期を、「美しい季節」と形容している。彼によれば、全学連主流派の「無私」の行動は、「日光や若葉や風と共に美しく見えた」。そして、「あの季節が今も美しく感じられるのは、運動が、賃上げの要求などでなく、ナショナリズムの感情を含んでいたからである」と主張した[120]。こうした清水のあり方は、丸山などから見れば、政治活動を一種の美学とみなす、行動的ニヒリストの姿勢と映っただろう。

　全学連主流派に肩入れしていたこと、安保闘争を「敗北」と総括したこと、そして丸山をはじめとした進歩的知識人と対立したことなどは、吉本隆明が示した姿勢でもあった。運動の渦中から「敗北」を予想していたという点でも、清水と吉本は似通っていた。

　さらにいえば、福田恆存も『新潮』一九六〇年九月号の時評「常識に還れ」で、進歩的知識人への揶揄を語りながら、「私とは全く反対の立場にありながら、私が最も好意をもつ主流派諸君に忠告する、先生とは手を切りたまへ」と全学連主流派への好意を述べていた。[121] いわば清水・吉本・福田の三人は、その思想的傾向の差異とは別に、行動の美しさを重視するニヒリズムと下町ラディカリズムを抱いていたという点で、共通していたといえる。

　とはいえ、清水が全学連主流派の「美しさ」に惹かれたとはいっても、彼が学生たち個々人の命をどれだけ気遣っていたのかは、いささか疑問でもあった。六月一五日夜、全学連主流派のデモ隊が国会構内に突入したが、警官隊に制圧されて六百名ちかい重軽傷者を出し、東大生の樺美智子が死亡した。この夜の国会周辺で、『世界』編集部員の安江良介は、「たくさんの学生が殺されている」という未確認情報を聞いた直後に、全学連主流派の指導部と一緒にいる清水に出会った。そのさい清水は、安江の「肩をポンとたたいて、「それ見ろ、これでなきゃいかんよ」と、ニコッとされました」という。

　学生たちの身を案じていた安江は、こうした清水の態度に、「僕は非常な違和感を持ちました」と回想している。[122] いわば清水にとっては、個々の学生の死や負傷よりも、闘争が「喧嘩」として盛りあがり、「美しい」ものになることが優先されていたといえる。

いずれにせよ、清水にとって、「美しい季節」は終わった。それは、彼が進歩的知識人として名声を獲得してきた時代の終わりであり、戦後日本において「民主」と「愛国」が共存していた時代の終わりであった。そしてこれ以後、清水は「戦後民主主義」への攻撃を開始し、「愛国」の側に傾斜してゆくのである。

7 「日本よ国家たれ」

六〇年安保のあと、清水は新しい活動を開始した。それは例によって、新しい方向に突進する一方、従来の「仲間」たちに悪罵を投げつけるという形態で展開していった。
清水は早くも『週刊読書人』七月二五日号に、安保闘争の彼なりの総括を公表した。この当時、丸山眞男や竹内好は、安保闘争が実現した過程を結果より重視し、一定の勝利だと位置づけていた。しかし清水がこの総括で主張したのは、そのような意見は「落選はしたが得票が伸びたから勝利である」という党派の論理と類似したものであり、「私自身は、エネルギーの面から見れば十分に勝てる筈の戦いが、指導部の方針によって負けたのだと思っている」ということであった。[123]
そして一九六〇年八月、清水は「現代思想研究会」を発足させた。この会は、「(一) 安保闘争における共産党指導部の誤謬を明らかにする、(二) 全学連を正当に評価する、(三) 労働者階級の無活動という事実を考える、(四)一切の権威主義と神話とを排して、思想的次元へ批判を進める」という「四つの約束」を掲げていた。[124] この動きは、吉本隆明をはじめとした全学連主流派支持の知識人たちが、共産党と進歩的知識人を批判する『民主主義の神話』を発刊したのと、ほぼ同時に行なわれたものだった。

研究会のメンバーには、鶴見俊輔などが加わっていたが、従来の進歩的知識人は少なかった。代わりに参加していたのは、砂川闘争のリーダーであり、共産党から除名されていた香山健一などだった。鶴見は研究会の発足のさい、丸山眞男や久野収、竹内好、日高六郎などを会に誘わないのは「childish」だと意見を述べたが、清水は「『諸組織への要請』に反対したやうな紳士諸君と事を共にせんよりは、午睡を貪るに如かず」と一蹴した。[125]

この後の清水は、まず全学連主流派の健闘を称えた「安保戦争の『不幸な主役』」を『中央公論』一九六〇年九月号に発表し、ついで『思想』一九六〇年一〇月号に「大衆社会論の勝利」という論考を書いた。一九五〇年代後半に、加藤秀俊などによって紹介されたアメリカの大衆社会論は、経済成長によって民衆が原子化し、政治的関心を喪失してゆくという図式を描いていた。しかし安保闘争の高まりをうけて、藤田省三などは「『大衆社会論』は破産した」と述べていた。[126] 清水はこうした位置づけにたいし、全面的に反論したのである。

もともと清水は、知識人が頭ごなしに「大衆の無関心」を批判するという姿勢に、反発を抱いていた。そして上記の一連の論考で清水が唱えたのは、これまで運動の失敗原因を「大衆の無関心」に帰していた知識人たちが、こんどは予想を越えて闘争に立ちあがった人びとを「市民」と名づけたものの、そのような身勝手な期待は必ず裏切られるであろうということであった。清水によれば、大衆はふたたび政治的無関心に帰りつつあり、知識人から押しつけられた「市民という名称を屈辱をもって受取るであろう」というのである。[127]

清水によれば、「大衆に「市民」というハイカラな名称を与え、これをフランス革命を初めとする西洋のブルジョア革命のヒーローに見立てた」のは、進歩的知識人の西洋コンプレックスと、天皇制を絶対王政とみなしたコミンテルンのテーゼに影響されたことが原因にほかならない。そして安保闘争が終ったあと、思ったほど一般の政治的関心が高まらないと、ふたたび知識人たちは、「日本の前近代性と後進性について雄弁に語り始めた」。[128]どちらにせよ、進歩的知識人たちは、西洋を基準にして日本の大衆を鞭打たねば気が済まない存在だというのである。

そして同時に清水は、内灘問題のころから懐疑的になりはじめていた「戦後の民主主義」への攻撃も開始した。清水は一九六一年に発表した安保闘争の総括で、「戦後の日本の二大価値である「平和と民主主義」は、アメリカに従属した後進国という日本認識と結びついたものにすぎず、若者はすでにそれに飽きており、やがて「平和ナンセンス、民主主義ナンセンスと叫び出すであろう」」と主張したのである。[129]

とはいえこの時点の清水は、保守派に転向したのではなく、共産党の指導を離れた左翼革命の可能性を探るため、スペイン内戦やキューバ革命などに関心を抱いていた。現代思想研究会に参加していた浅田光輝の回想によると、当時の清水は、共産党や進歩的知識人を激しく批判し、全学連と新左翼を支持する「激越な「革命」主義者」だったという。[130]

しかし清水は、日本共産党や進歩的知識人、そしてソ連共産党やコミンテルンなどを批判したものの、それ以上の思想を作ることはできなかった。これも浅田の回想によれば、「何度か集会を重ねるうちに清水、香山の私的コンビに会が動かされているようであるのが気になり、そのコンビの発言がまことに単純きわまる左翼公式論であることが何となくうさんくさいように思われ、一年にもみたないつき合いで会をぬけた」という。やがて鶴見俊輔もこの研究会を離れてゆき、清水の周囲には、香山健一や中嶋嶺雄、森田実など、元全学連の活動家であり、除名などによって共産党に反発を抱くようになった人物たちが集まってくることになる。

ところがここで、清水の変転癖が現れた。現代思想研究会は、機関誌『現代思想』を一九六一年五月号で創刊したものの、七号まで出しただけで、六一年末には休刊となってしまった。清水の回想によると、編集の実務が重荷になっていたのと、共産党や進歩的知識人を批判して、「言いたいだけのこと、人々が憚って言わないこと、それを大きな声で言ったら、胸がサッパリし、それで気が済んだ」からだった。[131]

結局、清水が新しい社会主義の可能性を模索したのは、二年ほどのあいだだけだった。一九六〇年代半ばになると、清水は社会主義革命の可能性をほとんど否定するようになり、しだいに彼の思想の原点ともいえる、科学による生活の向上と、反米ナショナリズムに回帰していった。これらの要素は二つとも、五〇年代の清水においては社会主義と結びついていたのだが、六〇年代以降は別の様相をみせはじめる。

まず科学による生活の向上という主張は、産業技術やコンピュータの賞賛という形態に変わった。

そしてもう一つの反米ナショナリズムは、核兵器への屈折した視点となって現れた。清水は一九六二年の「平和運動の国籍」という論考では、国籍不明の平和運動は主体性の喪失になると主張し、「広島や長崎の人たちは、日本国民という国籍があったゆえに原子爆弾で殺傷された」と唱えている。[132]

一九六〇年代後半の清水は、政治から身をひき、研究に専念しているかに見えた。得意の時事評論も、この時期には少なかった。しかし当時の出版記念会で、谷川徹三は「清水君のことだから、またデモをやるかもしれない」と冗談を言っていたという。[133]

そして全共闘運動の若者たちが「戦後民主主義」への批判を行なっていた一九六九年夏、清水は「戦後史をどう見るか」というインタビューを公表した。すでに社会主義に希望を失っていた清水は、六〇年安保で全学連主流派に肩入れしたのとは異なり、全共闘運動には冷淡だった。そして清水がこのインタビューで強調したのは、六〇年安保をもって「戦後が終った」こと、そして「戦後」の支配的価値観の見直しが必要であるということであった。そこで彼は、敗戦の日を回想してこう述べている。[134]

……これで民主主義の天下になった、と歓呼の声をあげたという人にもよく出会いますが、お恥ずかしい話、私はワアワア泣いた組なのです。……

とにかく、日本が可哀相だった。思想というものの多くは、国家を超えるものであり、国家を審き得るものです。少なくとも、そう称しているものです。思想が美しく輝くためならば、国土や国民が亡びてもよい、そういうものなのかも知れません。しかし、思想の鏡に照らして合格するような国が世界中のどこにあるでしょうか。もっとも、繁栄と強大を誇り得る国家の場合は、逆に思想の方をねじふせて、無理にでも自分を合格にするでしょう。けれども、敗戦によって混乱と窮乏との淵に沈んだ国は、弁護人なしで、思想の法廷に立たなければなりません。

西洋的な知識人によって鞭打たれる「世界の庶民」である「日本人」を擁護することは、清水の一貫した姿勢であった。一九五〇年代には、それは平和論と社会主義という形で表現されていた。しかし社会主義への信頼が崩壊したあと、彼が擁護する「日本人」は、大日本帝国という国家に転化しつつあったのである。

このインタビューが掲載されたのは、保守系論壇誌として文藝春秋社が発刊した、『諸君!』という雑誌の創刊号だった。おりしも一九六九年一月には、清水は全共闘運動に揺れる大学を見限って学習院大学教授を辞職し、ふたたび原稿料で生活する道を探っていたところだった。

安保闘争以後、『世界』をはじめ一九五〇年代に関係があったメディアと縁が切れてしまっていた清水は、六〇年代には執筆できる場を探していた。雑誌『中央公論』の編集長だった粕谷一希の回想によると、この時期に清水と親交のあった編集部員の塙嘉彦から、「清水幾太郎さんが書けるメディアがなくなってしまったので場を提供できませんか」と相談を受けたという[135]。

そして一九六九年以降、清水は『諸君!』をはじめとした保守系メディアから依頼を受け、右派の立場から大量の原稿を生産しはじめた。さらに香山健一を始めとした清水の「仲間」たちも、共産党を批判する保守論者として『諸君!』などに執筆を開始する。

この後の清水の転回は、あまりにも急激だった。一九七三年には『諸君!』に「天皇論」を発表し、天皇制打倒というスローガンはコミンテルンの歴史観を盲信した知識人が採用したものであり、民衆は天皇を支持してきたと主張した。以後の清水は、進歩派の歴史家を共産党信仰に毒された「自虐症患者」などと批判し、ナショナリズムを再建することを唱えていった。やがて清水の主張は、憲法改正や教育勅語再評価などにも及んでゆく[136]。

しかも清水の論調の変更は、ナイーヴなほどの無造作ぶりで行なわれた。たとえば清水は、一九五五年の回想記『私の心の遍歴』では、自分は幕臣の家系であるため「天皇や皇室に対する真正直な崇拝や尊敬の念は、私にとつて終に縁のないものでした」と述べ、徴兵検査に落ちたときには両親と赤飯を炊いて祝ったと記していた。しかし一九七〇年代には天皇への敬愛を論ずるようになり、一九七八年の論考「戦後を疑う」では、徴兵検査に落ちたときには徴兵官に「残念であります」と大声で述べたと回想し、「涙が出て来て仕方がなかった」と唱えるようになった[137]。

とはいえ清水は、反米ナショナリズムという従来からの主張を、一面では保ち続けていた。保守論壇のなかでも彼が異彩を放っていたのは、一九八〇年の著作『日本よ　国家たれ』で、核武装の検討を主張したことだった。その前提になっていたのは、「どう考えてみたところで、ワシントンやニューヨークが廃墟になるという犠牲を払って、アメリカが日本を守る筈がない」「日米安保があるから大丈夫、とニコニコ顔で言う人たちに和してニコニコする気持には絶対になれません」という認識であった[138]。かつては平和主義と結びついていた反米意識が、いまやこうしたかたちで現れていたのである。

「時代の危機」を説いてアジテーションを行なうスタイルも、一貫して変化しなかった。恐慌や革命の危機が遠のいた一九七〇年には、関東大震災をしのぐ大地震によって、「遅くとも一九八〇年代」までに東京が崩壊すると主張した。(139) 右派論者に転向したあとは、「自虐症」の歴史学者たちによって日本のアイデンティティが危機にさらされていると説き、非核三原則などにこだわっていれば、「二十一世紀には日本は存在しない」という本が外国人によって書かれるだろうと唱えている。(140)

清水の急旋回は、当然ながら多くの人びとの批判を招いた。現代思想研究会から脱会していた竹内芳郎は、清水や香山健一は「「日共憎し」の私怨」に動かされていたにすぎず、彼らの「「日共憎し」はアッという間もなく「「マルクス憎し」に変貌し」てしまったと主張した。「わだつみ会」の幹事だった安田武は、清水の変遷はイデオロギー上の転向というより、「本質的には「人間」的破綻」だと形容した。(141)

しかし清水自身には、戦前や敗戦直後にそうであったように、自己の変化に葛藤や罪責感を示すという姿勢は、さほどみられなかった。清水は一九六八年のインタビューでは、「ぼくは本来、放火魔的なところがあってね、誰もやってないところをみつけるとすぐ火をつけたくなるんだ。それで火がつくとさっと逃げだしちゃって、あとは知らんというわけね」と述べている。(142)『中央公論』の編集長だった粕谷一希は、右派の集会で講演する清水に出会ったさいのエピソードを、こう記している。(143)

当時、ある集会に出席した私は「また大衆をアジることはやめてほしい」と周囲の空気に逆らって申し上げたことがある。かつての清水氏が本当なら今日の清水氏は虚像だったのか。私は悲しい、おぞましさでいたたまれない想いだった。

「十人、百人を前にしてもどうということはないが、千人を前にすると、私の血が騒ぐんだね」と述懐する清水氏を私は言葉もなくまじまじと見つめていた。

清水には、思想家としてのオリジナリティや一貫性は、存在するとは言いがたい。[144] しかし彼には、庶民の心情を嗅ぎとり、それを巧みな文章技術で表現する能力があった。それゆえ彼は結果として、時代の風潮の変化を、敏感に体現した人物となっていった。

清水の主張は、煎じ詰めていえば、科学を活用した「庶民生活の向上」と、知識人批判と混然一体になった「反西洋ナショナリズム」という、きわめて単純な原理に集約されている。貧富の格差が激しかった一九五〇年代においては、これらの主張は、社会主義と平和主義、そして米軍基地と日米安保への反対という形態によって表現された。しかし高度経済成長以降には、おなじ原理の主張が、大衆社会と大日本帝国の肯定、進歩的知識人と「戦後民主主義」への批判、そして核武装の問題提起となっていった。それは清水個人の思想的変遷というだけでなく、戦後日本の革新ナショナリズム論者の一人が時代の変遷のなかで自説の社会的基盤を失い、漂流と「適応」を重ねていった事例であったともいえる。

一九七〇年代以降、右派論者として執筆活動を続けた清水は、一九八八年に八一歳で死去した。葬儀には、二〇世紀研究所の参加者だった丸山眞男と福田恆存が思想的立場をこえて参列したことが注目されたものの、必ずしも盛大な会とはいえなかった。

生涯に百冊ちかい著書を出版した清水だったが、そのほとんどは時代の変化とともに、発刊後数年を経ずして絶版となった。清水の著作で、彼の死後もロングセラーであり続けていたものは、「売文業者」を自称する清水が自己の文章技術を解説した、一九五九年の岩波新書『論文の書き方』のみである。

（初出、『清水幾太郎　ある戦後知識人の軌跡』神奈川大学評論ブックレット26、御茶の水書房、二〇〇三年）
＊現在品切れ

注

（1）南博「庶民の思想家」（『創元』二五号）。天野恵一『危機のイデオローグ　清水幾太郎批判』（批評社、一九七九年）二二〇頁より重引。同時代の人物評や近親者の回想録（たとえば松本晃『清水幾太郎の「二〇世紀検証の旅」』日本経済新聞社、二〇〇〇年など）ではない、清水幾太郎の学術的研究は多いとはいえない。天野のこの著作は、清水の思想を戦前から一九八〇年代まで検証した、ほとんど唯一の研究書である。このほか清水を論じたものは鶴見俊輔「翼賛運動の学問論」平凡社、一九六〇年）や都築勉「戦後日本の知識人」（世織書房、一九九五年）などがあるが、いずれも戦中・戦後における知識人の総合的研究の一環として清水に言及したものである。

このうち鶴見前掲書は、清水が平和論の旗手だった一九五〇年代の末に書かれたものである。ここで鶴見は、「清水幾太郎においても、満州事変前後の立場と比較して翼賛時代の立場には転向がみられるのだが、その転向がきわめて自覚的になされていること、つねに自覚的に操作されていることによってそれが自己の意思の統制をこえて一挙にくずれてしまうということのなかったことに注目すべきである」と述べている。確かに清水の戦中の論考には、同時代の他の論者たちにくらべ、ファナティックな戦争賛美は少ない。しかし同時に鶴見の評価は、転向者にありがちな罪責感や屈折が清水に少なかったために発生した解釈ともいえると思われる。

それに対し天野前掲書は、全共闘運動における「進歩的知識人」批判を経て、清水の右派論者への転向がおこった時期に書かれたものである。天野はこの本で、「清水こそが日本の進歩派知識人のプラス・マイナス含めての典型」であるという立場をとり（八頁）、清水の戦前と戦後の思想的変転を批判することで、戦後の「進歩的知識人」への批判を行なおうとしたものと考えられる。

全共闘運動に大きな影響を与えた吉本隆明の『丸山真男論』は、丸山を「大衆の生活」から孤立したエリート知識人であったと位置付けて批判した。天野を含む全共闘運動世代の戦後思想批判は、この図式に影響されている部分があり、また丸山を始めとした戦後思想を「近代主義」と一括して批判する傾向があった。天野前掲書は力作であるが、おそらくはこの吉本の図式に影響されたことによって、清水をエリート的な戦後知識人であり「モダニスト」だったとして批判している。そし一九五〇年代の清水が、「庶民的ラディカリスト」と評されていることについても、当時の人びとが「清水の理論（タテマエ）に眩惑されている」ためだと位置付けている（二二〇頁）。しかし本稿で明らかにしたように、清水が「庶民的ラディカリスト」であったことと、思想的な変転をくりかえしたことは、矛盾していないと筆者は考える。また彼は「近代的主体性」には懐疑的であり、その意味では「モダニスト」とは言いがたい。清水は出身階層からいっても、パーソナリティからいっても、丸山眞男などとはおよそ異なるタイプであり、「進歩派知識人のプラス・マイナス含めての典型」と位置付けるには無理がある。

都築前掲書は、清水の戦前戦後の思想を整理しその変化の過程を追っている。しかし都築は、清水の出身や経歴からくる彼の「原思想」にあたるものを把握していない。そのため都築の記述は、清水の思想が戦前の「労農派」と「講座派」の、あるいは戦後の共産党と左派社会党の、どちらに近いかといったやや図式的な整理に流れがちであるように思われる。筆者は、そうした政治的地図・思想的地図のなかに清水を位置付けるという整理にも意義を認めるが、ある個人の思想をトータルに把握する場合、とくに清水のように固定的な思想をもたない人物を評価するうえでは、それだけでは限界があると考える。たとえば都築は、清水が一九四〇年の『社会的人間論』で「繰り返し基礎的社会の暗さということをいう」「ここに清水の社会観を理解する鍵がある」と述べているが（八五頁）、これは清水の「基礎的社会」観がスラム体験を基盤としていることを抜きには語れないと思われる。

なお大久保孝治「忘れられつつある思想家——清水幾太郎論の系譜」(『早稲田大学文学研究科紀要』四四号第一分冊、一九九九年)は、主として清水に対する同時代の評価を通史的に追った論考である。これは清水が同時代にどう評価されていたか、またその評価に清水がどう反応したかを知るうえでは貴重な論考だが、清水そのものの思想的変遷の検証はやや弱いと考える。また清水の簡便な評伝としては、中筋直哉「清水幾太郎」(川合隆男・竹村秀樹編『近代日本社会学者小伝』勁草書房、一九九八年所収)がある。

(2) 清水幾太郎「政治との距離」『思想の科学』一九六八年八月号)一一〇頁。鶴見俊輔によるインタビュー。のち鶴見編『語りつぐ戦後史Ⅱ』(思想の科学社、一九六九年)に収録。

(3) 清水幾太郎『私の心の遍歴』は『清水幾太郎著作集』(講談社、一九九二—九三年)第一〇巻所収。引用は同巻二八八頁。

(4) 清水前掲『私の心の遍歴』三〇一頁。以下、清水著作集に収録されている著作の引用は、可能なかぎり著作集の頁数を記す。朝鮮人衆議院議員の朴春琴については、小熊英二『〈日本人〉の境界』(新曜社、一九九八年)第一四章参照。なお清水はこの回想記で、関東大震災のさい日本軍によって朝鮮人と大杉栄が殺されたことを知り、日本の軍隊と国家への不信を抱くようになり、「日本の社会の秘密を一つ掴んだ」と述べている(三〇一—三〇二頁)。天野前掲書五四頁や川本隆史「『倫理学ノート』私記」(清水幾太郎『倫理学ノート』講談社学術文庫版、二〇〇〇年の解説)などは、この体験が清水を社会学にむかわせたものとして重視している。しかし筆者の見解では、その後の清水の軌跡からみても、それが清水の思想的原点だったとは考えにくい。

(5) 清水前掲『私の心の遍歴』二八六頁。

(6) 同上書二四四頁。

(7) 同上書二八九頁。

(8) 清水幾太郎『わが人生の断片』(清水著作集第一四巻所収)四二五頁。

(9) 清水幾太郎『流言蜚語』は清水著作集第二巻所収。引用は一三頁。

(10) 清水前掲『私の心の遍歴』二九一頁。

(11) 森本哲郎「先生と私」(清水著作集月報4、一九九二年)二頁。この原稿依頼の時期は、「昭和三十年代の半ば」とされている。
(12) 清水前掲『私の心の遍歴』二九三、二九四頁。
(13) 同上書三〇八頁。
(14) 清水幾太郎「日本人」(清水著作集第一〇巻所収) 一四頁。
(15) 清水前掲『わが人生の断片』一八頁。
(16) 清水前掲『私の心の遍歴』三〇九頁。
(17) 同上書二四四頁。
(18) 同上書三〇八頁。
(19) 清水前掲『わが人生の断片』一九頁。
(20) 清水前掲『私の心の遍歴』三二〇―三二一頁。
(21) 同上書三一一頁。
(22) 同上書三五九頁。
(23) 同上書三六五頁。
(24) 同上書三一〇頁。
(25) 清水は前掲『私の心の遍歴』では、自分の周囲にいた佐幕派の老人たちにとっては明治維新が没落として映っていたことを述べ、「同じことは、フランス革命、その他の革命についても言えることにちがいありません」と主張している (一〇巻二四四頁)。
(26) 清水前掲『わが人生の断片』四三四頁。清水幾太郎「戦後史をどう見るか」(清水著作集第一七巻所収) 二九三頁。
(27) 『流言蜚語』は清水著作集第二巻所収。さらに清水が一貫してテーマとしたものの一つに、自己の「内部」を、「外部」ないし「環境」にいかに適応させるかという問題がある。彼は『流言蜚語』では、適応すべき環境の情報が不足している場合には、人間は情報への渇望から「流言」に惑わされ翻弄されてしまうと主張している。
(28) 清水前掲『わが人生の断片』二三二頁。清水幾太郎『社会学批判序説』(清水著作集第一巻所収) 一一頁。
(29) 清水前掲『わが人生の断片』二六九頁。

(30) こうした性格の著作としては、一九三三年の『社会学批判序説』や一九三五年の『社会と個人』などがある。いずれも清水著作集第一巻所収。
(31) 清水前掲『わが人生の断片』二一九頁。
(32) 同上書二九三頁。
(33) 一九五〇年代における戦中の清水への評価としては、前述の鶴見俊輔の論考や、日高六郎による清水幾太郎『社会的人間論』(河出書房、一九四〇年。戦後版一九五二年)の戦後版解説などが挙げられる。国民生活の合理化の主張は、例えば「国民文化の創造」(清水著作集第五巻所収)など。戦時期の清水の言論については、天野前掲書第一章から第三章で詳細に分析されており、本稿がそれに付け加えるものはない。ただし天野は、やや性急に清水の戦時期の論考を裁断しているきらいがあり、清水が戦時期の評論においても示していた「庶民的」「科学的」要素に対する評価を、清水に内在したかたちで行ないえていないと思われる。
(34) 清水前掲「戦後史をどう見るか」二九三―二九四頁。
(35) 高見順・平野謙・清水幾太郎「知識人の生き方」(『日本読書新聞』一九五四年一月一日)。
(36) 清水前掲『わが人生の断片』一九頁。
(37) 清水幾太郎『論文の書き方』(岩波新書、一九五九年)一五頁。
(38) 清水前掲『わが人生の断片』二六七頁。
(39) 森本前掲「先生と私」二頁。
(40) 清水前掲『わが人生の断片』二六八頁。
(41) 渡辺慧「清水幾太郎さんの思い出」(清水著作集月報15、一九九三年)三、一頁。
(42) 清水前掲『私の心の遍歴』三〇九頁。
(43) 『人間の世界』は清水著作集第二巻所収。
(44) たとえば一九四〇年の「実証的精神」(清水著作集第四巻所収)参照。
(45) 戸坂潤「『人間の世界』を読む」(『読書法』所収、一九三八年)。天野前掲書二三頁より重引。
(46) 清水前掲『わが人生の断片』四九七頁。
(47) 天野前掲書三四頁。

(48) 清水前掲『私の心の遍歴』三一二頁。清水前掲『わが人生の断片』一六頁。
(49) 清水前掲『わが人生の断片』三二七頁。
(50) 同上書二〇頁。
(51) 清水幾太郎「教育の思想」(佐藤忠男編『教育の思想』、『戦後日本思想体系』第一一巻、筑摩書房、一九六八年に所収。初出は一九四七年)一三五頁。清水「今日の教育」(『世界』一九四六年七月号)四八頁。清水「大学論」(『人間』一九四六年八月号)一一九頁。
(52) 清水幾太郎・丸山眞男・松村一人・真下真一・林健太郎・宮城音弥・古在由重「唯物史観と主体性」(『世界』一九四八年二月号)。
(53) 清水幾太郎「青年と主体性」(『日本の運命とともに』河出書房、一九五一年所収)。ここでの引用は清水幾太郎『日本的なるもの』(潮出版、一九六八年)二二〇、二二一、二二九頁。また清水著作集第八巻には、「主体性」批判をより学術的形態で行なった一九四七年発表の「主体性の客観的考察」が収録されている。
(54) 清水著作集第一四巻一二五、一二六頁。なお清水は、『わが人生の断片』で「敗戦後、私は、天皇は御退位なさるべきである、と信じていた」と述べている(一四巻一二三頁)。
(55) 清水前掲『わが人生の断片』一二七頁。
(56) 同上書三三三頁。
(57) この総会では、羽仁五郎が主張した知識人の戦争責任に対する自己批判要求が声明に反映されることになり、清水は新たに「わが国の侵略戦争を開始した際にあたって、僅かに微弱な抵抗を試みたに留まり、積極的にこれを防止する勇気と努力を欠いていた」という一文をつけくわえた。しかし清水自身は、こうした内容を声明に盛りこむ意図は、当初はなかったようである(前掲『わが人生の断片』三二四頁)。
(58) 清水前掲『わが人生の断片』三四一頁。
(59) 同上書二〇、三二五、三二六頁。
(60) 同上書三二〇頁。
(61) 清水前掲「日本人」。以下この論考からの引用は清水著作集第一〇巻一四、一五、九、一〇、一二三、一九、二〇頁。

(62) 清水幾太郎『愛国心』(清水著作集第八巻所収)の内容は、ヨーロッパ思想史の概説をもとに「民主主義と愛国心の結合」を説き、日本の知識人にみられるコスモポリタニズムを現実逃避だと批判したもので、同時代の左派論調のなかでとくに特徴のある内容ではない。一九四八年の「匿名の思想」および一九五〇年の「庶民」も著作集第八巻所収。

(63) 「再軍備はいけない」「若い人々に」(いずれも一九五一年、天野前掲書二一五頁より重引)。「講和会議に寄す」(一九五一年、清水著作集第一〇巻所収)六七頁。

(64) 清水幾太郎「現代文明論」(『岩波講座 教育』第一巻、岩波書店、一九五二年)二六、二七頁。

(65) 前掲「講和会議に寄す」七二頁。

(66) 清水幾太郎「われわれはモルモットではない」(清水著作集第一〇巻所収)一〇九、一一一頁。

(67) 天野前掲書二一六頁。大宅壮一・中島健蔵・野沢隆一・恭垣先雄「当世人物案内――日本を動かす一〇〇人」(『展望』一九五一年七月号)一五〇頁。大宅壮一「教祖的人物銘々伝」(『中央公論』一九五二年一月号)一六二頁。『図書新聞』のランキングは清水著作集第一四巻三四六頁参照。

(68) 清水前掲『わが人生の断片』四二六、四二五頁。

(69) 石母田正および鶴見和子の活動については小熊英二『〈民主〉と〈愛国〉』(新曜社、二〇〇二年)第七、第八章参照。

(70) 清水前掲『わが人生の断片』四二六頁。

(71) 同上書三四六頁。

(72) 三好十郎「清水幾太郎さんへの手紙」(『群像』一九五三年三月号)一六九、一七〇、一七四頁。戦前に転向体験をもつ三好は、清水が共産党との関係を明確にしていないにもかかわらず、結果として共産党を支持する方向に読者を導いているという観察から、清水を「デマゴーグ」と形容した。しかし恐らく、そうした当時の政治的地図の問題をこえて、三好の形容は結果として清水のあり方を問うものになっていたといえる。

(73) 清水前掲『わが人生の断片』三四六頁。

(74) 以下、清水前掲「日本人」からの引用は清水著作集第一〇巻一〇、二三頁。

(75) 清水前掲『わが人生の断片』五三頁。

(76) 以下、清水幾太郎「にも拘らず」(『世界』一九五三年七月号)四四、四五頁。都築前掲書は、この論文に示された認識と内灘問題が、清水の社会科学への信頼の崩壊につながり、五〇年代後半以降の少数者ラディカリズムへの傾斜とその後の転換を準備したと位置付けている。筆者もこれに基本的に同意するが、やや見解を異にする点は注(95)参照。
(77) 清水幾太郎「内灘」(『世界』一九五三年九月号)。清水著作集第一〇巻所収。引用は七四頁。
(78) 同上論文七四頁。
(79) 清水前掲『わが人生の断片』三五七、三五六頁。
(80) 同上書三五六頁。
(81) 清水前掲「内灘」七八、七九頁。
(82) 同上論文八二、八三頁。
(83) 高見順・今日出海・堀田善衛・亀井勝一郎・清水幾太郎「独立国の条件」(『群像』一九五二年六月号)。清水幾太郎・宮原誠一・上田庄三郎『基地の子』(光文社、一九五三年)三頁。同書序文は三人の編者の共同署名だが、文体から清水の執筆と推測される。
(84) 清水前掲「内灘」八五頁。
(85) 清水前掲『わが人生の断片』三六三頁。
(86) 清水幾太郎「新しい戦いの年を迎えて」(『中央公論』一九五四年一月号)二四、二七頁。
(87) 清水前掲「内灘」九五頁。清水前掲『わが人生の断片』三六五頁。
(88) 清水前掲「内灘」九七頁。清水幾太郎「わが愛する左派社会党について」(『中央公論』一九五四年二月号)一五八頁。
(89) 清水前掲『わが人生の断片』三六八頁。
(90) 清水前掲「わが愛する左派社会党について」一五九頁。清水前掲「内灘」九五頁。
(91) 清水前掲「わが愛する左派社会党について」一六四頁。
(92) 以下、左派社会党政策審議会「清水幾太郎氏の愛情にこたえて」(『中央公論』一九五四年三月号)五八、六一、六三頁。
(93) 清水前掲『わが人生の断片』三六九頁。

(94) 中山又次郎「清水氏の「内灘」をよんで」(『世界』一九五三年一一月号) 八一、八二頁。

(95) 清水幾太郎「中山村長への手紙」(『世界』一九五三年一一月号) 八七頁。都築前掲書一八五頁は、清水と中山村長とのこのやりとりから、「戦争中の『流言蜚語』以来、清水は社会の底辺で生活する民衆を暗い非合理な存在として描いてきた。……戦争直後の清水には、哲学に対比される意味での科学の発達がそのような人間の非合理性を漸次退けるという明るい見通しがあった。かかる予定調和がいま破れたのである」と述べ、これ以後の清水は「科学」に立脚した視点を失って「直接行動だけが彼の信頼する政治的手段となった」と位置付けている。この位置付けは、基本的には正しいと思われるが、清水の「科学」への信頼がこの時点で完全になくなったわけではない。一九六〇年代になっても、清水は近代化論やコンピュータを始めとする「科学の発達」による生活の向上には肯定的であった。「科学」を社会主義という狭義の意味で捉えるとしても、清水の内部で社会主義への信頼が喪失したのは、本論で検証したように、「もはや「戦後」ではない」という言葉が登場した一九五〇年代後半からだと思われる。

(96) 清水前掲『わが人生の断片』三七一頁。

(97) 清水前掲「新しい戦いの年を迎えて」二七頁。

(98) 清水前掲『わが人生の断片』四三二、四二九、四三一頁。

(99) 清水前掲『わが人生の断片』四一八、四三五頁。なお清水は一九五六年のヨーロッパ訪問を回想して、西洋諸国の思想が好きではあっても「西洋人というものが薄気味悪い」「彼らの書いた本を読めばよいのであって、本を書いた人間には会いたくない」と述べ、一九四二年にビルマに徴用されたさいの気分に似たものを抱いてヨーロッパにむかったものの、税関などで西洋人に詰問されると「どうしても、卑屈になってしまう」と述べている(一四巻三七七、三七五、三八八頁)。

(100) 清水前掲『私の心の遍歴』二六二頁。

(101) 清水前掲『わが人生の断片』四五一、四四七頁。

(102) 同上書四四七、四七八頁。

(103) 「諸組織への要請」は『資料 戦後学生運動資料集』第五巻(三一書房、一九六九年)に所収。

(104) 清水幾太郎「今こそ国会へ」(『世界』一九六〇年五月号)。以下の引用は、清水著作集第一〇巻一三二、一二九、一二五頁。この論文で、清水は自分の戦前の著作である『流言蜚語』をもとに、公式ルートでのコミュニケーションが言論統制などで麻痺したさいに、民衆が流言蜚語をコミュニケーション手段として選ぶことを、議会制が麻痺した場合の請願というコミュニケーション手段の採用になぞらえている（一二六頁）。

(105) 吉野源三郎「戦後の三十年と『世界』の三十年」（『世界』一九七六年一月号）二七三頁。毎日新聞社編『岩波書店と文藝春秋』（毎日新聞社、一九九五年）二一三頁。

(106) 清水幾太郎「大衆社会論の勝利」（清水著作集第一〇巻所収）一六八頁。清水前掲「わが人生の断片」四五八頁。

(107) 清水前掲『わが人生の断片』四五八頁。

(108) 同上書四六〇、四六五頁。

(109) 清水幾太郎「安保戦争の「不幸な主役」」（清水著作集第一〇巻所収）一四六頁。

(110) 清水前掲『わが人生の断片』四六七頁。

(111) 同上書四六九、四六五頁。

(112) 同上書四六三、四六五、四六六頁。

(113) 同上書四六五頁。

(114) 丸山眞男「「清水幾太郎氏の闘い」に寄す」。『丸山眞男集』（岩波書店、一九九五―九六年）第八巻所収。引用は同書三四一頁。清水側からのこのエピソードの記述は清水前掲『わが人生の断片』四五六頁。

(115) 清水前掲『わが人生の断片』四七八頁。

(116) 同上書四八〇頁。

(117) 丸山眞男「八・一五と五・一九」（丸山集第八巻所収）三五九頁。

(118) 丸山同上論文三七六頁。清水前掲「安保戦争の「不幸な主役」」。

(119) 以下の経緯は、丸山前掲「「清水幾太郎氏の闘い」に寄す」三四四頁。

(120) 清水前掲『わが人生の断片』四七八、四八二頁。

(121)『福田恆存全集』（文藝春秋、一九八七―八八年）第五巻二二八頁。

(122) 安江の回想は前掲『岩波書店と文藝春秋』二一三頁。

(123) 清水幾太郎「勝てる闘いになぜ敗けたか　安保反対運動総括のすすめ」（『週刊読書人』一九六〇年七月二

五日号)。
(124)清水前掲『わが人生の断片』四八八頁。
(125)同上書四八八頁。
(126)佐々木基一・藤田省三・佐多稲子・橋川文三「大衆の思想と行動」(『新日本文学』一九六〇年八月号)二九頁。
(127)清水前掲「安保戦争の「不幸な主役」」一五一頁。清水前掲「大衆社会論の勝利」一七八頁。
(128)清水幾太郎「安保闘争一年後の思想」(清水著作集第一〇巻所収)二〇二、二〇四頁。
(129)同上論文一九四頁。
(130)以下、浅田の回想は浅田光輝『市民社会と国家』(一九七五年)。天野前掲書二三一頁より重引。以下、清水が六九年以降に右派論者に転回する以前の、六〇年代における思想的軌跡は天野前掲書第四、第五章に詳しい。
(131)清水前掲『わが人生の断片』四九三頁。
(132)清水幾太郎「平和運動の国籍」(清水著作集第一〇巻所収)二一六頁。この引用のあとに、「逆に、この同じ国籍のゆえに日本人は他の国籍の人々を殺傷した」という言葉が続いているのだが、こうした「加害」の視点は一九七〇年代以降の清水には欠落するようになる。
(133)前掲『岩波書店と文藝春秋』二二三頁。粕谷一希の回想。
(134)清水前掲「戦後史をどう見るか」二九五―二九六頁。
(135)前掲『岩波書店と文藝春秋』二二二頁。
(136)清水幾太郎「天皇論」は清水著作集第一七巻所収。「自虐症患者」という形容は清水幾太郎『戦後を疑う』(清水著作集第一七巻所収)二二二頁より。なお清水は、「日本の庶民」以外のマイノリティには、一貫して関心を寄せていなかった。一九七七年の論考「安保後の知識人」(清水著作集第一七巻所収)三三六頁では、「からゆきさん、アイヌ、公害被害者、イスラエル難民」などへの注目は、経済成長の結果、窮乏化による社会主義革命という神話に頼れなくなった知識人たちが、「プロレタリアの代用品」を必死になって探し出した結果にすぎないと主張している。
(137)清水前掲『私の心の遍歴』二四五、三五五頁。清水前掲「戦後を疑う」二一一頁。

(138) 清水前掲「安保後の知識人」三二五、三二六頁。
(139) 清水幾太郎「見落とされた変数」(『人間を考える』文藝春秋、一九七〇年に所収)。
(140) 清水前掲『戦後を疑う』二二三頁。
(141) これらの清水評価は、天野前掲書二三三—二三四、二四七頁より重引。
(142) 清水前掲「政治との距離」一一九頁。
(143) 前掲『岩波書店と文藝春秋』二二三—二二四頁。
(144) 筆者の著作である前掲『〈民主〉と〈愛国〉』では、「戦後思想とは戦争体験の思想化であった」というテーゼを打ち出した。その観点からいえば、清水の著作が「戦後思想」の範疇に入るのかは疑問である。そもそも、彼に一貫した「思想」が存在したのかも疑問であろう。清水は「戦後」を語るうえで欠かせない人物であり、また個別事例としては興味深い存在であるが、上記のような理由から「戦後思想」をテーマとした『〈民主〉と〈愛国〉』には収録せず、別個の論文として公表するのが適切であると判断した。

「戦後民主主義」とナショナリズム

――初期の大江健三郎を事例として

ぼくは日本にうまれて、なんと幸運だったことだろう！　という発見にとりつかれて、しばらくのあいだ興奮していたのをおぼえている。それは太平洋戦争のあいだのことで、ぼくは四国の山村の七歳か八歳のチビだった。……

ぼくが十歳のとき戦争は終わった、敗けたのだった。ぼくの最高の国が。

一九六〇年代、まだ二〇代の若手作家だった大江健三郎は、このように敗戦時の感情を書いている(1)。

大江健三郎は、代表的な「戦後民主主義者」の一人といわれる。「戦後民主主義」は反戦平和と反ナショナリズムの思想であると、しばしば一括されやすい。

しかし、「戦後民主主義」とナショナリズムの関係は、それほど単純ではない。たとえば筆者はかつて戦後日本の左派系歴史学の検証を通じて、戦後左派の「革新ナショナリズム」というべき思潮の存在を指摘した。[2] そこでは、米軍基地反対運動をはじめとする反戦平和の主張や、サンフランシスコ講和条約への反対が、反米ナショナリズムと「民族独立」のスローガンと結び合わされていた。そして、日米安全保障条約によって米軍に基地を提供している日本は、アメリカの従属下にある「植民地状態」であるとされ、中国をモデルとした反米闘争と社会主義革命によって「民族独立」を勝ち取ることが、それへの対抗として唱えられていたのである。そして六〇年代前半までの大江は、こうした思潮とも微妙な関係をもっていた。

本稿では、一九五〇年代から六〇年代前半までの大江の論調を検証することで、二つの主題を追求する。一つは、戦後日本においてナショナリズムはいかなる形で存在したのか、という問題である。そしてもう一つは、ナショナリズムというものが、民主主義や平和主義といかなるかたちで結びつくのか、という問題である。初期の大江は、そのケース・スタディとして興味深い存在といえる。

大江については多数の研究があるが、その大部分は文学作品をおもに論じている。そのため、エッセイなどに表れた大江の思想を追求したものは少なく、大江とナショナリズムの関係については断片的な言及が散見されるだけである。[3] 本稿では作家としての大江を論じるのではなく、一人の文学者に現れたナショナリズムの様態を検証することを目的とする。そのため、テキストとしてはあくまでも「創作」である小説よりも、エッセイ類を中心に用いることとしたい。

戦争への憧憬

大江健三郎は一九三五年、愛媛県の山村に生まれた。敗戦時に一〇歳という年齢は、幼少時の軍国教育とその後の戦後教育とのはげしいギャップを、彼に体験させることになる。

大江は作家になってから、彼の幼少期についてさまざまな回想を書いている。それによれば、彼は当時の平均的な少年がそうであったように、天皇を現人神と信じ、「二十歳前に若い兵士として死ぬだろうと考えていた」という(4)。

敗戦のニュースは、大江にとっても衝撃だった。彼が生まれた山村は、空襲にさいなまれた都市部とちがい、敗戦の徴候が感じ取られる度合いが少なかったし、人々の天皇への信仰も素朴で強いものだった。彼の村の人々が「玉音放送」を聞いたさいに話題になったのは、現人神であるはずの「天皇が、ふつうの大人とおなじように、《人間の声》で話したという、ふしぎで、いくぶん期待はずれな事実だった」。その後、大江は学校の教師に、天皇制が廃止になるという大人たちのうわさはほんとうかと問うてみたが、「教師はものもいわずぼくを殴りつけ、倒れたぼくの背を、息がつまるほど足蹴にした」という(5)。

しかしやがて、大江の村にも、アメリカ軍が進駐してくる時がやってきた。ある朝、「たいせつな訓示がある」という理由で学校の校庭に集合させられた大江たちは、演壇にあがった教頭から「進駐軍が村へ入ってきたら、大きい声で《ハロー》といって迎えましょう」といわれ、全員で「ハロー」

の発声練習をさせられた。大江によれば、「その教頭は、つい一月ほど前まで、村でも最も軍国主義的な男だった。それがいまや《ハロー》と大きい声で叫んでいた」のである(6)。

その「ハロー」は、大江にとって「ぼくが初めてならった外国語」だった。村に入ってきたアメリカ軍は、やがて大江たちの「ハロー」の声に「手をふってこたえ、ときにはガムやチョコレートを投げてよこした」。一九五九年に、当時二四歳の新進作家だった大江は、「それからぼくらの一種の頽廃がはじまったのである」と回想し、自分は「恥しらずに叫んだ少年期」を「忘れえない若者」であると述べている。こうした体験は、大なり小なり当時の少年に共通したものであったが、平均的な児童よりまじめで感受性が強かった大江は、こうした屈辱感を強烈に記憶したようである。

やがて青年になった大江は、やはり多くの青年がそうであるように、人生を生きるうえでの目的を求めた。しかし彼の世代の特徴は、国家のために死ぬという明確な目標が与えられていた少年期から、そうした目標が喪失した時代へ投げ込まれることだった。一九五九年に、二四歳の大江はエッセイでこう書いている(7)。

……なんのために死ぬか、なんのために生きぬくか?

国のために、お国のために、というしっかりしたこたえのあった時代があったのだ。……この、お国のために、という目的意識が、とにかく日本人に希望のごときものをあたえていたのだと思う。

大江はこれに続けて、「戦後、こういうはっきりしたイメージとしての国家は国民にとって消えうせてしまった。今、だれがお国のためにという言葉にすがって生きているだろう?」と問う。前述のように、大戦のさなかに教育された大江は、「二十歳前に若い兵士として死ぬだろうと考えていた」。だが、そうした目的を喪失した「平和な時代」において、彼は「かつて薔薇色の幻影としてのぞんでいた、この黄金の二十歳を、きわめてむなしい感じとともに現実からうけとらねばならなかった」という。一九六〇年に二五歳だった彼は、このように述べている。(8)

日本の青年は、自由な眼で現実を見る資格をあたえられているが、かれの未来はその自由な個人の眼でさがしもとめなければならない。平和な時代に青年として生きることの苦しみとは、この個人の眼の自由という刑を負った孤独な青年の苦悩である。かれは勇気をもってこの刑に耐えねばならないが、戦争の時代の青年の勇気を、国家とか天皇とかがささえてくれたような事情は、一九六〇年の日本人青年にはないのだ。

「国家」や「天皇」の喪失がもたらすものは、青年の「自由の刑」や「孤独」だけではない。当時の大江は、政治の腐敗についても、「国家という考えかたが、消えうせてしまった」ことが背景に存在すると主張した。なぜなら戦後の政治家は、「なんのために政治家であることをえらんだか、という問いに、説得力のあるこたえをもたない」。そして、「国民のほうでも、政治家と国家というものをむすびつける習慣をうしなった」ために、「汚職について国民が怒るのは、自分たちの税金で甘い汁をすわれた、という利害関係にもとづく怒りであって国の名誉というふうには発展しない」というのである。[9]

一九六〇年前後に大江が書いた文章類には、こうした状態を脱するべく、戦争への複雑な憧れを述べたものが数多く見られる。たとえばスエズ紛争が勃発した一九五六年、二一歳だった大江は、「ナセルの軍隊に加わって戦いたいという、狂気じみて暗く、激しい情念にとらえられていた」という。[10]

さらに一九六三年には、スペイン市民戦争を描いた小説について、このように書いている。[11]

……ぼくはかれが戦争のはじまりとともに感じた《宏大な共生感》に興味をいだかないではいられない。戦争に、孤独な人間たちをそのようにむすびつける磁力があるのだ、と戦争体験者にいわれれば、ぼくはそれを信ずるほかないのである。したがってぼくは、太平洋戦争の開始にあたって感動した孤独な知識人たちの《宏大な共生感》の幻影にたいして寛大だ。

……ぼくはたびたび自分の内部に戦争への憧憬を見出したものだったし、スエズ戦争のときには大学の友人たちと義勇軍募集の噂を追いかけたりもした。それも、端的にいえば、この《宏大な共生感》、連帯の感情にあこがれていた、ということにすぎないのが、いまのぼくには、はっきりわかっている。

こうした言葉は、「戦後民主主義者」としての大江のイメージからは、いささか意外に感じられるかもしれない。しかし初期の大江には、小説においても、こうした「戦争への憧憬」を背景にした青年の孤独や迷いを題材にした作品が多い。

たとえば、自伝的小説とされる一九六一年発表の『遅れてきた青年』は、文字通り戦争に「遅れてきた」青年が、戦後社会を生きるなかで煩悶する物語であった。一九五九年の『われらの時代』は、孤独感のなかでかつて敬愛していた天皇へのテロリズムに走る青年を描いたものであり、大江は「平和な時代の青年が、この重圧に耐えられないでヒステリックに戦争の時代は良かったなどと叫んでみること」をテーマにした作品であると述べている。[12] 一九六三年の『日常生活の冒険』の主人公は、実際にナセルの義勇軍に参加し、最後には自殺してしまう。

同時代の評論においても、こうした大江の戦争への憧憬をかぎとる者は少なくなかった。政治思想史研究者の橋川文三は、さきに引用したエジプトの「ナセルの軍隊に加わって戦いたい」という大江の文章を、「戦後、二十代の青年によって書かれたもっとも美しい文章の一つ」と激賞した。橋川によれば、「戦後の青年たちで、この暗い兇暴な情念にまみれなかった人間はむしろ少ないであろう。大江より少し年長の青年なら、『エジプト』のかわりに『朝鮮』といったであろう。そして、もっと年長の世代なら、『ニューギニア』か『ビルマ』を思ったであろう」というのである。[13]

また、橋川と交友のあった三島由紀夫も、大江に関心を抱いていた。文芸雑誌『群像』において、「いま最も読みたい作家」という読者アンケートで、一九六三年の一位が大江、一九六四年の一位が三島であった。江藤淳が自決前の三島に会ったとき、三島が別れ際に「ときにこのごろ大江君はどうしている?」と聞いたというエピソードは名高い。[14]

その江藤淳は一九五八年の評論で、大江を評し「彼の作品の強烈な魅力の一半は、作者自身の人間的な意志に反して、そのなかに『死』の思想の官能的なメタフィジックが噴出し、彼がコントロールしようとしたイメイジが逆に神話的象徴になりかける、という危機をふくむところにある」と述べている。村松剛もまた一九六二年に、「大江の場合は、石原慎太郎でもそうだが、つよい、みたされぬロマンティシズムをもっていてね。つまり戦争に『遅れてきた青年』だ。それが割合に簡単にナショナリズムと結びつくところがある」と評していた[15]。

しかし大江の場合、みずからの「みたされぬロマンティシズム」を、石原慎太郎のようなかたちでは発展させなかった。戦争への憧憬にかわって彼の渇望を埋めたもの、それが戦後の憲法と民主主義だった。

ナショナル・アイデンティティとしての憲法

敗戦を一〇歳で迎えた大江が、戦後の教育に接したのは、彼の「谷間の村」の新制中学の授業だったという[16]。一九六四年の大江の回想によれば、「新制中学には、修身の時間がなかった。そして、ぼくら中学生の実感としては、そのかわりに、新しい憲法の時間があった」。そして、「修身の時間のかわりの、新しい憲法の時間、という実感のとおりに、戦争からかえってきたばかりの若い教師たちは、いわば敬虔にそれを教え、ぼくら生徒は緊張してそれを学んだ」。大江はこのときの憲法教育について、こう述べている。

終戦直後の子供たちにとって《戦争放棄》という言葉がどのように輝かしい光をそなえた憲法の言葉だったか。ぼくの記憶では、新制中学の社会科の教師が、現在の日本大国論風のムードにつながる最初の声を発したのが、《戦争放棄》をめぐってであった。日本は戦いに敗れた、しかも封建的なものや、非科学的なものの残りかすだらけで、いまや卑小な国である。しかし、と教師は、突然に局面を逆転させるのだった。日本は戦争を放棄したところの、選ばれた国である。ぼくはいつも、充分に活躍する最後の切札をもってトランプ・ゲームをやっているような気がした。このようにして、《戦争放棄》は、ぼくのモラルのもっとも主要な支柱となった。

日本が「選ばれた国」である証明としての、憲法第九条。敗戦直後のこの時期、日本は近代化に遅れた弱小国であるという論調が存在したが、大江は「新制中学、高校をつうじて、ぼくは日本という国が弱小国であるという認識からくるヒガミをもったことはなかった」という[17]。

大江はこの戦争放棄条項について、「それはぼくをふくめて、社会全体のモラルでもあったと思う。たとえば、戦後数年の間、お正月の新聞を読みますと、おめでたい論文がのっているわけですが、そういう文章のテーマは、つねに富士山か、戦争放棄ということだったように思います」と回想している。大江の表現にしたがうなら、「戦後の四、五年のあいだ、そういう民主的な機運といいますか、国家の思想が小さな村の子供たちの思想でもあるという、そういう機運があった[18]」。当時の大江にとって、憲法第九条は村の子供にまで浸透した「国家の思想」であり、富士山とならぶナショナル・アイデンティティのシンボルであった。

こうした状況下で憲法を受容した大江は、「この憲法を自分のものとして受けとり、それと自分との血のつながりを疑うことはなかった」。一九五九年に、当時二四歳だった大江は、「ぼくらより上の世代の日本人は、おおかれ少なかれ批判的な態度で、戦後の日本的デモクラシーを、戦後の新教育を検討することができる」が、「ぼくらにとってたとえば新教育をうたがうことは、自分の精神の成長過程のすべてを疑うことなのである」と述べている。それゆえ、「ぼくは、この憲法にたいして、冷たく客観的な他人であることができない」「この憲法を非難する声を聞くたびに、自分の人格を否定されているような不安を感じるのである」というのだった。[19]

こうした憲法観は、大江の世代的な体験もあるが、山村出身という彼の境遇も関係していた。一九六二年、芥川賞を受賞したばかりの宇野鴻一郎と対談した大江は、「ずっと地方にいたから、中心にあるもの、都会的なものに憧れていた」と告白している(それに対し満州生まれの宇野は、「人が人を使う植民地の都会生活でないと、都会生活とはいえない」「東京ナンて、偉大な都市という気がしない」と応じている)。そして大江は一九六五年の文章で、山村の中学校に通っていても、敗戦後数年の間は「全国的だったデモクラシーの気分において、東京の中学生と、おなじ場所、同じ時点にたっていると感じて、ほとんど地域的な劣等感をもたなかった」と記している。[20]彼にとって憲法は、地域的な隔絶感を解消し、「全国的」に人々とつながっているという連帯感を保証してくれるものでもあったといえる。

さらに、モラルを重視する大江の姿勢も、憲法への感情に反映した。モラルに対する彼の基本的な姿勢を示すものとして、一九六四年に書かれた『ヒロシマ・ノート』の以下のような一節がある。[21]

僕は戦争のおわりのころに、四国の山村の子供だったが、ひとつの恐しいジレンマになやまされていた。そもそも、このジレンマの種子となったのは、僕が村の映画館で見た映画のひとつのエピソードだった。それは、敵軍の捕虜となった若い兵士が、拷問にあって自分の軍隊の機密をしゃべってしまうことを恐れ、ただちに自殺するというエピソードである。僕はそれこそ震撼された。非常な感銘をうけ、同時にひどく恐れおののき怯えてしまった。そして僕もまた、この戦争のあいだにおなじような窮地においこまれるにちがいないと予感したのである。それは僕にとって、もっとも重要な選択の問題となった。僕は若い兵士の行為に感動しながら、その反面、いったい自分の死を賭けてまでまもりぬかねばならぬ重要事が、この世の中にあるのだろうか、とエゴイスティクに生命を愛している不安な子供らしく疑ったのである。

大江は自分を評して、「僕はおそらく、白状させられたあとで殺される兵隊のタイプだった」と述べ、「自分のそれに属している厭らしいタイプから、黙って自殺するタイプに自分を変える」ことを決意したという。ところが「僕がまだ子供のうちに戦争は終り」、「自分が屈服しないで死ぬタイプか、屈服したあと殺されるタイプか、と考えることは、戦場にゆかなくてもいい時代の僕の青春の、日常生活全体にかかわって永つづきするジレンマ」となったのである。(22)

そして一九六四年の講演によれば、大江は自衛隊の前身である警察予備隊がつくられたとき、「戦争放棄という戦後の日本の大看板というか、最大のモラルというか、それがすっかり踏みにじられている、辱かしめられているという気持をいだいた」。そして、「自分の不安をしずめるために考えついたトリック」として、「表向きのタテマエと日常生活のホンネとの二面性」に「鈍感になっていくということが、現実生活者として成長すること」だと考えてみたが、結局それは「人間のモラルをそのまま危うくする考え方」だとして退けた。(23) こうして彼は、彼が信じるモラルの破壊に対して、「屈服しないで死ぬ」道を選ぶことを努力することになる。

しかし大江は、戦争への憧憬と、戦争放棄のモラルとの葛藤に悩むことになった。一九五九年、彼は「われわれにとって、いま英雄的であろうとすることはむつかしい。ところが、あの戦争のあいだ、若者たちはじつにたびたび、英雄的であることのできる機会、また逆に卑劣であることのさけがたい機会にめぐまれていたのである」と述べ、「どの若者が英雄的であることを望まないだろう」と記している。ここでは戦争は、自分が「英雄的」であるか「卑劣」であるかを証明し、アイデンティティを確認できる機会として期待されていた。しかし、戦争放棄をモラルとする大江の自我は、「ぼくにつきまとった非論理的で甘美に英雄的な衝動を再び圧しつぶす責任」を要請していた。(24)

おそらくは石原慎太郎を評した以下の言葉は、当時の彼の葛藤をよく表している。(25)

……ある青年作家が、週刊誌に「若いものはだれでも戦争が再びおこるのを待つ気持をもっている」という意味の放言をしていたのには、かれが同時代の学生であるだけに黙って見のがしえないと思った。

ぼくは若いものの一人として証言するが、絶対に戦争をのぞんでいない。

あの戦争時代に多くの二十歳の青年がむなしい死を、恐怖におののきつつ、または勇敢にそれを直視しつつ、戦場でとげた。かれらはなにひとつ日本人の歴史に積極的に貢献することなく、むなしく死んだ。……こういうむなしい青春をむなしい死でとじた者たちの次の世代であるぼくらが、戦争にたいして肯定的な態度をとることは、最もいやしい背信行為であり恥しらずの裏切りである。ぼくらはつい、あの英雄的な戦争の時代！　などと呻きかねないだけに、よりしっかり精神の方向を見きわめつづけていなければならない。

大江が二〇代に書いたエッセイが、一九六五年に『厳粛な綱渡り』という題名の単行本にまとめられたとき、彼と同世代の小田実は、このように評している。「一口にいえば戦争という『英雄的であるための機会』におくれてしまった、そして、そのことにいらだちと残念さとうしろめたさをおぼえている戦後青年としての氏と、戦後民主主義のチャンピオンとしての死とのあいだに一本の綱がはられてあって、彼はそこを綱渡りしながら往復する」。また三島由紀夫も一九六四年に、大江の作品を評して「暗いシナリオに『明るい結末を与へなくちゃいかんよ』と命令する映画会社の重役みたいなものが氏の心に住んでゐるのではあるまいか？　これはもつとも強烈な自由を求めながら、実は主人持ちの文学ではないだらうか？」と述べていた[26]。

執拗に浮上してくる戦争への「甘美な衝動」と、それを抑えつけるモラル志向との軋轢から生じる「綱渡り」の緊張感が、初期の大江の特徴をなしていたといってよい。それは同時に、天皇を中核とする戦前のナショナリズムと、憲法を中核とする戦後のナショナリズムという、二つのナショナリズムの闘いでもあったといえる。

「性」と「政治」

こうした「甘美な衝動」とモラルの緊張は、初期の大江の作品に、性と死にかんするテーマが頻出することとも連動した。戦争と死に対する「甘美な衝動」は、理性によってタブーとされればされるほど、性的な魅惑を帯びやすかったのである。実際に当時の大江は、「戦争の恐怖」は「つねに激烈に性と結びつくとかつて一度も戦場に出たことのないぼくには考えられ」ると述べていた(27)。

初期の大江の作品、たとえば右翼少年を主人公にした「セヴンティーン」では、主人公はモラルと理性をとりはらって戦闘と死の衝動に身を任すと、はげしく性器を「勃起」させてしまう。短編「死者の奢り」は、大学の医学部でアルバイトをする仏文科の学生が、執拗に浮かび上がってくる兵士の死体を保存溶液のプールに沈めることをくりかえす話である。中篇「性的人間」では、主人公はついに綱渡りの均衡を失って、痴漢行為に走り将来を棒に振ってしまう。

一九五九年のエッセイで、大江は「性的人間」と「政治的人間」という類型を述べている(28)。それによれば、「政治的人間」とは、「絶対者を拒否する」ことと、「他者を対立者として存在させ」ることで特徴づけられる人間である。それにたいし、「性的人間」にとって「他者」は存在せず、「対立せず、同化する」。いわば、「政治的人間」は自我の確立を、「性的人間」は自我の溶解を志向する。

さらに、「絶対者と共に存在するためには、政治的人間であることを放棄し性的人間として絶対者を、膣が陽根をうけいれるようにうけいれるか、牝が強大な牡に従属するように従属しなければならない」。そして「その受容と従属の行為は、性行為がそうであるように快楽をもたらす」というのである。

前述の「セヴンティーン」は、一九六〇年に社会党委員長を刺殺したあと自殺した一七歳の右翼少年をモデルにしたとされているが、作品中の右翼少年はこうした「性的人間」として描かれている。その少年は、「私心を棄てて天皇陛下に精神も肉体もささげつくす」ことによって自意識の泥沼から解放され、「オルガスム」を得ながら安保闘争に集ったデモ隊の女性たちに暴力をふるう。

大江は一九六四年に、社会党委員長刺殺事件のニュースを聞いたさいのことを回想して、戦後教育を受けたはずの世代から右翼少年が出たことに「激甚なショック」をうけたと述べ、その少年は「かれの自由で不安な内部に存在する国民主権よりも、もっと絶対的に確実に感じられる主権を外部にもとめ、ついにその志に殉じた」のではないかと記している。[29] おそらく大江にとって、それは自分の内部に存在する不安を刺激される事件であったのかもしれない。

こうした「性的人間」の姿は、戦後日本の状況にも重ねられていた。大江は一九五九年のエッセイで、「現代日本は、性的人間の国家と化し、強大な牡アメリカの従属者として屈服し安逸を享楽している」と述べている。彼の初期の小説には、占領軍の相手をする女性が登場するが、これを村松剛は「被占領という事態を性的なイメージでとらえる。……そういうイメージで占領をつかまえた人は大江君の前にはなかったんじゃないか」「その意味で大江君の作品は、一つの典型的な占領時代の文学

だといいたい」と評している。(30)

また一九五九年のエッセイで、二四歳の大江は、「ぼくは子供のころ、勝った軍隊の兵士としての黒人を、初めて見たときの恐怖と嫌悪、それと一種の畏敬の念を忘れることができない」と述べ、彼の村の近くにあった小川で水浴びする裸体の米兵をみて、「自分の内にある《日本》がおびやかされてでもいるような、つきつめた気持」を感じたと書いている。(31)

彼の芥川賞受賞作「飼育」は、墜落した米軍機から逃れた黒人兵を、山村の子供たちが監禁し「飼育」するという内容である。この作品で描かれている黒人兵は、「堂どうとして英雄的で壮大な信じられないほど美しいセクス〔性器〕を持って」いた。(32) 物語の最後では、日本軍に引き渡されることになった黒人兵が反抗に転じ、主人公の子供は絞殺されそうになるが、かけつけた村の大人たちにその場面を発見されたときの記述は、以下のようなものである。

僕は彼〔黒人兵〕の汗ばみ粘つく体に僕の背と尻が密着し、怒りのように熱い交流が僕らをそこで結びつけるのを感じた。そして僕は交尾の状態をふいに見つけられた猫のように敵意を剥きだしにして恥じていた。それは階段の降り口にかたまって僕の屈辱を見まもり、じっとしている〔日本の〕大人たちへの敵意、僕の喉に太い掌をおしつけ柔かい皮膚に爪を立てて血みどろにする黒人兵への敵意、そしてあらゆるものへのいりまじりかきたてられる敵意なのだ。

実際には、第二次大戦まで米軍は人種別部隊編成を原則としており、日本空襲の爆撃機に黒人兵が搭乗した事例はない。したがってこの作品は完全なフィクションなのだが、ここでの「黒人兵」と「子供」、そして無力に見守るだけの「大人たち」という構図を、占領時代の日米関係の世代対立のメタファーとして読んだ人間がいても、不思議ではなかった。

大江が一九六六年に書いたエッセイによれば、「ぼくはものごころついて以来、ずっと、アメリカという言葉のひきおこす錯綜した複雑きわまるコムプレックスのうちに生きてきた」。戦時中に教えられた、日本の兵士や民間人を「強姦し殺戮する」アメリカ像からはじまり、敗戦直後の「デモクラシーのアメリカ。骨おしみせず啓蒙的な明るいアメリカ」、そして朝鮮戦争の開始とともに「殺戮するアメリカの幻影がよみがえる」。アメリカから与えられたコーンフレークを前に、子供だった大江は「欲望がつのってくればくるほど屈辱的な気持も高まってくる」経験をし、成長後に大学生として砂川の米軍基地拡張に反対する反戦デモに参加したときも、鉄条網のむこうにアメリカ軍の豊かな家族たちをみて「コーンフレークのもたらした、恥かしさと欲望のからみあった懊悩の気分を思い出した」という[33]。

大江の回想記によれば、敗戦後に米軍が彼の山村にやってくるまでのあいだ、米軍が日本の女性を強姦し殺戮しているという噂が流れた。また朝鮮戦争当時には、「知能の発達の遅れた少年」が、彼の在住地のちかくで幼女の性器を竹槍で貫いて殺し、その少年は「新聞紙でつくったGI帽をかぶっていた」という噂があり、高校生だった彼の空想力を刺激した。そうしたとき、「強姦され殺戮される同胞に連帯感をもつかわりに、まことに恥かしい奥の奥なる意識においての、ひそかな極秘のもの思いにすぎないとしても、強姦し殺戮するアメリカに自分を同一視してみたいと考える一瞬があっ

た」という。(34)

そしてアメリカは、彼の自画像を決定する他者でもあった。一九六五年、大江はアメリカ旅行に出て体験記を書いた。そのさい彼は、かつて地方都市の高校生だったときに、アメリカの大学から観光にやってきた女子学生グループと知り合ったエピソードを想起し、このように記している。(35)

彼女たちが〔アメリカの〕漫画の本をみせてくれる。眼鏡をかけて反歯でチビの醜悪な人間がえがかれているのを見て、これは朝鮮人か？　とぼくの友達のひとりが無邪気にたずねる。いや、日本人だ、と女子学生はこちらもまた無邪気に答える。この漫画は、とてもあなたたちに似ている、と女子学生たちはぼくらを指さして笑うのである。そこでぼくは、自分の生涯ではじめて、自国の人間でないものの眼で自分自身を見た。

大江は太平洋戦争でアメリカに敗れたときの感覚を、「巨大な屈服感、解放感そして自由の感覚」と表現している。(36)そしてアメリカへの抵抗感情は、フランスへの親近感をもたらした。

大江は大学ではフランス文学を学んだが、一九六七年に行なわれた江藤淳との対談で、「英米文学をできるだけ避けようという気持」を理由の一つとして挙げ、「アメリカ的なものにあまりにも深く子供のときから浸透されたという感じがあるから、それに対して第三者としてのフランス文学を発見したいという気持があった」と述べている（江藤はそれに応じて、「同じ理由」から一度は仏文科進学を考えたが、「アメリカ文学はいやだけれども英〔イギリス〕文学ならいいだろうと思って英文にいった」と応じている）。また大江はドイツ軍占領下でレジスタンス活動を行なったとされるサルトルを敬愛していたが、彼の一九五九年のエッセイによれば、「フランス史を読んだとき、ぼくは自分たちがやってきたのとはちがうやりかたを、敗けた国の人間がやりうるということを発見した」と述べており、占領者に「屈服しない」モデルをフランスに見出していたことがうかがえる。[37]

左派ナショナリズムへの志向

こうした世界観のなかで、大江は「屈服しないで死ぬ」タイプである「政治的人間」を志向したかにみえるが、ことはそう単純ではなかった。大江は安保闘争前年の一九五九年に、日本のような「性的人間の国家において、政治的人間はアウトサイダーでしかついにありえない。アウトサイダーは無力であるばかりか滑稽で悲惨だ」と述べている。たとえば社会党は、「この無力さと滑稽・悲惨を端的に示している」という。[38]

共産党への評価は、社会党以上に厳しかった。彼によれば共産党は、「全学連の指導者たち、若き政治的人間たちを除名し、おとなしい性的人間の若き党員たちに範をたれた」のである。また一九六二年にも、「日共の人たちにしろ反体制派の人たちにしろ、思想的教条の用語と論理をなぜあのように愛用して自分自身の文章をまずしいものにしたがるのだろう」とマルキストたちを批判していた。[39]

しかし一方で大江は、政治的無関心については、「性的人間」の安逸として嫌悪していた。従来からの「政治的人間」への憧れもあり、一九六〇年の安保闘争において、二五歳だった大江は、ほぼ同世代の江藤淳や石原慎太郎、寺山修司らと結成していた「若い日本の会」を中心に抗議活動を行なった。

もっとも大江は、政治活動に没頭できるタイプではなかった。彼は一九六三年に、六〇年安保闘争の時期を回想して、「様ざまの政治運動家たち、左翼のオピニオン・リーダーたちと、会議や行進で毎日のように会った」が、「かれら政治的人間たち」のなかで「たいていの会議で退屈し、行進では苛立」っていたと述べている。(40)

こうした大江より、肉体的な直接行動を賛美する石原のほうが、一部学生たちの受けはよかったようである。大江の回想によれば、「石原慎太郎をおとずれた全学連のリーダアのひとり」は、「現代日本の真の左翼は石原だけだ」と述べ、大江に対しては「革命後ただちに粛清だ」と述べたという。(41)

そうした大江が六〇年安保闘争のさなかに共感したのは、竹内好の国民文学論だったという。大江は安保闘争の最中、「旧安保の成立のころ日本の知識人たちがどのように反応しどのように生きていたか知りたいというねがい」から、「図書館にゆき、安保闘争にまったく無関心の学生たちにまじって、奇妙になごんでくる気持におどろいたりもして、十年前の雑誌のバック・ナンバーを読んで」、竹内の議論を再発見したのだった。(42)

周知のように竹内の主張は、中国を日本が見習うべき民族主義のモデルとし、魯迅を「国民文学」の模範とするものだった。そして安保闘争が高揚していたこの年の五月、大江はかねてからの予定にしたがい、日中交流の第三次日本文学代表団の一員として中国を訪問した。そして前述したように、中国は民族自決・反米闘争・社会主義革命をうたう左派の革新ナショナリズムのモデルでもあった時期があった。

おりしも中国共産党は、安保闘争の高揚を「日本民族の偉大なる反米闘争」として賞賛していた。大江は安保闘争についてのエッセイで、闘争時の「デモの隊列の群集」が「日本の日本人の、ナショナリズム、ナショナリティをきわめてダイナミックに表現している」と形容し、「デモの隊列のなかにいる作家がみずからを恥じることをまぬがれるためには、みずからの文学にそのダイナミックなナショナリズム、ナショナリティを表現するほかなかった」と述べている[43]。

こうして中国から帰国した大江は、「戦後青年の日本復帰」という一九六〇年のエッセイで、「日本の青年」の政治的無関心を「亡命」志向と表現し、このように非難している[44]。

> ……日本の青年の精神傾向は一般に亡命を望んでいる、日本からの脱出、日本人からの脱出を望んでいる、とぼくには感じられる。そして現に、この日本にいながら実に多くの若い日本人が亡命をおこなっているとぼくには思われる。
>
> ……外国映画の上映館を出てくる若者たちは、外国人のように歩き、外国人のように表情する。かれらは、その一瞬だけ、日本人であることから離脱して陶酔しているのである。その非日本人の幸福の一瞬は、やがてしだいに延長される。銀座には日本人であることをいかにたくみに脱出しているか、をきそう風俗が横行することになる。

このエッセイで、「映画のみにとどまらない。ジャズの演奏場には、ただちに日本人であることより黒人であることを望む若者たちが国内亡命をたのしんでいる」と大江はいう。こうした都市文化への反発は、農村への賛美ともつながった。大江は一九六二年に書いた群馬県の農村の学校訪問記では、東京の小学生は「日本の農村の血が匂わないのは当然にしても、日本人そのものの血の匂いさえ、あいまいであるような気がする」と述べている。(45)

もっとも、アメリカへの感情が愛憎の入り混じったものだったように、西洋文化に対する姿勢もアンビバレントだった。当時の大江の小説は、都会的な題材と、翻訳文学調の文体で知られていた。彼が農村を故郷としていながら、都市文化に憧憬を抱いていたことも、前述のとおりである。

とはいえ当時の大江がこうした左派系のナショナリズムに接近したのは、たんに中国体験の影響からだけではなかった。以前から彼は、孤独を打破して連帯を獲得する志向をもっており、それが戦争への憧憬の源となっていた。そして竹内好の「国民文学論」は、国民が共通してむかいあっている状況、具体的には冷戦構造のなかでアメリカの極東軍事体制に組みこまれ、戦争に巻きこまれる危機に日本が直面している状況を描くことで、国民の連帯意識を創り出すことを任務とする文学の必要を説くものであった。そこには、大江の平和志向と連帯志向をともに満たす方法が、見出されるはずだったのである。

したがって大江にとって、日本の若者が自国の状況に関心を持たないことは、小説家としての根拠をおびやかすものとされていた。(46) 彼は一九六〇年の「戦後青年の日本復帰」で、こう書いている。

「若い小説家が小説を書く。かれは日本の青年をえがきだそうと試みる。それのみにかれの芸術家としての情熱はかかっている。なぜなら若い小説家にとってその小説をかれに書かしめるエネルギーは、おなじ日本人青年への呼びかけの欲求（友情）にあるからだ。そしてかれが小説をおくりだす勇気をもつのは、それをむかえてくれる読者たちと自分の共通な地盤の信頼（連帯感）があるからだ」。しかし、「若い日本人がすでに日本に関心を示さず、日本人にも日本の芸術にも関心を示さないとき、若い芸術家は深い孤独と徒労感、失望におちいる」のである。

さらに大江はこの「戦後青年の日本復帰」で、以下のように述べている。「ぼくは中国の青年が、中国のなかで、中国にその関心の中心をおきながら、中国人として誇りとともに生きているのを見た」。しかし「日本の青年は、日本人であることに誇りを感じているか？　そうでない、とぼくは思う。そして日本の政治家は、日本の土のうえに日本の青年を誇りとともに立たしめようと努力してはいないように思われる」。

もちろんこれは、アメリカへの軍事的従属を深め、六〇年安保において若者の政治主張を無視した保守政治家の姿勢を問うたものであった。大江は「国内亡命者たち」を、「無気力な絶望のなかにぬくぬくと横たわって日本人仲間を軽蔑していた」と批判し、こう述べている。

日本の青年たちが日本人に絶望しているのは、自分が日本の国造りに参加しているという実感がないからである。また、日本の政治は結局、自分たちの手の届かない所でおこなわれるのだ、という断念からである。この、日本の青年たちをとらえている二つの基本的な感情は、ただ一つの事実にもとづいている。日本がアメリカの支配下にあって、日本を動かすものが日本人の意志でないという事実である。そして、日本人青年が、その根深い絶望と政治的無関心から立ちなおり、日本の現実を見つめなおしはじめるためには、この恥ずべき事実がうちこわされたあとでなければなるまい。単純なことだ、日本の青年が国について情熱を回復するためには日本から外国の基地がなくならねばならない。六・一五〔六〇年安保闘争〕は、それだけを叫びつづける日本人青年によっておこなわれた。

このようなナショナリズム、すなわち反米ナショナリズムと平和志向、そして国民的連帯と民主主義への志向が結合した状態は、大江が抱えていたジレンマを解決してくれるものであった。

社会主義への視線

同時にこうした革新ナショナリズムは、大江のもう一つのジレンマである、「屈服せずに死ぬタイプ」＝「政治的人間」への志向と、「屈服して死ぬタイプ」＝「性的人間」としての資質との緊張関係にも、ある解決をもたらしてくれた。

じっさいのところ、大江は自分の「性的人間」としての資質をよく自覚していた。一九六二年の「性犯罪者への挨拶」という文章で、「いったいぼくは政治家になるチャンスと性犯罪者あるいは暴力犯罪者になるチャンスのどちらを多くもっているか?」と自問し、「とにかく自分には政治家になるチャンスはない」と述べている。[47] しかし革新ナショナリズムと、中国をはじめとした社会主義国への共感は、政治志向であると同時に、自我を溶解させるエロティシズムを期待させるものであった。

たとえば大江は一九六一年にヨーロッパとソ連を旅行した感想として、「疎外された個人の孤独な独房に、どんどんはいりこんでしまう人間たち、という印象のフランス。社会全体がひとつの有機体として存在しており、その細胞のおのおのが個人であるという共生感の印象のソビエト」という対比を描いた。大江によれば、ソ連の人々はいわばソビエト共同体という大きな樹木の毛細根であって、「かれらは、孤独を感じることがないように思われた。……毛細根のひとすじがほろびても樹木はほろびない。しかも、樹木が正義の樹木ならば、毛細根はまた正義の毛細根である」と感じられたという。[48]

そしてこうしたソ連観が、ほぼ同時期に書かれた「セヴンティーン」の右翼少年の言葉である、「おれが死んでもおれは滅びることがないのだ、おれは天皇陛下という永遠の大樹木の一枚の若い葉にすぎないからだ。おれは永遠に滅びない！　死の恐怖は克服されたのだ！」とほぼ同質であることは明らかである。[49] こうした表現の類似が、意識的に生じたものなのか、それとも無意識のものなのかは明らかではない。その後も樹木は、個人を超えた存在のメタファーとして、大江の作品に登場してゆくことになる。

じっさい、大江の一九六〇年前後のエッセイ類をみていると、彼のなかでは社会主義国家と戦前日本が微妙に重なっていたことがわかる。たとえば一九五九年のエッセイでは、「日本の政治家」や「自由主義諸国の政治家」を評して、「なんのために政治家であることをえらんだか、という問いに、説得力のあるこたえをもたない。軍国主義時代の政治家とか、となりの新中国の政治家のようには、はっきりしたこたえをもたない」「いま日本人は新中国の人びとよりも国家意識がうすい」と述べている。もっとも、吉本隆明も一九六六年に、文化大革命下の中国を評して「第二次大戦中の天皇制下の日本が世界的視圏から視えたにちがいない姿と二重写しになって視える」と述べており、こうした見方は大江だけのものではなかったともいえた。(50)

同時にまた、そうした中国は、大江のモラル面での「祖国」である敗戦直後の日本とも重なっていた。中国旅行の直前に、大江は「ぼくはこんど中国旅行に出るが、北京の青年に集団農場についてたずねられたら、日本の農村でも戦後数年は、その希望があった、と答えたい」と述べ、敗戦直後の旧制中学で「子供協同組合」をつくり、自分が組合長となって、熱心な社会科教師とともにニワトリを飼った経験を回想している。(51)

いわば当時の大江が抱えていたジレンマは、戦後の日本において、民主主義のモラルと、共同体としての国家の実態が分離してしまっていることから派生していた。そうであるがゆえに、モラルと共同体が一致している状態への憧れが、戦時期および敗戦直後の日本や、社会主義諸国への錯綜した感情となって表れたと考えられよう。

とはいえ敗戦直後が遠くなってしまった当時でも、そうした一致状態が一時的に出現することはあった。大江は一九六三年のエッセイで、戦争によって出現したという「宏大な共生感」への憧憬を述べたあと、「この《宏大な共生感》を、ぼくはきわめて縮小されたかたちにおいてではあるが、安保闘争のときに感じたようだった」と書いている。(52)

そして、やはり「平和と民主主義」のモラルと、共同体としての存在が合致している状態として見出されていったのが、一九六三年から訪れるようになった広島と、おなじく一九六五年から歴訪した沖縄であった。一九六四年、中国が核実験を行なったのち、大江は中国を理想化する傾向を放棄した。そして彼は一九六五年に刊行された『ヒロシマ・ノート』で、以下のように述べている。(53)

中国の核実験にあたって……核爆弾を、新しい誇りにみちた中国人のナショナリズムのシンボルとみなす考え方が行なわれている。僕もまたその観察と理論づけに組する。しかし、同時に、それはヒロシマを生き延びつづけているわれわれ日本人の名において、中国をふくむ、現在と将来の核兵器保有国すべてに、否定的シムボルとしての、広島の原爆を提示する態度、すなわち原爆後二十年の新しい日本人のナショナリズムの態度の確立を、緊急に必要とさせるものであろう。したがって広島の正統的な人間は、そのまま僕にとって、日本の新しいナショナリズムの積極的シムボルのイメージをあらわすものなのである。

このように、当時の大江においては、反核運動も日本の国家としてのあるべき方向を示す「ナショナリズム」として位置づけられていたといえる。
以上に見てきた初期大江のエッセイの検証は、もちろん一つのケース・スタディにすぎず、これを安直に同時代の思潮の代表例として一般化することはできない。また後年の一九七一年には、大江は過去にナショナリズムという言葉を肯定的に用いたことを自己批判し、「ナショナリズムという言葉は、たとえそれに反語的意味あいをこめてすらも……用いたくない」と述べるようになる。[54]ここには明確な思想的断絶があり、したがって冒頭で述べたように、本稿で検証した内容は、大江にかぎっても六〇年代前半までのものといえる。

しかし以上の検証だけからでもうかがえるのは、戦後日本のナショナリズムの複雑さである。天皇を中心とした戦前・戦中のナショナリズムと、いわゆる「戦後民主主義」との関係は、単純な対立図式では把握できない。平和志向・民主主義・護憲・反核といった諸価値、アメリカへの憧憬と反発、そしてアジアと社会主義への評価などが、戦争や天皇への感情と複雑な関係をおりなす様子は、われわれがいまだ「戦後」というものを、そしてナショナリズムという現象の複雑さを、十分に理解していないことを示唆している。それらを検証することは、ふたたび戦争とナショナリズムへの憧憬が語られつつある現在の日本において、われわれがナショナリズムとどのような関係を築くか、また「戦後以後」をどのように構想するかを問うことと不可分である。

追記

大江は一九九一年に、本稿で検証した初期のエッセイ類を文庫版として再版するにあたり、こう述べている。これらの文章は、「幼い論理、限られた視野、ひとりの思いこみにすぎぬ党派意識というものこそあらわであれ、やはり自分の少年時、青年時の生活感情についてもっとも素直に表現したものであった」。それゆえ、再版にあたっても文章の修正は行なわず、「最初の版のすべての文章に責任をとりたいと思う」[55]。彼のこうした姿勢によって、本稿のような研究が可能であったことを、最後に記しておく。

（山脇直司編『ネイションの軌跡』新世社、二〇〇一年、所収）

注

（1）大江健三郎「象か気どり屋のネズミか」（初出未詳）。引用は大江健三郎『厳粛な綱渡り』（講談社文芸文庫版、一九九一年）六二四頁より。一九六五年までの初期のエッセイすべてを収録した『厳粛な綱渡り』は、一九六五年に文芸春秋社から単行本として発行された。本文末に記したように、文庫版とこの単行本の間に内容的な異同はないので、基本的にこの文庫版から引用し、文庫版に収録されていないもののみ単行本から引用する。大江のエッセイは『大江健三郎同時代論集』（岩波書店、一九八〇―八一年）にまとめられているが、抜粋なので文庫版よりも収録本数が少ない。

（2）小熊英二「忘れられた民族問題――戦後日本の『革新ナショナリズム』」（『相関社会科学』五号、一九九五年）。さらに小熊英二『〈日本人〉の境界』（新曜社、一九九八年）第二一、第二二章を参照。

（3）大江に関する主要な研究は、栗坪良樹によって一九九六年までのものがリスト化されている（『国文学』一九九七年二月臨時増刊、第四二巻三号）、そのほか、『群像』九五年四月号の大江健三郎特集号と、『国文学』一九九〇年七月号に、それぞれリストが存在する。その後の研究としては、黒古一夫『大江健三郎とこの時代の文学』（勉誠社、一九九七年）や桑原丈和『大江健三郎論』（三一書房、一九九七年）などがある。

初期の大江がナショナリズムを底流としていたことは、後述するように同時代の書評ではしばしば言及されており（本稿で引用したもののほか、磯田光一「大江健三郎における『政治』と『性』」、初出は『図書新聞』一九六六年三月、のち『群像日本の作家23　大江健三郎』、小学館、一九九二年に収録なども含む）、これまでの大江研究でも断片的に触れられてきたことである。たとえば松原新一『大江健三郎の世界』（講談社、一九六七年）や野口武彦『吠え声・叫び声・沈黙』（新潮社、一九七三年）、あるいは黒古一夫『大江健三郎論』(彩流社、一九八九年)、柴田勝二『大江健三郎論』(有精堂、一九九二年)などがこの問題を大江の底流としてとりあげ、また片岡啓治『大江健三郎論』(立風書房、一九七三年)や篠原茂『大江健三郎論』(東邦出版社、一九七一年)などにも若干の言及がある。しかしこれらはいずれも短い言及であるか、「セブンティーン」や『遅れてきた青年』をはじめとした作品を論ずる背景として説明しているにとどまっており、大江のナショナリズムのあり方を分析することを主題とした研究は見当たらない。

(4)大江健三郎「二十歳の日本人」(初出未詳)。引用は『厳粛な綱渡り』文庫版六九頁。

(5)大江健三郎「戦後世代のイメージ」(初出『週間朝日』一九五九年一、二月)。引用は『厳粛な綱渡り』文庫版二二、二四頁。

(6)以下は同上、四五、四六、四七頁。

(7)同上、三六頁。

(8)同上、三八頁。前掲「二十歳の日本人」六九、七三頁。

(9)前掲「戦後世代のイメージ」三九頁。

(10)大江健三郎「徒弟修業中の作家」(初出『朝日新聞』一九五八年二月二日)。引用は『厳粛な綱渡り』文庫版五九頁。

(11)大江健三郎「ぼく自身のなかの戦争」(初出『中央公論』一九六三年三月号)。引用は『厳粛な綱渡り』文庫版一五七―一五八頁。

(12)前掲「二十歳の日本人」七一頁。

(13)橋川文三「暗い兇暴な情念――大江健三郎の一つの見方」(初出『東京大学新聞』一九五八年二月五日付)。のちに「戦後世代の精神構造」として『日本浪漫派批判序説』に収録。引用は『橋川文三著作集』(筑摩書房、一九八五―一九八六年)第四巻二七一、二七三頁。

(14)三島由紀夫・大江健三郎「現代作家はかく考へる」(『三島由紀夫全集』第三四巻、新潮社、一九八五年)三四九頁。江藤とのエピソードは江藤淳「ヒットラーのうしろ姿」(『江藤淳著作集』一九六七―一九七三年、続二巻)一〇六頁。

(15)江藤淳「神話の克服」(『江藤淳著作集』第五巻)二六七頁。村松剛・佐伯彰一・奥野健男「横光利一と大江健三郎」(『文学界』一九六二年四月号)二二五頁。
(16)以下、大江健三郎「戦後世代と憲法」(初出『朝日新聞』一九六四年七月一六日—一八日)。引用は『厳粛な綱渡り』文庫版一六八、一六九、一七一頁。
(17)大江前掲「象か気どり屋のネズミか」六二四—六二五頁。
(18)大江健三郎「憲法についての個人的な体験」(朝日新聞主催講演、一九六四年)。引用は『厳粛な綱渡り』文庫版一八二—一八三頁、一七八頁。
(19)大江「戦後世代と憲法」一七四、一七三頁。大江健三郎「新・戦後派の心」(初出『朝日新聞』一九五九年一月四日)。引用は『厳粛な綱渡り』文庫版六八頁。
(20)大江健三郎・宇野鴻一郎「先輩・後輩」(『文学界』一九六二年四月号)二二三頁。大江健三郎「第一部のためのノート」(『厳粛な綱渡り』のための書下ろし)文庫版二〇頁。
(21)大江健三郎『ヒロシマ・ノート』(岩波書店、一九六五年)九四—九五頁。
(22)同上書、九六頁。
(23)前掲「憲法についての個人的な体験」一八七頁。
(24)前掲「戦後世代のイメージ」四〇、四四頁。前掲「徒弟修業中の作家」六二頁。
(25)前掲「二十歳の日本人」七一—七二頁。
(26)小田実「大江健三郎『厳粛な綱渡り』」(『小田実全仕事』第八巻、河出書房新社、一九七〇年)二四四頁。三島由紀夫「すばらしい技量、しかし……」(『個人的な体験』書評、初出一九六四年)。引用は『三島由紀夫全集』第三一巻三、一三頁。
(27)大江健三郎「われらの性の世界」(初出『群像』一九五九年九月号)。引用は『厳粛な綱渡り』文庫版三〇九頁。
(28)同上、三一六頁。
(29)大江健三郎「セヴンティーン」(『性的人間』、新潮文庫、一九六八年に収録)一八一、一八三頁。前掲「戦後世代と憲法」一七〇頁。
(30)前掲「われらの性の世界」三一八頁。前掲村松・佐伯・奥野座談会二二五頁。
(31)前掲「戦後世代のイメージ」三三頁。

(32) 大江健三郎「飼育」(『死者の奢り・飼育』、新潮文庫、一九六八年に収録)一二四頁。絞殺未遂場面の引用は一三三頁。
(33) 大江健三郎「地獄にゆくハックルベリィ・フィン」(初出『世界』一九六六年九月号)。引用は大江健三郎『鯨の死滅する日』(文芸春秋社、一九七二年、講談社文芸文庫で一九九二年に再版)文庫版一九一、一九三、一九七、二〇〇、一九九、二〇一頁。
(34) 同上、一九二、一九三頁。
(35) 同上、二〇一頁。
(36) 同上、二〇七頁。
(37) 江藤淳・大江健三郎「現代をどう生きるか」(『群像』一九六八年一月号)、一七六、一七七頁。前掲「戦後世代のイメージ」四七頁。
(38) 前掲「われらの性の世界」三一八頁。
(39) 同上、三一九頁。大江健三郎「旅行カバンのなかの未来イメージ」(初出『週間読書人』一九六二年二月一二日)。引用は『厳粛な綱渡り』文庫版一四七頁。
(40) 大江健三郎「危機の感覚」(初出『新潮』一九六三年八月号)。引用は『厳粛な綱渡り』文庫版五七一頁。
(41) 前掲「旅行カバンのなかの未来イメージ」一四六頁。
(42) 大江健三郎「文学における民族性の表現」(初出未詳)。引用は『厳粛な綱渡り』単行本二〇二頁(文庫版未収録)。なお大江は、このエッセイの二〇五頁で「ぼくは日本および日本人のナショナリズム、ナショナリティについての日本共産党の人たちの態度は、承服しがたいと思っている」と述べており、共産党のナショナリズムに関する戦術には同調できなかったようである。
(43) 同上、二〇四頁。
(44) 大江健三郎「戦後青年の日本復帰」(初出『中央公論』一九六〇年九月号)。引用は『厳粛な綱渡り』文庫版一二二頁。
(45) 同上、一二三頁。大江健三郎「未来につながる教室」(初出『文芸春秋』一九六二年七月号)。引用は『厳粛な綱渡り』文庫版四五五頁。
(46) 以下、この節の引用は前掲「戦後青年の日本復帰」一二四、一二一、一三五—一三六、一三六—一三七頁。

(47) 大江健三郎「性犯罪者への挨拶」(初出『新潮』一九六二年五月号)。引用は『厳粛な綱渡り』文庫版三五八頁。

(48) 大江健三郎「地球は青かった」(初出『毎日新聞』一九六二年三月二六日)。引用は『厳粛な綱渡り』文庫版五三六、五三七頁。

(49) 前掲「セヴンティーン」一八二頁。

(50) 前掲「戦後世代のイメージ」三八—三九、四〇頁。吉本隆明「実践的矛盾について」(初出『文芸』一九六六年八月号)。引用は『吉本隆明全著作集』(勁草書房、一九六八年)第七巻三七二頁。

(51) 大江健三郎「奉安殿と養鶏温室」(初出『朝日新聞』一九六〇年六月五日)。引用は『厳粛な綱渡り』文庫版九二頁。

(52) 前掲「ぼく自身のなかの戦争」一五八頁。

(53) 前掲『ヒロシマ・ノート』一四七頁。

(54) 大江健三郎「敗戦経験と状況七一」(初出『世界』一九七一年一〇月号)。引用は『鯨の死滅する日』文庫版八九頁。

(55) 大江健三郎「『文芸文庫』版のためのノート」(『厳粛な綱渡り』文庫版に収録)六四七—六四八、六四九頁。

「作家」としての小田と「運動家」としての小田

――小田実『「難死」の思想』解題

小田実は、「市民運動家」として知られ、論じられることが多い。

しかし小田は、一九五一年に一九歳で初の小説『明後日の手記』を、五六年には二四歳で四百字詰め原稿用紙一二〇〇枚の大作『わが人生の時』を出版した、早熟な作家だった。東京大学でも古代ギリシア文学を専攻し、中村真一郎のもとに出入りしていた「長身痩躯」の文学青年だった小田を、真継伸彦は「暗く鋭い眼を輝かせて熱烈に語る」「『過去に致命的な傷をうけ、行為不可能となった』懐疑主義者」だったと形容している。

小田が世に知られるようになったのは、一九六一年の世界旅行記『何でも見てやろう』がベストセラーになってからである。その後、べ平連（「ベトナムに平和を！」市民連合）の代表役になる六五年まで、紀行文などの依頼が多かったが、彼は自分が「作家」と認められないことに不満だったらしい。「懐疑主義者」の作家としての小田と、市民運動家としての小田のイメージは、一見乖離しているようにみえる。しかし両者が、じつは密接に結びついていたことは、本書（『「難死」の思想』）に収録されたベトナム戦争期の評論にみることができる。

この評論集冒頭の「『難死』の思想」は、小田の評論の代表作の一つである。この評論でも触れられているが、小田の出発点は、一九四五年八月一四日の大阪大空襲であり、そこで彼が見たものは人間の絶望的なまでの醜悪さだった。

本書には収録されていないが、小田は「廃墟のなかの虚構」という評論で、以下のように大阪大空襲の経験を書いている。「黒焦げの死体を見た。その死体を無造作に片づける自分の手を見た。高貴な精神が、〔極限状況では〕一瞬にして醜悪なものにかわるのを見た。一個のパンを父と子が死に物狂いでとりあいしたり、母が子を捨てて逃げていくのを見た。人間のもつどうしようもないみにくさ、いやらしさも見た。そして、その人間の一人にすぎない自分を、私は見た」。「輝かしいものは何もなかった。すべてが卑小であり、ケチくさかった。たとえば、死さえ、悲しいものではなかった。悲劇ではなかった。街路の上の黒焦げの死体――それは、むしろコッケイな存在だった。私は、実際、死体を前にして笑った」。

こうした「難死」の姿を眼の当たりにする経験をした小田は、『『致命的な傷をうけ、行為不可能となった』懐疑主義者」になった。小田は朝鮮戦争中の学生運動が盛んな時期に東京大学にいたが、学生運動には関係していない。『何でも見てやろう』の旅から帰国したのは六〇年安保闘争の渦中だったが、運動には関係しなかった。べ平連旗揚げまで、彼はほとんど運動に関わった経験がなかったという。

しかし小田は、社会に無関心だったわけではなかった。この評論集を読めばわかるが、彼の生涯のテーマの一つは「公」と「私」の関係だった。一九三二年生まれの小田は、『「難死」の思想』にも書かれているように、生まれたときから戦争状態しか知らず、「公」の大義のために兵士として死ぬことを至上とする教育をうけて育った。

『「難死」の思想』が公表された一九六五年に、小田は三二歳の若手論者だった。それまでは、京都学派や日本浪漫派の思想を読んで自己の死を正当化しようとした経験をもつ「戦中派」(敗戦時に二〇歳前後だった世代)が、「公」と「私」の問題を論じていた。そして「昭和元禄」とも称された高度成長期だった当時は、経済成長にともない「公」に尽くす精神が失われ、利己主義が蔓延していることが嘆かれて、その反動として『大東亜戦争肯定論』などが登場していた。

ある意味でこれは、九〇年代末に小林よしのりの『戦争論』が、ミーイズムを批判して「公」と「大東亜戦争」を賛美し、評判となった状況と似ている。小田の『「難死」の思想』が、自分は「戦中派」より若かった(小田は敗戦時に一三歳だった)から京都学派も日本浪漫派も関係なかった、そうした思想的な「接着剤」なしに「公」と「私」の関係を考えなければならなかった、と述べているのはそうした文脈からである。

しかし小田は、『大東亜戦争肯定論』などを左派の立場から批判する、という姿勢をとらない。なぜなら、小田は「ソ連」も「レジスタンスの闘士」も、「公」の大義に殉じた人びととみなす。彼は、「左」の大義も「右」の大義も信じない懐疑主義者なのである。

それでは、小田は一切の「公」を否定し、「私」を優先するのか。のちに吉本隆明や田中美津は、左右の「公」や「大義」を批判して「私」の優位を説き、吉本は八〇年代には大衆消費社会賛美にまで行きついた。

だが、小田はそうした路線もとらない。小田は、民主主義は「私」を優位に置く政治原理ではあるが、いかなる政治原理も「公」抜きには成立しえないと説く。また戦後日本の大衆が「私」の追求に満足してしまい、「公」を占領軍にまかせてしまったことを批判している。前述のように、彼は「公」の重視を教育されてきた人間であり、古代ギリシア文学を専攻したのも、民主主義の原点とされる古代ギリシアの「公」のあり方を見極めたかったからだったという。

小田がめざしたのは、戦中の「公」のあり方に代わる、新しい「公」のあり方を探ることだった。その構想の一例は、本書収録の「デモ行進とピラミッド」で論じられている。デモでは全員が一参加者となり、権威の「ピラミッド」が壊れ、みなが「平ら」で「むき出し」の関係になるという。それゆえ、デモは民主主義の原点だというのがここでの主張である。

そして『難死』の思想」は、「公」と「私」がテーマではあるが、一種の戦後文学総括なのである。そこでは、敗戦によってそれまでの「公」が滅びたあと、戦後文学がどのように「公」と「私」の関係を模索してきたかが論じられる。そして、「公」を全否定して「私」に閉じてしまう私小説、共産主義という新種の「公」に依存しようとした左翼文学などを批判しつつ、最大の対抗相手として三島由紀夫が考察対象になる。

本書収録の「彼の死の意味」などでも見られるが、小田は三島をつよく意識していた。これは小田にかぎったことではなく、戦中に皇国教育をうけ、「公」の大義に殉ずることを教えられてきた小田と同世代の文学者、たとえば大江健三郎や江藤淳などにもみられた現象である。三島は、彼らにとって憧れと反発のいりまじった対象だった。

そして小田の分析では、三島の作家としての方法論は、「公」と「私」が一体となりつつ死んでいく、「散華」の瞬間の美を描くというものである。そのさい三島は「公」の内容を問わないため、大東亜戦争の大義を信ずる右派論者の心も、革命のロマンを夢みる左翼青年の心をもとらえる。のちにべ平連を「生ぬるい」と批判した全共闘や新左翼の若者が、三島の自決には感動した状況を、小田は六五年にすでに見通していたといえよう。

だが小田は、三島の美学を信じない。彼はすでに、「難死」が美しくもなければ悲劇でもなく、「卑小」で「コッケイ」であることを見てしまっていた。三島も小田も古代ギリシア文学を愛好した点では共通しているが、悲劇を好む三島にたいし、死体を前にして笑った経験をもつ小田は、三島をふくむ戦後文学が「ユーモア」「喜劇」への視点を欠いていたことを批判する。

また小田は、「散華」の瞬間の美を描く三島の方法は、基本的には短編むきであって、長編には適さないと批判する。そして、美しい瞬間に生きる「純粋な青年」よりも、長い日常を生きつづける「あぶらぎった中年男」が歴史の主役でありえないとはいえない、と稿を結ぶのである。

この『難死』の思想」を書いた直後、小田はべ平連の代表になる。六五年二月に米軍の北爆が始まり、米軍機の空襲下で逃げまどうベトナム民衆の姿が報道されたため、空襲の記憶を刺激された小田は座視していられなかった。のちの九五年の阪神大震災のさいも、小田は被災者救援運動に奔走することになるが、このときも震災で廃墟になった街をみて空襲の記憶がよみがえったことが契機だったという。

だがベトナム反戦運動でも、小田の「懐疑主義者」としての作家ぶりは発揮された。べ平連には共産党を除名されたマルクス主義者も多かったが、小田はマルクス主義をはじめ特定の思想を決して信奉しなかった。また本書収録の各評論にみられるが、たとえば小田は革命に「散華」することを夢みる青年たちには批判的で、そんな「短編」の発想で妻子ができても運動をやれるのか、と考えていた。武器を持たないまま死んでいった「難死」の立場から、一貫して非暴力直接行動にこだわった。べ平連に転がりこんできた米軍脱走兵たちを、「日本の小説家」（三島）の「幻想」にすぎない「純白の雪を背景とした二・二六事件の行動家」とは対照的な人間だと形容した。

本書には書かれていないエピソードだが、「難死」を出発点とした作家としての彼と、運動家としての彼が不可分に結びついていたことを象徴していたと私が思うのは、六九年六月一五日のデモで、べ平連事務局長の吉川勇一が不当逮捕されたときの小田の反応である。このとき小田は、激昂して抗議のため警視庁へ突進しかねない状態になったデモ参加者たちにむかって、「笑おやないか」とよびかけ、宣伝カーのマイクで「あっはっは」と本当に笑いだしたという。

小田の作家としての評価は、今でも高いとはいえない。それは小田の小説が、古代ギリシア文学を好んだ彼らしく、非常に構築的であり、かつ乾いた視線で社会をみわたすものであり、短歌のような瞬間的な情緒描写を好む日本の文学界では異質だったことも関係していると思う。むしろ晩年、彼の小説は英訳されて海外で高い評価をうけた。

瞬間の美に「生きる」ことより、長い日常を「生きつづける」こと。短編より長編、若いロマンティシズムより中年のユーモア。本書収録の彼の評論にくりかえし現れるこれらのモチーフは、小田の思想であり、作家としての方法論であり、運動家としての姿勢である。そして小田にとってこれらは、日本の社会運動に、そして文学に欠けているものであり、自分が埋めていかねばならぬものと考えていたものだったと思う。

（小田実『「難死」の思想』岩波現代文庫、二〇〇八年、所収）

孤独なアナルコ・リバタリアンの思想

――中村とうようの無政府自由主義

二〇一一年七月二一日、音楽評論家の中村とうようが自殺した。ここでは、彼の追悼を兼ねて、彼の思想を概観する。

中村とうようは一九三二年生れである。一三歳で敗戦を迎えたこの世代らしく、初等教育で「お国のために死ぬ」ことを教えられ、敗戦後に価値観が激変する体験をした(「ぼくは先生が嫌いだ」、「とうようズ・トーク」八一年一〇月号、以下「トーク」と略記)。

中村の基本的な社会観は、「〃国〃というもの」(「トーク」七三年一〇月号)に書かれている。彼によれば、人間社会は「自然集団」と「国家」という、性格のちがう社会の二重構造だという。

まず「自然集団」は、身近な関係からはじまり、経済活動で世界中が結ばれる。中村によると、これは「自然界の動物集団と同じで、ただそれが複雑化しただけだ」。なぜなら「経済活動における個人対個人の関係は、原則として、対等で自由な人間関係であり、本来そこには制度による強制も禁圧も必要ない」からだという。

それに対して「国家」は、「上下関係、支配関係、政治機構、私有財産制度、法律、そして権力による暴力、といった危険な構造をもつ社会」である。中村は、国家がないと秩序が崩壊するという見解を否定する。「自然民族」には国家がないものもあるし、無政府主義者であるプルードンの言葉を引用して、「自分で考え、自分自身の行為にのみ責任を負うべきである者」に法律はいらないと述べている。

中村は前掲の「ぼくは先生が嫌いだ」で、戦時期に代用教員が暴力で愛国思想を押しつけてきたこと、そのため権威嫌いになったことを書いている。そうして教えられてきた国家が、敗戦で瓦解したことは、国家は権威と法に支えられているにすぎないという認識をもたらしただろう。敗戦後の闇市で、国家から自由な民衆が作る秩序の解放感を味わったという経験は、同世代の知識人たちが共通して語っている。

しかし中村は、自由放任論者ではなく、自生的な「モラル」と「共同意志」を重視した。「死刑制度廃止論のおそまつさ(2)」(「トーク」九六年四月号)で、彼はこう述べている。「自然民族の共同体などでは、国家も法律もなくてもモラルという共同意志がしっかりしていればみんながスムーズに生きていけるわけで、それこそ理想の社会に違いない」。

それゆえ中村は、古風なモラリストでもある。ヒッピームーブメントの時期に賞賛されたフリー・セックスには否定的で、大量消費を嫌う。日本語や敬語の「乱れ」にも一家言ある。ただし法律で規制することには反対で、麻薬は個人や社会の良識でやめればいいという(「マリファナ騒ぎと法律」、

「トーク」七八年一月号)。

そして中村にとって、批評とは、モラルを形成する働きかけだった。「批評を圧殺するもの(2)」(「トーク」八四年二月号)で彼はこう述べる。「アフリカの伝統的な集団で、警察もなければ裁判所もないのに一定の社会規範が保たれるのは、嘲笑によるものだといわれる」。こうした「カラッとした嘲笑」や、批評による制裁によってモラルが保たれているのが「健全な社会」なのだ。

中村によれば、「率直な批評が嫌悪される世の中は、空気の淀んだ、風通しの悪い社会であり、そうした社会では必ず情報の偏在現象が生じる」。そうした閉鎖空間で生れるのが、専門家の権威であり、政治家による政治の独占であり、芸術家による芸術の独占である。

こうした中村が嫌ったのは、専門家が秩序を決め、大衆の秩序形成力が退化していく状態だった。彼はエッセイで、傘の運び方や、人にぶつからない歩き方といった「生活の基本的な技術」が衰えていること、それと入れ替わるように交通規則に頼る傾向が増していることを嘆いている(「生活技術の崩壊」、「トーク」七八年八月号)。彼は大量消費を嫌っていたが、そのなかでも嫌いだったのは、技術任せで商品が選ばれてしまう自動販売機だった(「革自連の結成」、「トーク」七七年八月号)。

そのため中村は、ソ連・東欧型の官僚国家も、西欧型の福祉国家も嫌っていた。「完全福祉社会は即ち役人万能社会で、真の住民自治とは対立する」というのが持論だった。

中村によれば、彼自身は「自由キママ」な独身者である。だから医療補助も教育予算も、増えれば増えるだけ税金をとられるだけのものだという(「『都民の知事』とは何か」、『UPL』八三年二月号)。

中村は一九七七年には革新自由連合(革自連)に参加したが、それは政治家が政治を独占している状態を改めたかったからで、減税と福祉不要論を唱える中村は浮いていた。

中村は一貫した西洋嫌いだった。というより、西洋が権威になっている状態が嫌いだった。欧米の植民地支配を批判し、日本の知識人が西洋を理想化して権威ぶることに反撥した。欧米出自の捕鯨廃止や死刑廃止も、非西洋圏の自然集団のモラルを破壊するものとみなした。

中村によれば、共同体のモラルはほんらい宗教と無縁である。にもかかわらず、神の権威とモラルを結びつけたキリスト教は、「天皇制よりタチの悪いもの」である（「死刑廃止論（3）」、「トーク」九六年一〇月号）。そして西洋社会は、「宗教の拘束力が緩むとモラルもガタガタになりやすい。ヨーロッパでの死刑廃止も麻薬解禁もフリー・セックスも、みなその表れだ」という（前掲「死刑制度廃止論のおそまつさ（2）」）。

中村の見方では、西洋は権威が緩むと秩序が保てない社会にすぎない。ゆえに、「西欧文明の生み出したものはすべてダメ」である。マルクス主義もヒッピーもロックも、「第三世界解放革命」と「第三世界の音楽に主導権を奪われざるを得ない」（「第三世界の音楽になぜ注目するか」、「NMM」七七年一二月号）。

上記のような「自然集団」と「国家」の二分法は、中村の音楽批評の基盤である「大衆音楽」と「芸術音楽」の二分法と重なっている。彼が嫌った「芸術音楽」とは、伝統や制度などの権威に支えられ、大衆の支持がない音楽である。一方で彼が好んだ音楽は、大衆の「共同意志」の表象になっているものだった。

とはいうものの、ただ単に大衆に売れていればいいというわけではない。中村の音楽評価基準の一つは、その音楽が権威の誘導で聞かれているか、大衆が能動的に聞いているかである。専門家が一方的に音楽を作り、ラジオやテレビの放送で耳になじませ、それによって聞きたいと思わせているものは、たとえ売れていても大衆の聴取能力の衰退にすぎない（「音楽を聞く態度1」、「トーク」七七年二月号）。

あわせて中村が嫌うのは、個人主義的な音楽だった。彼は坂本龍一を、「自分自身のために音楽をやってる人」「大衆音楽家とは呼べない」と評した。中村によれば、「金銭欲にかられてであっても、聴衆を意識することで、彼〔音楽家〕の作る音楽は社会とつながり、結果的に大衆の意識や無意識を反映する。だから大衆音楽と呼び得る」（「大衆音楽の位置づけ」、「トーク」八六年三月号）。重要なのは、音楽そのものの美しさなどではなく、音楽が大衆の共同意志の表象たりえているか否かであり、大衆が聴く行為に能動的に参加しているか否かなのだ。

中村にとっては、音楽から共同体の息吹が感じとれれば、作者の意図など二の次だった。外国語の歌詞の内容にはほとんど興味を示さず、歌手が個人として何を意図したかよりも、大衆や聴き手がどういうイメージをめぐらせたかを重視した。

中村によれば、すぐれた大衆音楽とは、社会の「共同意志」を表現したものである。ゆえに「音楽ほど情報量の多いメディアはない」。すなわち、音楽ほどその社会の共同意志の表象形態として優れたものはなく、その土地の音楽を聴けば、本などを読むよりその地域がよくわかるという（「バックグラウンドへの想像力」、「トーク」七六年九月号）。

しかしこうした思想にもとづく中村の批評は、いくつかの限界を抱えていた。その一つは、多分に彼の主観や先入観に左右されていたことである。たとえば彼は丸山真男を、西欧を理想化した東大教授として批判した。しかし彼によれば、「丸山真男の本はたぶん読んだことがない。このテの論説なんかは世上伝えられるところで見当つければ充分だと思う」という（前掲「死刑廃止論（3）」）。彼自身は、権威に挑む素人を自称していた。しかしこうした人物が権威になったら、評価される側はたまったものではなかったろう。

しかしそれ以上に、中村の最大の限界は、健康な独身者の思想から出なかったことだ。彼が理想化した共同体は、自己責任で行動する「対等で自由な人間関係」が前提の社会である。子供や老人、性別や格差は想定されていないし、共同体内の相互扶助も論じていない。こんな社会は実在しないし、彼自身が老境に達したら苦しかっただろう。

音楽批評においても、彼の思想と相いれないものは、理解や評価ができなかった。たとえば現代社会の疎外感といった個人感情の表現には、ほとんど理解を示さなかった。結果として彼は、現代的な音楽を批評対象にできなかった。

中村は音楽評論家として、初期にはラテン音楽、六〇年代にはフォークやロック、七〇年代後半以降は第三世界音楽を対象とした。要するに、個人表現にとどまっていない音楽を求めて、関心を移していったのだといえる。そうした彼が、一九八〇年代から九〇年代に、ワールドミュージックの先覚的紹介者として果たした役割は、消えることはないだろう。

しかしグローバル化と情報化が進むと、安定した共同意志を表現するような音楽は、見つけることがむずかしくなっていった。結果として二一世紀になるころには、中村は批評家として苦しくなっていたように思われる。

中村は家族を持たず、現実社会の権威関係から離れた自由人であり続けた。それと同時に、社会の共同意志の息吹に触れることなしに生きられなかった。音楽を通じて共同意志を感じとり、それを批評して経済的自立と自由を得るという生活は、そうした彼が必然的に選びとらなければならなかった行路だったかもしれない。

（『ミュージック・マガジン』二〇一一年一〇月号、所収）

「とうようズ・トーク」は『ミュージック・マガジン』に連載され、中村とうよう『雑音だらけのラヴソング』（全四巻、ミュージック・マガジン、一九九九年―二〇〇一年）にまとめられている。

小熊英二（おぐま　えいじ）
1962年生まれ。東京大学農学部卒業、出版社勤務を経て、東京大学大学院総合文化研究科国際社会科学専攻博士課程修了。現在、慶應義塾大学総合政策学部教授。著書に、『単一民族神話の起源』、『〈日本人〉の境界』、『〈民主〉と〈愛国〉』、『1968』（以上、新曜社）、『増補改訂　日本という国』（イースト・プレス）、『社会を変えるには』（講談社現代新書）、『原発を止める人々』（文藝春秋）などがある。

アウトテイクス
——小熊英二論文集

2015年6月30日　初版第1刷発行

著　者————小熊英二
発行者————坂上　弘
発行所————慶應義塾大学出版会株式会社
〒108-8346　東京都港区三田2-19-30
TEL〔編集部〕03-3451-0931
〔営業部〕03-3451-3584〈ご注文〉
〔　〃　〕03-3451-6926
FAX〔営業部〕03-3451-3122
振替 00190-8-155497
http://www.keio-up.co.jp/
装　丁————鈴木　衛［東京図鑑］
組　版————株式会社キャップス
印刷・製本——中央精版印刷株式会社
カバー印刷——株式会社太平印刷社

Printed in Japan ISBN 978-4-7664-2239-9